Bastian / Combe / Langer · Feedback-Methoden

Johannes Bastian / Arno Combe / Roman Langer

Feedback-Methoden

Erprobte Konzepte, evaluierte Erfahrungen

Beltz Verlag · Weinheim und Basel

Prof. Dr. *Johannes Bastian* ist Hochschullehrer am Fachbereich Erziehungswissenschaft der Universität Hamburg. Arbeitsschwerpunkte: Schulentwicklungsforschung und Lehrerbildung.

Prof. Dr. *Arno Combe,* Universitätsprofessor für »Erziehungswissenschaft unter besonderer Berücksichtigung der Schulpädagogik mit dem Schwerpunkt Theorie der Schule« an der Universität Hamburg.

Dr. *Roman Langer* ist wissenschaftlicher Mitarbeiter im transdisziplinären Projekt DISPO am Institut für Soziologie und am Arbeitsbereich Theoretische Grundlagen der Informatik der Universität Hamburg.

Das Werk und seine Teile sind urheberrechtlich geschützt.
Jede Nutzung in anderen als den gesetzlich zugelassenen Fällen
bedarf der vorherigen schriftlichen Einwilligung des Verlages.
Hinweis zu § 52a UrhG: Weder das Werk noch seine Teile dürfen
ohne eine solche Einwilligung eingescannt und in ein Netzwerk
eingestellt werden. Dies gilt auch für Intranets von Schulen
und sonstigen Bildungseinrichtungen.

Neu ausgestattete Sonderausgabe 2007 des Titels
»Bastian/Combe/Langer: Feedback-Methoden«
Beltz Verlag. ISBN 978-3-407-62532-8

Lektorat: Peter E. Kalb

© 2007 Beltz Verlag · Weinheim und Basel
www.beltz.de
Herstellung: Lore Amann
Satz: Druckhaus »Thomas Müntzer«, Bad Langensalza
Druck: Druck Partner Rübelmann, Hemsbach
Umschlaggestaltung: glas ag, Seeheim-Jugenheim
Printed in Germany

ISBN 978-3-407-25468-9

Inhaltsverzeichnis

Vorwort 7

Kapitel I: Einführung: Schülerrückmeldung als Beitrag zur Unterrichtsentwicklung 9

1. Rückmeldung als Antwort auf die Komplexität des Unterrichts 10
2. Rückmeldung als Antwort auf den Wunsch nach Veränderung des Unterrichts 11
3. Rückmeldung als Klärung des Zusammenhangs von Lernen und Unterricht 13
4. Rückmeldung als Beitrag zu einer prozessorientierten Grundhaltung 15

Kapitel II: Erfahrungen 17

Hinweise zu den Falldarstellungen 18
1. Feedback-Arbeit in Klasse 5 und 6 19
2. Feedback-Arbeit in der Sekundarstufe I 41
3. Feedback-Arbeit in der gymnasialen Oberstufe 58
4. Feedback-Arbeit in der Oberstufe der beruflichen Schulen 70

Kapitel III: Feedback-Methoden 87

Einige Lesehinweise 88
1. Anregungen zur Vorbereitung von Feedback-Arbeit 89
2. Anregungen zur Integration von Feedback-Arbeit in den Schulalltag 95
3. Anregungen zur Planung, Durchführung und Auswertung von Feedback-Arbeit 98
4. Methoden zur Gestaltung von Feedback-Arbeit 108

    4.1 Methoden für moderierte Gruppengespräche 108
    4.2 Feedback-Methoden zum Beginn von Lerneinheiten 114
    4.3 Feedback-Methoden zur Begleitung von Lernprozessen 122
    4.4 Feedback-Methoden zum Ende von Lerneinheiten 133
    4.5 Feedback-Methoden zur Förderung der Arbeit in der Lerngruppe 140
    4.6 Feedback-Methoden zur Förderung der Leistungsentwicklung: Kompetenzraster 145

Kapitel IV: Feedback als Methode zur Veränderung von Unterricht und Schule. Von der Rückmeldung zur Selbstorganisation 155

Entwicklung von Schüler-Feedback – ein Phasenmodell 156
1. Die Klärung des Rahmens: Ziele, Inhalte, Vorgehensweise 156
2. Die Einführung von Feedback: Erfahrungen zwischen Neugier und Skepsis 159
3. Die Erhebung der Rückmeldungen: Erprobung geregelter Verfahren 161
4. Die Auswertung der Rückmeldungen: Das Abreißen geregelter Verfahren 162
5. Vertiefende Analyse der Rückmeldungen: Bearbeitung in Schülerteams 167
6. Die Krise des Feedbacks: Strukturelle Widersprüche werden erfahrbar 170
7. Auf dem Weg zur kooperativen Gestaltung von Unterricht und Lernen 175
8. Auf dem Weg zur kooperativen Selbstorganisation der Schule. Eine Perspektive 183

Literaturverzeichnis 187

Vorwort

Den Unterricht verändern! Das fordern zurzeit alle. PISA hat »die Dinge« kräftig ins Rollen gebracht, den Blick geschärft und vor allem die Frage zugespitzt, wie Unterricht erfolgreich und befriedigend gestaltet werden kann.

Die Kultusminister reagieren mit der Einführung von Standards und Vergleichsarbeiten – damit soll das *Was* des Lernens gesichert werden. Es gibt in der PISA-Studie aber starke Hinweise darauf, dass vor allem das *Wie* des Lernens bedacht werden sollte.

Lehrer/innen und Schüler/innen, die in dieser Studie zu Wort kommen, sind – über das *Wie* und das *Was* des Lernens ins Gespräch gekommen. Sie versuchen im Dialog, »den Dingen« auf die Spur zu kommen: *Was* geschieht in unserem Unterricht? *Wie* sehen Gestaltungsspielräume aus? *Wie* können wir den Unterricht gemeinsam verbessern?

Dieses Buch will Lehrer/innen ansprechen, die an einer kontinuierlichen Verständigung über Unterricht und Lernen interessiert sind, die den Blick auf individuelle Lernverläufe schärfen wollen, die erfahren wollen, was für Schüler/innen bedeutsam und emotional befriedigend ist.

- Im *ersten Kapitel* geben wir einen umfassenden Überblick über das, was Feedback-Arbeit zur Unterrichtsentwicklung beitragen kann.
- Im *zweiten Kapitel* werden konkrete Erfahrungen mit Feedback-Arbeit im Unterricht vorgestellt. Anhand von vier Fällen machen Lehrer/innen und Schüler/innen hier Schritt für Schritt erfahrbar, wie Feedback-Arbeit im Einzelfall eingeführt und entwickelt wird.
- Im *dritten Kapitel* möchten wir möglichst viele Anregungen zur Erprobung von Feedback-Arbeit bieten: Erprobte Feedback-Methoden, praktische Hinweise zur Planung, Durchführung und Auswertung von Feedback-Arbeit und Anregungen zur Integration von Feedback-Arbeit in den Unterricht.
- Im *vierten Kapitel* wird zum ersten Mal ein Feedback-Konzept als Phasenmodell vorgestellt, das als Folie zur Reflexion der eigenen Praxis genutzt werden kann.

Was in diesem Buch vorgeschlagen wird ist über ein Jahr gemeinsam mit Lehrer/innen und Schüler/innen erprobt und manchmal auch durchlitten worden. Wir möchten deshalb denen danken, die wir dabei forschend begleiten durften und die durch viele Gespräche an diesem Buch mitgeschrieben haben. Die beteiligten Lehrer/innen und Schüler/innen möchten nicht genannt werden, weil so besser von Details der Erfahrungen berichtet und gelernt werden kann.

Danken möchten wir aber auch denen, die dieses Projekt initiiert und unterstützt haben: Steven Galling, Julia Liedke und Heike Wendt von der Schülerkammer Hamburg, die mit ihren Schülerforen 1999 die Idee des Feedbacks als Instrument der Mitgestaltung von Schule und Unterricht stark gemacht haben. Anna Ammonn als Vorsitzende der GEW Hamburg, die dieses Projekt initiiert und mit den Schüler/innen geleitet hat. Angelika Fiedler und Stephanie Odenwald als Lehrerinnen in der Leitungsgruppe. Eva-Maria Stange, die dieses Projekt als Bundesvorsitzende der GEW unterstützt hat und der Max-Traeger-Stiftung, Frankfurt, die entscheidend zur Finanzierung beigetragen hat. Und nicht zuletzt Petra Merziger und Wilfried Kossen, die das Manuskript kritisch gegengelesen haben.

Erreichen möchten wir, dass sich die Leserinnen und Leser von dem anregen lassen, was Hamburger Schüler/innen und Lehrer/innen erfolgreich versucht haben. Über Rückmeldungen freuen wir uns.

Hamburg, im Juni 2003　　　　　　　　*Johannes Bastian / Arno Combe / Roman Langer*

Nachtrag zur 2. Auflage

Die Zusammenarbeit von Praxis und Forschung ist in einem Nachfolgeprojekt weitergeführt worden. Auf dieser Grundlage haben wir das Methodenkapitel um Erfahrungen mit einem aktuellen Feedbackinstrument erweitert:

Dr. Jochen Schnack, Lehrer und Leiter der Oberstufe einer Gesamtschule und Petra Merziger als wissenschaftliche Mitarbeiterin haben Erfahrungen mit *Rückmeldungen zur Leistungsentwicklung* gemacht und ausgewertet.

Als Feedback-Methode haben sie unterschiedliche *Kompetenzraster* erprobt. Kompetenzraster machen Kriterien für Leistungserwartungen transparent, geben Hinweise auf konkrete Entwicklungsmöglichkeiten und machen kriterienbezogene Feedbackgespräche über die Leistungsentwicklung möglich.

Methoden und Erfahrungen finden Sie in Kapitel III ab S. 145.

Hamburg im September 2004　　　　　　　　*Johannes Bastian / Arno Combe*

Kapitel I:
Einführung: Schülerrückmeldung als Beitrag zur Unterrichtsentwicklung

1. Rückmeldung als Antwort auf die Komplexität des Unterrichts

Im Unterricht bündeln sich höchst unterschiedliche, oft widersprüchliche Erwartungen, Bestrebungen und Anforderungen. Die Zahl der Einflussfaktoren, die eine Unterrichtssituation prägen, ist hoch, ihre Zusammenhänge sind oft undurchsichtig.

Lehrer/innen erfahren dieses komplexe Netz von Wirkungsbezügen täglich als Ungewissheit über die Wirkungen der eigenen Arbeit. Sie arbeiten meist, ohne zu erfahren, ob und womit sie die Schüler/innen wirklich erreichen.

Zu fragen wäre in einer solchen Situation:

- Können Schüler/innen und Lehrer/innen einander sichtbar machen, was sie im Unterricht erwarten, welchen Sinn sie damit verbinden, welche Ziele sie jeweils anstreben, was sie erreicht und verstanden haben?
- Können Schüler/innen und Lehrer/innen auch Probleme und Spannungen sichtbar und damit bearbeitbar machen?
- Können sie aus einer darauf aufbauenden Verständigung neue Sicherheiten – also Ziele, Regeln, und Verhaltensweisen – entwickeln?
- Zusammengefasst: Können Schüler/innen und Lehrer/innen sich durch systematische Verständigung und Veränderung ihrer Praxis aus dem Unbehagen vieler Ungewissheiten befreien?

Diesen Fragen geht die vorliegende Studie über Feedback im Unterricht nach, die gemeinsam mit Lehrerinnen und Lehrern an vier Schulen durchgeführt wurde.

Hinter diesen Fragen steht die Vermutung, dass Schüler/innen und Lehrer/innen durch eine Verbesserung des Gesprächs über Unterricht Vertrauen erzeugen und Veränderungsmöglichkeiten entdecken können.

Das ist in einer Institution, die traditionell kaum auf Dialog und Kooperation setzt, eine immense Herausforderung. Diese Untersuchung kann zeigen, dass Lehrer/innen und Schüler/innen mit Hilfe von Feedback die Komplexität des Unterrichts transparenter machen können.

2. Rückmeldung als Antwort auf den Wunsch nach Veränderung des Unterrichts

Hinter dem Stichwort Rückmeldung bzw. Feedback steht eine lange Tradition. Dafür stehen in der jüngeren Theorietradition Wolfgang Schulz mit dem für seine Didaktik zentralen Begriff der Partizipation (1980), Wolfgang Klafki mit dem Ausweis von Selbstbestimmung, Mitbestimmung und Solidarität als Kern allgemeiner Bildung (1985) und Lothar Klingberg mit seinem Verständnis einer Dialektischen Didaktik (1990), in der die Schüler nicht nur Teilnehmende, sondern Mitgestaltende sind (zum Überblick vgl. Meyer/Schmidt 2000).

Ein Blick auf die Reformgeschichte der 60er- und 70er-Jahre zeigt, dass es offensichtlich schwierig ist, den Wunsch nach einer qualifizierten Beteiligung der Schüler/innen umzusetzen (vgl. Fend 1977). In den 80er und 90er-Jahren ist die Beteiligung der Schüler/innen Teil der Bemühungen um eine gezielte Veränderung der Lernkultur durch die Erprobung neuer Unterrichtsformen; aber auch dies hat die recht hohe Uniformität der Unterrichtsstile nur wenig verändert. In den 90er-Jahren finden sich immer noch deutliche Hinweise auf die Diskrepanz zwischen Wunsch und Wirklichkeit und auch die offene Frage nach der Bedeutung der Schülerpartizipation für die Verbesserung des Unterrichts (vgl. Mauthe/Pfeiffer 1996).

Nun ist nicht neu, dass die Unterrichtspraxis didaktischen Konzepten nur in kleinen Schritten folgt. Neu und bedeutsam für das Thema Schülerrückmeldung ist jedoch, dass es sowohl bei Schülern als auch bei Lehrern zum Teil recht starke Diskrepanzen gibt zwischen den gewünschten und den tatsächlichen Häufigkeiten bezüglich zentraler Arbeitsformen des täglichen Unterrichts (vgl. Kanders 2000).

So wünschen sich Lehrer/innen *und* Schüler/innen beispielsweise häufiger Diskussionen, Gruppenarbeit und selbstständiges Arbeiten an selbstgewählten Aufgaben (ebd., S. 14ff.). Reduzieren möchten beide Seiten den lehrerzentrierten Frontalunterricht und den fragend-entwickelnden Unterricht (ebd., S. 16, 19). Beide Seiten drängen also in die gleiche Richtung von Unterrichtsentwicklung. Voraussetzung für deren Umsetzung wäre, dass sie voneinander erfahren.

Schülerrückmeldung als gemeinsame Verständigung über Entwicklungsperspektiven des Unterrichts könnte diese Diskrepanzen zwischen Wunsch und Realität transparent machen, einen Prozess der Annäherung in Gang setzen. Denn Schülerrückmeldung bedeutet zunächst einmal, dass Lehrer/innen mit ihren Schülern einen Prozess des gemeinsamen Nachdenkens über ihre Arbeit beginnen.

Deshalb fragen Lehrer/innen und Schüler/innen: Was geschieht im Klassenzimmer? Wie erleben die Beteiligten den Unterricht? Wie unterstützt der Unterricht das

Lernen, wann geht er an den Lernprozessen vorbei oder wann behindert er? Was wollen die Beteiligten ändern, was wollen sie beibehalten?

Welche Schwierigkeiten solche Versuche einer Klärung machen, wenn sie spontan initiiert werden, zeigt die o.g. Untersuchung von Meyer/Schmidt. Ein Ergebnis ist, »dass immer wieder statt präziser Beobachtung klischeehafte Deutungen der verschiedenen Rollen und der Aktivitäten der Lehrer und Schüler formuliert werden. Ein sehr tief sitzendes Klischee ist, dass die Schüler den Lehrern die Rolle zuweisen, den Unterricht zu gestalten, und dass die Lehrer dies auch akzeptieren. Die Schüler und die Lehrer haben also ›gelernt‹, dass die Lehrer den Unterricht ›machen‹, obwohl die Schüler über eine teilweise sehr differenzierte didaktische Kompetenz verfügen« (Meyer/Schmidt 2000, S. 11).

Diese Untersuchung kann zeigen, welche Fortschritte Lehrer/innen und Schüler/innen bei der Veränderung des Unterrichts machen können, wenn über Feedback die didaktischen Kompetenzen der Schüler/innen systematisch genutzt und in den Lehr-Lern-Prozess integriert werden.

3. Rückmeldung als Klärung des Zusammenhangs von Lernen und Unterricht

Wenn gefragt wird, warum denn ein solcher Austausch über Unterricht notwendig sei, wo doch Lehrer und Schüler den selben Unterricht erleben, dann ist zunächst festzuhalten, dass bisher nur wenig darüber bekannt ist, wie Schüler/innen Unterricht erfahren und beurteilen.

Die Unterrichtsforschung bleibt meist lehrerzentriert und hat deshalb die Schülerperspektive bislang nur unzureichend zur Geltung gebracht. Dies gilt sowohl für die Arbeiten zum *classroom talk* (z.B. McHoul 1978; 1990) als auch für die Lehrerwissensforschung (vgl. Bromme 1992; Kolbe 2000). Auch gibt es kaum Hinweise darauf, wie Lehrer/innen Wissen über Lernprozesse von Schüler/innen erwerben und wie sie damit umgehen (vgl. z.B. Kalthoff 1997).

Orientieren wir uns bei der Frage nach der Schülerperspektive auf Unterricht an den Ergebnissen der o.g. Studie von Meyer/Schmidt (2000), dann gibt es nicht »den« Unterricht, der von allen Beteiligten auf die gleiche Weise wahrgenommen wird. Deshalb ist immer von einem prinzipiellen Missverständnis über die Bedeutung dessen auszugehen, was im Unterricht geschieht (ebd., S. 210). Die Bedeutungswelt der Lernenden ist demnach eine andere als die der Lehrenden (ebd., S. 215).

Wird, wie in dieser Studie, auch die Sichtweise der Schüler/innen untersucht, so kann bei ihnen eine »didaktische Reflexionskompetenz« identifiziert werden. Sie haben offensichtlich ein Bild davon, wie Unterricht abläuft und wie er verbessert werden könnte. Gleichzeitig vermuten die Autoren, dass diese Kompetenz im Laufe der Schulzeit durch die Erfahrung neutralisiert wird, dass die Lehrer/innen den Unterricht »machen« und dass es sich deshalb für Schüler/innen als klug und bequem erweist, rezeptiv zu bleiben.

Ohne in ihrer Untersuchung näher auf Formen der Schülerrückmeldung einzugehen, geben die Autoren die allgemeine Empfehlung, die bislang unausgeschöpfte didaktische Kompetenz von Schülern zu nutzen, indem sie als »Partner in die Aufgabe der Verbesserung des Unterrichts« eingebunden werden (ebd., S. 212, 213). Dies spräche für eine Kultivierung von Feedback im Unterricht.

Aus einem eigenen Forschungsprojekt zur Unterrichtsentwicklung (vgl. Arnold u.a. 2000) lässt sich folgern, dass Reflexionen von Lehrern über Lernprozesse pädagogische Energie freisetzen können. Sie können – etwa in einer Fallkonferenz – das Gefühl geben, endlich wieder einmal eine ihrer Professionalität entsprechende Diskussion geführt zu haben. Aber zugleich ist auch festzustellen, dass produktive Gespräche über Überricht als schwierig empfunden werden; denn ausgebildet wurde für das Lehren, weniger für das Nachdenken über Lernen.

Dass Lehrer/innen mehr Kenntnisse über das Lernen benötigen, wird als »mangelndes Lehrerwissen über das Lernen von Schülern« vor allem in Bilanzen zur Unterrichts- und Schulentwicklung festgestellt (vgl. z.B. Hargreaves 1998; zusammenfassend auch Buhren 1999). Dies ist aber auch im Zuge der internationalen Vergleichsstudien bemerkt worden. Das schlechte Abschneiden der deutschen Schulen bei PISA etwa verweise – so das PISA-Konsortium – auch auf Defizite der diagnostischen Kompetenz, also auf einen Mangel hinsichtlich der Fähigkeiten zur Feststellung und Beurteilung von Lernvoraussetzungen und -fortschritten bei den Schülern. Dort heißt es: »Eine zentrale Voraussetzung für eine optimale Förderung ist eine ausreichende diagnostische Kompetenz der Lehrkräfte, als die Fähigkeit, den Kenntnisstand, der Verarbeitungs- und Verstehensprozesse sowie die aktuellen Leseschwierigkeiten der Schülerinnen und Schüler korrekt einschätzen zu können« (Deutsches PISA-Konsortium 2001, S. 132; zu Diagnostische Kompetenz vgl. auch PÄDAGOGIK, 4/2003).

Traditionelle Formen der Leistungsüberprüfung scheinen demnach für die Wahrnehmung von Lernprozessen, für die Analyse ihres Zusammenhangs mit Formen der Unterrichtsgestaltung und für die Entwicklung des Wissens über Lernen nur begrenzt geeignet. Die Vorstellung, dass das gelehrte Wissen in den Köpfen der Schüler/innen repräsentiert sei und dann per Zensur gemessen werden könne, gehört zu den großen Irrtümern pädagogischen Handelns.

Ausgegangen werden muss vielmehr von individualisierten Formen der Verarbeitung. Deshalb wird Unterricht heute häufiger unter dem Aspekt des Umgangs mit Verschiedenheit diskutiert. In der angestrebten Bewältigung von Heterogenität sehen wir eine wichtige Rolle der Rückmeldung: Lehrende und Lernende entwickeln gemeinsame Bilder und Begriffe, die sie brauchen, wenn sie miteinander über gemeinsame Ziele und mögliche Wege überein kommen wollen.

Das heißt nicht, dass es bislang keine Rückmeldungen über Unterricht geben würde. Oft sind diese jedoch auf unsystematische Formen beschränkt, d.h. sie erfolgen spontan und zufällig und sind häufig nur indirekt formuliert. Als Folge können die Beteiligten den Botschaften leicht ausweichen und konkrete Konsequenzen lassen sich auf einer solchen Basis nur schwer ziehen. Dieses Buch kann zeigen, wie systematische Formen der Rückmeldung über die Unterschiedlichkeit der individuellen Lernprozesse Einfluss auf die Gestaltung des Unterrichts nehmen.

4. Rückmeldung als Beitrag zu einer prozessorientierten Grundhaltung

Wer heute mit systematischem Schüler-Feedback arbeitet, der erreicht in der Öffentlichkeit leicht eine hohe Aufmerksamkeit, weil damit ganz offensichtlich – selbst wenn die eigenen Intentionen andere sind – der Eindruck erweckt wird, hier ginge es um die Beurteilung von Lehrer/innen durch Schüler/innen.

Lehrer/innen reagieren vorwiegend aus diesem Grund auf Vorschläge zum Schüler-Feedback recht schnell mit Skepsis und Ablehnung. Wie die außerschulische Öffentlichkeit, so sehen auch Lehrer/innen in Schülerrückmeldung vielfach eine simple Umkehr schulischer Beurteilungspraxis.

Die vorliegende Studie zeigt aber, dass systematisches Feedback kein Beurteilungs-, sondern ein Entwicklungsinstrument ist. Mit Schüler-Feedback sind deshalb Formen verbunden, die Schüler/innen und Lehrer/innen in ein Gespräch über Lehren und Lernen bringen, »das erstaunliche Wirkungen zeigt; Wirkungen, die wir so nicht erwartet haben« – so ein Lehrerteam nach einem halben Jahr Erfahrung mit systematischer Schülerrückmeldung in der 5. Klasse eines Gymnasiums (vgl. dazu unsere erste Fallstudie in Kapitel II).

Feedback bringt aber nicht nur die eine Seite, nämlich die vernachlässigte Perspektive der Schüler/innen zur Geltung. Schülerrückmeldung gewinnt vielmehr – um ein Ergebnis unserer Studie vorweg zu nehmen – seine eigentliche Form als Instrument der Unterrichts- und Schulentwicklung dann, wenn Rückmeldung den Charakter einer gemeinsamen Beratung zwischen Lehrer/innen und Schüler/innen annimmt; wenn beide Seiten etwas über die Wirksamkeit ihres Verhaltens und ihre besonderen Aufgaben bei der Verbesserung des Unterrichts erfahren.

Feedback ist damit ein Hilfsmittel, mit dem die Lernkultur in einer bestimmten und oft geforderten Hinsicht systematisch entwickelt werden kann. Anvisiert ist nämlich, dass Schüler/innen zu bewussten Mitakteuren des Lehr- und Lernprozesses werden. Sie ermöglicht die Einübung einer Reflexivität, die Voraussetzung ist, »wenn die Selbstbestimmung glaubwürdiges Ziel ist« (Schulz 1990).

Und ganz nebenbei sind Rückmeldeprozesse, die auf einem solchen Verständnis der gegenseitigen Beratung beruhen, dann auch nicht mehr geeignet, Lehrer/innen zu beurteilen. Denn wer Rückmeldungen nutzt, um über eine Verbesserung von Unterricht nachzudenken, der kann seine Überlegungen nur dann auf eine Beurteilung des Lehrenden reduzieren, wenn er davon ausgeht, dass Lernen vom Lehrer »gemacht« wird. Und dieses Verständnis soll ja gerade im Zuge der Entwicklung einer Rückmeldekultur verändert werden. Wie sich Fortschritte in dieser Hinsicht im einzelnen gestaltet haben, wird zu zeigen sein.

Kapitel II:
Erfahrungen

Hinweise zu den folgenden Falldarstellungen

Die folgenden Falldarstellungen basieren auf Erfahrungen von Lehrer/innen und Schüler/innen, die sich auf Grund einer Ausschreibung gemeldet haben, um Schülerrückmeldung im Unterricht für ein Jahr zu erproben (vgl. Ammonn u.a. 2001).

Erprobt wurde die Feedback-Arbeit im Rahmen eines Projekts der Gewerkschaft Erziehung und Wissenschaft, Landesverband Hamburg und der Schülerkammer Hamburg, das von den Autoren über ein Jahr begleitet wurde.

Die Autoren haben die Arbeit der Lehrer/innen durch regelmäßige Rückmeldungen und im Rahmen von drei Workshops unterstützt. Die im Projekt (weiter)entwickelten und verwendeten Feedback-Methoden finden sich – neben anderen – in Kapitel III dieses Buches.

Die Falldarstellungen in Kapitel II wurden von den beteiligten Lehrern gelesen und zur Veröffentlichung freigegeben. Die im Text zitierten Beobachtungs- und Interviewprotokolle sind bei den Autoren einsehbar. In den Auszügen sind die Äußerungen der Personen gekennzeichnet mit den Abkürzungen: L = Lehrer, S = Schüler und I = Interviewer.

Da wir dieses Buch vor allem für Menschen schreiben, die Feedback im Unterricht erproben wollen, haben wir auf Hinweise zu Konzept und Methode der Begleitforschung verzichtet (für Interessierte vgl. Bastian/Combe 2001). Der Vorteil einer solchen Praxisforschung ist, dass all das, was hier entfaltet wird, nicht am grünen Tisch erfunden, sondern im Klassenzimmer erprobt wurde.

Wir haben im gemeinsamen Nachdenken mit den Lehrern und Schülern viel gelernt. Wir wollen versuchen, so viel wie möglich davon weiter zu geben.

1. Feedback-Arbeit in Klasse 5 und 6

Überraschungen und Enttäuschungen: Motoren systematischer Entwicklungsarbeit

Die Ausgangssituation: Schüler-Feedback soll systematisiert und der Arbeitsaufwand gering gehalten werden

Am Gymnasium stehen ein Lehrer und eine Lehrerin vor der Übernahme einer fünften Klasse. Sie vertreten die Fächer Deutsch und Mathematik und bilden ein Klassenlehrerteam. Beide verfügen über Vorerfahrungen mit Schüler-Feedback und beide sind überzeugt davon, dass Feedback ein nützliches Instrument der Unterrichtsentwicklung ist. Sie wollen die Arbeit mit Feedback systematisieren und sehen in der wissenschaftlichen Begleitung eine willkommene Reflexionshilfe.

Bereits in einem ersten Gespräch äußert einer der beiden skizzenhafte Vorstellungen: Feedback soll als Ritual in den Unterricht eingeführt werden und dazu soll ein Lerntagebuch verwendet werden. Sein übergreifendes Ziel ist, die Schüler/innen als »Expert/innen für Unterricht« ins Spiel zu bringen. Sie sollen etwas über ihr Lernen erfahren und Verantwortung für die Gestaltung ihres eigenen Lernprozesses übernehmen.

> L1: *[Das] Thema Mitbestimmung über Feedback finde ich interessant; ich probiere es schon mit Hilfe von Nachfragen: Wie zufrieden seid ihr? Was können wir ändern? Wir reden auch regelmäßig in Stuhlkreisen. Mein Interesse ist: Wie kann man das noch anders aufbereiten?*

> L2: *[Ich] habe eine Moderatorenausbildung zur Schulentwicklung und Erfahrung mit Feedback ... Der pädagogischen Schulentwicklung entsprechend möchte ich Schüler als Experten für Unterricht ins Spiel bringen – das ist meine Motivation.*

Das Umfeld ist positiv eingestellt. Die Schulsprecherin wünscht die Teilnahme der Schule an dem Projekt, die Schulleiterin will das Projekt unterstützen und auch andere Kolleg/innen aus dem 5. Jahrgang zeigen sich zunächst interessiert. Diese Kolleg/innen entscheiden sich aber schließlich doch gegen eine kontinuierliche Teilnahme, weil sie den zusätzlichen Arbeitsaufwand fürchten. Als weiteres Motiv für den Rückzug vermutet die Schulleiterin Furcht vor den Ergebnissen des Feedbacks. Zwei dieser Kolleginnen nehmen dennoch hin und wieder an den Sitzungen der Schulprojektgruppe teil, die im Kern aus dem Klassenlehrerteam besteht.

Problemlage, Ziele und methodisches Arrangement

Auf Grund ihrer Vorerfahrungen antizipieren die Kolleg/innen für die Anfangsphase einige Schwierigkeiten, die sie schon bei der Planung in den Blick nehmen wollen. Sie befürchten,

- dass Schüler/innen sich manchmal nicht sachgerecht äußern,
- dass Schüler/innen Angst vor negativen Konsequenzen haben,
- dass Schüler/innen Gruppendruck aufeinander ausüben,
- dass Schüler/innen zu »geschönten« Feedback-Aussagen neigen könnten,
- dass Feedback zu viel Unterrichtszeit kosten könnte.

Im ersten Workshop werden dann die folgenden Zielvorstellungen und Fragen genannt:

- Feedback soll prozessbegleitend sein, um den Unterricht kontinuierlich zu verbessern, Schwierigkeiten frühzeitig aufzuspüren und kontinuierlich Einfluss auf den Unterricht zu ermöglichen.
- Die Ziele des Feedbacks sollen am Anfang transparent sein.
- Die Feedback-Methode soll schnell handhabbar sein.
- Fragen gibt es bezüglich der Auswertung der Rückmeldungen.

Die Lehrer/innen entscheiden sich vor diesem Hintergrund für eine Instrumentenkombination aus Lerntagebuch und Zielscheibe.

Das Lerntagebuch soll Kategorien enthalten, anhand derer die Schüler/innen Beobachtungen zu ihrem Lernprozess notieren können. Dazu sollen am Ende jeder Mathematik- und Deutschstunde drei Minuten Zeit gegeben werden.

Jede Woche soll es eine Feedback-Klassenratsstunde geben. Hier sollen die Schüler/innen ihre Tagebucheintragungen durchlesen und dann auf dieser Basis ihre Rückmeldungen durch Punkte auf einer Zielscheibe veröffentlichen. Über das Zielscheibenbild soll dann ein Gespräch stattfinden. Eine Lehrerin fasst dieses Konzept beim Planungsworkshop wie folgt zusammen:

> L: *Wir wollen also die Zielscheibe einmal pro Woche einsetzen. Wir wollen das Lerntagebuch als Methode verwenden, die am Ende jeder Stunde eingesetzt wird. Das Lerntagebuch soll eine Erinnerung an den Lernprozess der Woche ermöglichen. Gespräche werden dann über die Rückmeldungen geführt, die sich durch die Punkte auf der Zielscheibe ergeben. Wenn das Konsens ist, dann können wir jetzt die Fragen bzw. Kategorien für das Lernjournal formulieren.*

Der erste Schritt: Prioritätensetzung vermindert Zeitmangel – Auswertungsgespräche früh auf hohem Niveau

Die Einführung der Rückmeldeinstrumente bereitet in diesem Fall keine Schwierigkeiten. Das Problem, dem sich die Lehrer/innen in der Einführungsphase zuerst zuwenden, ist der zusätzliche Zeitaufwand. Sie lösen es, indem sie versuchen, Schwerpunkte zu setzen; denn schon in der ersten Analyse der Anfänge während des zweiten Workshops wird deutlich, dass alle Beteiligten Zeitprobleme haben und dass diese offensichtlich Probleme der Prioritätensetzung sind.

> L: *Ich steh da mit mir auf Kriegsfuß, kämpfe auch um die Zeit. Ein Spiel zum Schluss der Stunde beispielsweise schafft eine tolle Atmosphäre, und deshalb mache ich so was gerne; am Ende muss aber auch über Hausaufgaben gesprochen werden. Ich bin da vielleicht nicht so gut organisiert: ... stehe da noch mit mir auf Kriegsfuß.*

Zum Zeitproblem wird beim zweiten Workshop herausgearbeitet, dass es nur durch eine bewusste Entscheidung zu entschärfen ist: Worauf wollen wir Zeit verwenden und was können wir zurückstellen? Die Kolleg/innen reagieren in diesem Fall so, dass sie Dinge bewusst zurückstellen, um für Feedback-Arbeit die nötige Zeit zu haben.

> L2: *Wir haben Schwerpunkte gesetzt. Für Feedback haben wir das Wünschebuch und die Arbeit an der Konfliktlösung erst einmal zurückgestellt.* – L1: *Ein Projektschwerpunkt kann förderlich sein.*

Das Zeitproblem ist damit nicht ausgeräumt. Die Lehrer/innen machen aber die Erfahrung, dass es durch bewusste Prioritätensetzung entspannt werden kann.
Angemessen viel Zeit für Feedback zur Verfügung stellen, das heißt in diesem Fall konkret drei Minuten am Ende jeder Stunde für die Eintragung ins Lerntagebuch und eine Klassenratsstunde pro Woche für die Arbeit mit der Zielscheibe aufwenden.
Die Zeit für das Gespräch über die aus dem Zielscheibenbild erkennbaren Rückmeldungen fällt anfangs recht kurz aus, weil das Kleben der Punkte recht lange dauert. Um eine größtmögliche Anonymität der Bewertungen zu sichern, gehen die Schüler/innen paarweise zu der blickgeschützt auf dem Boden liegenden Zielscheibe, während die anderen Schüler/innen Aufgaben bearbeiten.

> L: *Die Klasse arbeitet seit vier Wochen in den Fächern Deutsch und Mathematik mit dem Lerntagebuch. Die Besprechung mit der Zielscheibe findet dann wie folgt statt:*
> *Die Schüler nehmen ihre Lerntagebücher heraus und lesen noch einmal ihre Eintragungen. Danach punkten sie ihre individuelle Zielscheibe. Dann gehen immer zwei Schüler nach vorne und übertragen die Punkte von ihrer kleinen auf die große Ziel-*

scheibe. Dabei sollen sie Zeit haben und nicht von den Mitschülern oder den Lehrern gestört werden. Dieser Prozess dauert bei 29 Schülern sehr lange. Deswegen teilen wir jetzt in dieser Phase gleichzeitig für alle Schüler Arbeitsblätter zum selbstständigen Arbeiten aus. Dadurch soll auch die nötige Ruhe für die beiden Schüler entstehen, die an der Zielscheibe arbeiten.

L: *Unsere Absicht ist, dass keiner sehen kann, wohin die Schüler ihre Punkte kleben. Deshalb haben wir die große Zielscheibe auch vorne auf den Boden gelegt, um die Diskretion zu wahren.*

Die »Gespräche« waren zunächst eher beschreibende Kommentare der Schüler/innen zum Zielscheibenbild und zur Platzierung einzelner Punkte.

S: *In den letzten zehn Minuten dieser Stunde haben wir dann die große Zielscheibe besprochen. Alle hatten Zeit, sich die Platzierung der Punkte anzusehen und zu kommentieren. Die Schüler äußerten sich zum großen Teil »beschreibend« d.h. sie beschrieben die Häufung der Punkte und gaben ihren Kommentar dazu (z.B. »Ganz viele Schüler fanden den Unterricht interessant«).*

Zur Kommentierung reizen besonders Punkte, die weit außen stehen und damit in den negativen Bereich reichen. Die deutlichsten Bewertungsunterschiede und die intensivsten Diskussionen riefen die Kategorien »Der Unterricht war spannend« und »… war abwechslungsreich« hervor.

L: *Als wir darüber gesprochen haben, wurde besonders über die Punkte außen geredet. Gefragt wurde: Warum sind da Punkte ganz außen? […] Das haben sie gezielt so formuliert, dass sie über die Ausreißer sprechen wollten. Die erste Reaktion auf die Zielscheibe war dann aber: »Och, eigentlich fühlen sich ja alle ganz wohl«.*

L: *Die Kategorien »spannend« und »abwechslungsreich« werden vielleicht deshalb so auffällig bepunktet, weil die Schüler das Atmosphärische mehr sehen als das Inhaltliche. […] »Spannend« und »abwechslungsreich« waren die einzigen Kategorien, wo es nach außen Abweichungen gab.*

Die Schüler/innen nutzen das Auswertungsgespräch zur Reflexion über den Unterricht. Dabei diskutieren sie Fragen wie: Woran liegt es, dass der Lehrer/innen manchmal freundlich ist und manchmal nicht? Woran liegt es, wenn wir etwas verstehen bzw. nicht? Schon recht früh ziehen die Schüler/innen Konsequenzen aus ihrem eigenen Feedback.

L: *Außerdem gab es eine Diskussion über den Aspekt »Das habe ich verstanden«. Die Schüler führten vier Gründe an dafür, dass sie etwas nicht verstehen: Wegen der Lautstärke, wenn man es vom Sinn her nicht verstanden hat und nicht nachfragt, wenn man inneren Widerstand hat oder durch Ablenkung von anderen.*

> L1: *Gestern im Klassenrat kam raus, ... dass der freundlich ist, aber nicht immer –*
> L2: *Und da haben die Schüler weiter drüber gesprochen. Dann kam: er kann ja auch nicht immer freundlich sein, zum Beispiel wenn jemand seine Hausaufgaben nicht gemacht hat. So kamen sie auf Hausaufgaben und zogen eine Konsequenz: Wenn jemand seine Hausaufgaben nicht gemacht hat, gibt's zuerst einen Punkt im Klassenbuch, beim zweiten Mal eine [...] und beim dritten Mal einen Brief an die Eltern.*

Die Gespräche finden recht schnell auf einem Niveau statt, das die Lehrer/innen überrascht.

> L: *Ich war beeindruckt von der Gruppenarbeit, von den Formulierungen, die ich einigen Schülern gar nicht zugetraut habe. ... Sie sprechen darüber, woran es liegen könnte, dass jemand da außen seine Punkte gemacht hat – und zwar sehr ruhig, auf hohem Reflexionsniveau, ja – richtig verständig. [...] Die Schüler haben auch anhand von Beispielen belegt, dass der Unterricht doch auch abwechslungsreich war. Sie haben sich erinnert: »Aber damals war es doch so und so ...«.*

Die Verfeinerung der Auswertungsgespräche: Schwerpunkte setzen, in die Tiefe gehen, Vereinbarungen treffen

Schwerpunkte setzen – das hilft auch bei der Auswertung der Zielscheibenbilder. Wenn sich das Gespräch auf einen Themenaspekt – d.h. auf eine Kategorie der Zielscheibe – beschränkt, werden die Auswertungsgespräche konzentrierter. Es wird dann leichter, zu diesem Aspekt gezielt nach einer konkreten Veränderungsmöglichkeit zu forschen. Die erste Frage ist immer: Was haben die Punkte zu bedeuten?

> L: *Die Frage: Was meint ihr jetzt eigentlich genau damit, was haben die Punkte zu bedeuten, ist ja eigentlich bei jedem Tortenstück wichtig.* (Mit »Tortenstück« werden die Kategorien der Zielscheibe benannt, weil diese auf Grund ihrer Form [Scheibendiagramm] wie eine Torte wirkt, die in mehrere Stücke geschnitten ist.)

Beispiel für einen Klärungsprozess ist Folgendes: Als viele Schüler/innen eine Unterrichtseinheit als langweilig definieren, wird im Auswertungsgespräch erkundet, wer welche Situationen als langweilig empfindet. Schüler/innen beschreiben, was genau das Gute oder das Schlechte ist. So kann aus realistischen und unrealistischen Erwartungen herausdestilliert werden, was verändert werden kann.

Auf dem zweiten Workshop wird nach einer Analyse der Auswertungsgespräche das folgende Verfahren als sinnvoll erachtet: Die unterschiedlichen Anregungen zur Veränderung sollen im Laufe der Diskussion protokolliert werden, damit sie nicht verloren gehen. Anschließend sollten Lehrer/innen und Schüler/innen vereinbaren, was sie als erstes in Angriff nehmen wollen, und wer welche Aufgaben übernimmt.

Eine Möglichkeit der Veröffentlichung ist, die Vereinbarungen auf Plakaten auszuhängen (»Wir wollen darauf achten, dass ...«). – Die ersten Schritte sollten sofort umgesetzt werden, um die Wirkungen der Veränderungen schnell erleben und einschätzen zu können.

Routine stellt sich ein: Das Feedback »läuft«, der Reiz des Neuen verfliegt, Bedenken bleiben

Zweieinhalb Monate nach Beginn der Feedback-Arbeit stellen die Lehrer/innen fest: Das Ritual ist eingeführt, das Feedback »läuft« und mit der Zeit spielt sich ein Rhythmus ein.

> L: *Das Ritual läuft. Immer fünf Minuten am Ende der Stunde, mal ruhig, mal unruhig – ich bin da auch hinterher, halte Ruhe bis zum Klingeln. Sie machen das konsequent. – In der Klassenratsstunde haben wir dann alle 14 Tage ein Gespräch und füllen die Zielscheibe aus – die ersten 14 Tage werden rot, die zweiten 14 Tage blau gepunktet.*

Mit zunehmender Routine verfliegt aber der Reiz des Neuen. Hat man anfangs noch darauf bauen können, dass die Schüler/innen es spannend finden mitzubekommen, wie ihre Mitschüler/innen punkten –

> L: *Am Anfang war da so eine Spannung unter den Schülern, die wollten unbedingt mitkriegen, was sich an der Zielscheibe abspielt. Das ging auch ganz gut, erst bei den letzten Schülern bekamen die anderen Schwierigkeiten, sich zu konzentrieren. Aber da war so eine Spannung.*

– so wird sowohl das Punkten wie auch die Eintragung in das Lerntagebuch allmählich Routine. Die Lehrer/innen fordern die Schüler/innen deshalb auf, die Eintragungen ernst zu nehmen. Ohne diese konsequente Haltung der Lehrer/innen hätten die Schüler/innen das Feedback-Verfahren vermutlich »versanden« lassen.

> L: *Ich habe festgestellt, dass es Phasen gab: Zuerst »Oh toll was Neues« dann eine Phase »schnell schnell eintragen und dann raus an die Tischtennisplatte«. Dann habe ich immer wieder gesagt: So, jetzt arbeitet ihr wirklich noch einmal diese drei Minuten ernsthaft an euren Eintragungen. Und jetzt ist das auch wieder ernsthafter. [...] Jedenfalls gehört da eine ganz schöne Disziplin zu, das jeden Tag immer wieder zu machen, sich am Schluss der Stunde zu sagen – jetzt noch fünf Minuten ... das ist anstrengend.*

Die Schüler/innen haben schon nach zweieinhalb Monaten Rückmeldearbeit gelernt, über Unterricht und Lernprozesse zu sprechen, Urteilskriterien anzuwenden und zu akzeptieren, dass andere Personen andere Maßstäbe anlegen können als sie selbst.

> L: *In jedem Fall haben sie was gelernt, ganz klar. Darüber sprechen, Kriterien anwenden, kennen lernen, dass es auch andere Sichtweisen gibt als die eigenen.*

Dennoch spüren die Lehrer/innen immer noch ein Unbehagen, das sie schon zu Beginn der Arbeit benannt haben. Sie zweifeln an der Aussagekraft der insgesamt sehr positiven Rückmeldungen. Immer wieder fragen sie sich: Sagen die Schüler/innen wirklich, was sie meinen? Punkten sie ernsthaft oder einfach nur mal eben so? Liegen die positiven Einschätzungen daran, dass die erste Phase der Einschulung in eine neue Klasse keine Zeit der Kritik ist, sondern eher eine, in der alle den Reiz des Neuen spüren? Oder sind die Einschätzungen ein Zeichen für die Angepasstheit der Schüler/innen?

> L: *Du wirfst ja auch immer mal die Fragen auf: Wie nehmen die Kinder die Zielscheibe überhaupt wahr? Stimmt das denn auch, was die da punkten? Du traust dem Frieden ja nicht so richtig.*

> L: *Ich denke, wenn Schüler an eine neue Schule kommen, entwickeln sie eine hohe Identifikation mit der Schule. Ich hab' das neulich auch auf einem Elternabend erlebt; die Rückmeldung der Eltern war geradezu berauschend! Dieser Neubeginn, das ist eben nicht die Mecker-Zeit.*

> L: *Ich sehe auch Schüler, die so angepasst sind, dass sie immer »spannend« ankreuzen. ... Einige haben ihre Punkte auch »einfach so« geklebt.*

Wenn die Schüler/innen Rückmeldungen geben, die in den Augen der Lehrer/innen »dünner« als erwartet ausfallen, vermuten die Lehrer/innen, dass die Schüler/innen eben nicht offen äußern, was den Lehrer/innen missfallen könnte. An dieser Stelle ist nicht erkennbar, wie diese Vermutungen zu überprüfen sind.

> L1: *Über die Wünsche, die dann kamen, war ich aber doch enttäuscht. Da kamen Dinge, mit denen sie auch sonst zu mir kommen können: im Kopfrechnen langsamer vorgehen, Wünsche zur Gestaltung des Raumes, kaum etwas zum Unterricht. Ein Wunsch war: »Ich möchte nicht mehr Ärger kriegen wenn ich lache«.* – L2: *Also manchmal frage ich mich, ob sie überlegen, was man wohl von ihnen hören will. Anfangs waren sie nicht in ihrem eigenen Kopf, sondern im Kopf des Lehrers. Ich meine diese berühmte Schere im Kopf. Es klingt so, als würden sie Opfer bringen, um die Götter gnädig zu stimmen.] Ja [lacht] [...] Wir sollten das mal mit den Schülern thematisieren ...*

Modifikation des methodischen Arrangements

Auf Basis der ersten Erfahrungen modifizieren die Lehrer/innen das methodische Arrangement.

1. Die Kategorien von Lerntagebuch und Zielscheibe sind in der Anfangsphase nicht aufeinander abgestimmt, weil sie unterschiedliche Funktionen erfüllen sollen: Das Lerntagebuch soll der individuellen Reflexion des Lernprozesses dienen, die Zielscheibe soll eine öffentliche Reflexion des Unterrichts ermöglichen. Deshalb ist es schwierig, Notizen aus dem Lerntagebuch auf die Zielscheibe zu übertragen.

   L: *Wir stellen fest, dass den Schülern der Transfer vom Lerntagebuch zur Zielscheibe nicht gelingt.*

2. Die Kategorien der Zielscheiben werden für den Fachunterricht konkretisiert, um fachspezifisch detailliertere Rückmeldungen zu erhalten.

   L: *Verändert haben wir noch etwas: Wir haben jetzt zwei Zielscheiben, je eine für den Mathematikunterricht und eine für den Deutschunterricht, um die Rückmeldungen zu entzerren und detailliertere Ergebnisse zu bekommen.*

3. Das Auswertungsgespräch wird methodisch ausdifferenziert. Die Schüler/innen schätzen zunächst in kleinen Gruppen anhand von drei Fragen das Ergebnisbild der Zielscheibe ein. Danach präsentiert jede Kleingruppe ihre Ergebnisse im Plenum. Auch das Ziel des Auswertungsgesprächs wird nun präziser gefasst: Die Schüler/innen sollen Gründe für das Ergebnisbild herausfinden.

   L: *Ebenfalls verändert haben wir, dass die Schüler sich jetzt zunächst in Gruppen zur Zielscheibe Gedanken machen. Dabei arbeiten sie nach drei von uns vorgegebenen Fragen [(1) Was seht ihr? (2) Wie deutet ihr das Ergebnis? (3) Sollte etwas verändert werden? Wenn ja, was und wie?] Anschließend tragen sie die Ergebnisse dem Plenum vor.*

   L: *Wir hängen eine Zeitleiste aus, auf der die Schüler sehen, wie lange wir uns bei den einzelnen Punkten aufhalten wollen. Die Schüler teilen sich in 4 Gruppen auf und haben 5 Minuten Zeit anhand der 3 Fragen die Zielscheibe zu deuten. Danach haben die Gruppen jeweils 3 Minuten, ihre Ergebnisse vorzutragen. Es bleiben also 20 Minuten Zeit für das Klassengespräch. Im Gespräch soll herausgefunden werden, was genau zu der Bepunktung geführt hat. Wer negative Punkte vergeben hat, der sollte erklären, warum er so gepunktet hat. Dazu benutzt er wieder das Lerntagebuch. So bekommt die individuelle Eintragung eine erkennbare Funktion in ihrem Bezug zum gemeinsamen Rückmeldegespräch.*

4. Um die Verbindung zwischen Lerntagebuch und Zielscheibe noch deutlicher zu gestalten, wird die »kleine« Zielscheibe eingeführt: Jeder Schüler füllt auf der Grundlage seines Lerntagebuchs seine persönliche Zielscheibe aus; später kann er die Punkte dann auf die »große« Klassenzielscheibe übertragen. Dieser Prozess nimmt allerdings nach wie vor viel Zeit in Anspruch.

L: Ja wir haben das jetzt so gelöst, dass wir parallel zum Unterricht die Schüler ihre eigenen, die »kleinen« Zielscheiben ausfüllen lassen. Für die Übertragung der Punkte von der kleinen auf die große Zielscheibe aber braucht man viel Zeit. Jeder Schüler muss ja acht Punkte kleben.

5. Die Lehrer/innen planen eine Evaluation des modifizierten Verfahrens und bekräftigen dabei ihr Generalziel des Rückmeldeprojekts. Im Zuge dieses Re-Arrangements bekräftigen die Lehrer/innen auch das Ziel, das sie mit dem Feedback-Projekt verbinden: Sie wollen den Lernbegriff der Schüler/innen erweitern. Diese Formulierung findet sich erstmals explizit im Selbstprotokoll der zweiten Sitzung der Schulprojektgruppe ...

L: Aber jetzt sollte es beginnen, die Schüler könnten schon ihr Lerntagebuch führen. Der Anlass zum Gespräch ist: Was haben wir eigentlich gelernt. Der Begriff des Lernens wird dadurch weiter gefasst. Die Schüler bekommen so ein Bewusstsein davon, was Lernen heißt, und erweitern ihre Vorstellung vom Lernen.

... und wird beim zweiten Workshop zum »offiziellen« Ziel: Die Wahrnehmung der Schüler für ihren Lernprozess soll geschärft werden, um sie längerfristig in die Lage zu versetzen, ihren Lernprozess selbst zu steuern.

L: Wichtig für mich ist, dass ich darin bestärkt worden bin, dass die Schülerinnen und Schüler Experten für ihren eigenen Lernprozess werden sollen und dass Feedback dazu beitragen soll. Meine Intention ist, die Schüler von einem engen Lernbegriff wegzukriegen. Der Lernbegriff der Schülerinnen und Schüler ist eine Hürde und es ist die Aufgabe, über Rückmeldung den Lernbegriff zu erweitern.

Die Lehrer/innen stellen zu den Zielscheibenkategorien nun auch offene Fragen, um auch qualitative Aussagen darüber zu bekommen, unter welchen Bedingungen die Schüler/innen gut bzw. nicht gut lernen. Wir dokumentieren die Aussagen der Schüler/innen am Beispiel einer Mitschrift (siehe S. 28).

Die Rückmeldungen bringen nicht nur Neues zu Tage. Dennoch zeigt sich in dieser Übersicht, was Feedback leisten kann. Es kann ausgedrückt werden, was den Unterricht aus Sicht der Schüler/innen ausmacht, und das sind auch Selbstverständlichkeiten. Schüler/innen und Lehrer/innen haben die Aussagen nun vor Augen und damit sind sie leichter bearbeitbar.

Ich habe viel gelernt, wenn	Ich bin mit mir total zufrieden, wenn	Ich bin häufig gelobt worden, wenn	Ich habe alles gerne getan, wenn
• die Klasse ruhig war. • es spannend und interessant war. • der Lehrer etwas erklärte. • der Lehrer humorvoll war. • es ein neues Thema war. • alle Schüler ihre Meinung sagen.	• ich gut aufgepasst habe. • ich gelobt worden bin. • ich gut mitgearbeitet habe. • ich gute Noten habe. • ich mich viel gemeldet habe.	• ich eine ganz wichtige Antwort gegeben habe. • ich etwas gut konnte. • ich sehr oft drangenommen wurde. • die Klasse gelobt wurde. • ich ordentlich neue Aufgaben gemacht habe.	• es Spaß gemacht hat. • es viel Lernstoff war. • es spannend, interessant und mit viel Praxis war. • ich alles konnte. • der Lehrer witzig war. • das Wetter gut war. • ich das Thema schon immer wissen wollte.
Ich habe nichts gelernt, wenn	**Ich bin mit mir überhaupt nicht zufrieden, wenn**	**Ich bin nie gelobt worden, wenn**	**Ich habe nichts gerne getan, wenn**
• es langweilig war. • ich schon alles kann. • nur wiederholt wurde. • ich traurig oder müde war. • es zu laut war. • ich dauernd abgelenkt wurde.	• ich nichts verstehe, obwohl es leicht ist. • ich mich nicht beteilige.	• ich nicht aufgepasst habe. • ich Quatsch gemacht habe. • ich Briefchen schreibe. • ich viel falsch gemacht habe.	• der Lehrer nur redet und die Schüler nur schreiben. • ich nicht gut drauf bin/der Lehrer nicht gut drauf ist. • ich nichts konnte. • Stunden vertreten werden. • ich alles schon einmal gemacht habe.

Mitschrift der Schülerrückmeldungen

Die Rückmeldungen geben Aufschluss darüber, worauf die Schüler/innen ihr Augenmerk legen. Im anschließenden Auswertungsgespräch können nun einzelne Punkte herausgegriffen und es kann gefragt werden: Was können wir tun, um die gute Situation zu bewahren bzw. die Defizite zu überwinden? So kann man aus den Antworten heraus lesen, dass die Stimmung, in der Schüler/innen und Lehrer/innen einander begegnen, wichtig ist. Was ist für eine gute Stimmung wichtig, was erzeugt schlechte Stimmung? Was können wir uns vornehmen, um mit schlechter Stimmung besser umzugehen, was kann jeder Einzelne von uns dazu beitragen, eine gute

Stimmung zu erzeugen oder zu erhalten? Dies wäre ein möglicher Diskussionsschwerpunkt eines Auswertungsgesprächs.

In den beiden mittleren Spalten können Anhaltspunkte für die Vermutung der Lehrer/innen gesehen werden, dass die Schüler/innen eine Art Schere im Kopf haben und eher sagen, was »die Schule« hören will: Zufrieden sein, wenn man gut aufgepasst und gut mitgearbeitet hat, gelobt wird und gute Noten bekommen hat. Diese Anhaltspunkte gibt es aber nicht nur hier, sondern auch in den Ergebnissen eines weiteren Feedback-Verfahrens, das im Folgenden vorgestellt wird.

Von der Lerntagebuchmitteilung zur »Wünsche-Wand« – ein Nebenzweig der Feedback-Entwicklung

Noch vor dem methodischen Re-Arrangement ergreifen die Lehrer/innen eine Initiative, die auf eine Anregung im zweiten Workshop zurückgeht. Hintergrund ist, dass die Lehrer/innen entschieden haben, die Lerntagebücher nicht zu lesen. Sie finden es wichtig, dass die Schüler/innen diese Aufzeichnungen nur für sich machen und dass sie damit ihre individuellen Lernprozesse ohne Bewertungsdruck beobachten können. Deshalb sollen die Lerntagebücher den Schutz der Anonymität genießen.

Einige Workshopteilnehmer aber wollen sich ein Bild von diesem Instrument machen. Deshalb stellen die Schüler/innen Ihnen auf Anfrage Kopien ihrer Aufzeichnungen zur Verfügung. Die nicht mit der Klasse befassten Lehrer/innen sehen nun, dass in den Notizen wichtige Botschaften an die Klassenlehrer/innen zu finden sind. Deshalb empfehlen sie die Suche nach einer Form, das Lerntagebuch anonym zu halten und es gleichzeitig für gemeinsame Auswertungsgespräche fruchtbar zu machen. Diese Anregung greifen die Lehrer/innen auf.

Die Idee der Klassenlehrer/innen nimmt die seit Beginn des Schuljahres bestehende Planung auf, ein »Wünsche-Buch« einzurichten. Nun sehen sie eine Gelegenheit, diese Idee mit der Anregung aus dem Workshop zu verbinden. Die Lehrer/innen bitten die Schüler/innen deshalb zu Weihnachten um einen Wunschzettel. Die Fragestellung ist: »Was wünsche ich mir vom Lehrer/von meinen Mitschülern/von mir, damit der Unterricht spannender wird?« Die Wünsche sollen die Aufzeichnungen ihrer Lerntagebücher berücksichtigen.

Mit dem Ergebnis dieses Experimentes sind die Lehrer/innen allerdings unzufrieden. Aus ihrer Sicht äußern die Schüler/innen dort nur relativ nichts sagende Wünsche und viele drücken aus, dass alles so bleiben solle, wie es ist.

> L: *Nach dem letzten Workshop haben wir uns Gedanken gemacht, weil einige Kollegen gesagt haben, in den Lerntagebüchern sind eindeutige Botschaften an uns drin. Und dann haben wir uns für einen Wunschzettel entschieden mit den Fragen: Was wünsche ich mir vom Lehrer/von meinen Mitschülern/von mir, damit der Unterricht spannender wird? Sie sollten die Wunschzettel entweder so formulieren, dass man sie offen vorlesen kann, oder eben nicht. […] Aber die Wünsche selber betrafen*

eher das Formale, da hätte ich mir anderes gewünscht. Allerdings gab es auch viele »Es soll so bleiben wie es ist«-Wünsche. Vielleicht sind die ja ganz zufrieden?! [...] Was mir auch noch aufgefallen ist: Keiner hat geschrieben, was er sich von sich selber wünscht.

Doch so erfolglos ist das Wunschzettel-Experiment gar nicht. Die Schüler/innen zeigen, dass sie nach einem halben Jahr Erfahrung in der Lage sind, ihre Wünsche inhaltlich zu gruppieren und dies selbst zu moderieren.

L: Dann wurden die Wünsche gruppiert, das haben die zu viert gemacht. Und da habe ich dann auch was Positives gesehen, als sie angefangen haben, darüber zu reden, die Schüler/innen haben die Wünsche im Gespräch gruppiert und das moderiert, diese Sachen wurden ja geübt. Da sah ich ja, was sie schon gelernt haben.

Und ein inhaltliches Ergebnis wird auch deutlich: Die Rückmeldungen lassen ein Problem mit der Menge der Hausaufgaben erkennen. Daraufhin wird ein Verfahren vereinbart, den Zeitaufwand für Hausaufgaben transparent zu machen.

L: Obwohl nach dem »Vulkanprinzip« heraus kam, dass zu viele Hausaufgaben gemacht werden. Da wurde beschlossen: Der Lehrer trägt die Hausaufgaben ins Klassenbuch ein, und auch, wie viel Zeit diese Hausaufgaben seiner Meinung nach brauchen. Wenn er das nicht macht, hat er Pech gehabt – dann müssen die Schüler die Hausaufgaben nicht machen. Aber von den Schülern ist einer verantwortlich, den Lehrer daran zu erinnern.

Die Lehrer/innen entscheiden sich trotz der Enttäuschung nicht dafür, die »Wünsche-Methode« einzustellen, sondern zu verändern: Sie stellen eine »Wünsche-Wand« ins Klassenzimmer, auf der bei Bedarf Wünsche an die Lehrer/innen, an Mitschüler/innen und zum Unterricht notiert werden können.

L: In die Klasse wird eine Wünsche-Wand gestellt, auf der die Schüler immer dann, wenn sie einen Wunsch bezüglich des Unterrichts haben, diesen anheften können. Sie müssen aber auch dafür sorgen, dass der Lehrer davon erfährt und beobachten, ob sich etwas verändert, wenn der Lehrer es verspricht.

Die Schüler/innenperspektive: Wenn man gut mit den Lehrern reden kann, was ist dann der Nutzen von Feedback?

Die Schüler/innen dieser Projektgruppe sind vergleichsweise stark für das Feedback engagiert. Als Ausdruck dafür könnte gesehen werden, dass sie das Feedback-Verfahren auf zwei öffentlichen Veranstaltungen sowie einer Lehrerkonferenz selbstständig und erfolgreich präsentieren.

> L: *Bei der einen Veranstaltung waren mindestens 45 Leute da. Und da waren sie richtig souverän, vor allem auch im Frage- und Antwortspiel, das sich an die Präsentation anschloss. Dabei wurde die Sache auch noch klarer, und die Zuhörer konnten sich das vorstellen und Konsequenzen ziehen. Die fragten dann zum Beispiel: Soll das jetzt eine Institution an dieser Schule werden? ... Die Schüler/innen haben auch mit dem Publikum eine Rückmeldung per Zielscheibe gemacht: Sie ließen ihren Vortrag von den Erwachsenen nach drei Kategorien bepunkten und haben dann hinterher mit ihnen darüber gesprochen. ... Und dann wollen wir – das heißt, die Schüler – das Feedback auch mal auf der Lehrerkonferenz vorstellen.*

Doch dieses Engagement sagt nichts darüber, wie die Schüler/innen diese Methode sehen. Es gibt Hinweise darauf, dass die Rückmeldungen als Anregungen »für die Lehrer« gesehen werden, dass es für die Lehrer/innen gemacht wird, damit sie sehen, was gut war und was nicht, wo sie etwas ändern müssen. Dies wird sowohl gesagt, als die Lehrer/innen explizit nach dem Sinn des Feedbacks fragen, als auch in Interviewaussagen.

> I: *Warum macht ihr das Feedback denn?* S1: *Wir machen das für die Lehrer.* S2: *Jetzt kann man eben auch sehen, ob uns das Lernprogramm insgesamt gefällt. Und wo die etwas ändern können. Eben was sie gut und was sie schlecht machen.* S3: *Ja, finde ich schon, wir machen das nicht direkt für uns, sondern für die Lehrer, weil sie sehen dann an diesen Zielscheiben, was ich gelernt habe und wenn dann sehr viele Punkte ganz außen sind, weiß er dann ja, dass es ganz schlecht ist und dann können sie sich darauf einstellen.*

> I: *Wird das Ganze denn in eurer Klasse als wichtig empfunden?* S: *Von den Lehrern ja. Von den Schülern auch irgendwie, von manchen natürlich nicht, aber ...* I: *Würde es jemanden stören, wenn ihr die Zielscheibe nicht mehr macht?* S: *Ja, die Lehrer. Uns nur zum Teil. Lerntagebuch wollen mehr Schüler nicht machen, weil man will die zwei Minuten Mathe nicht verlieren, wenn man das Fach mag. Und das finden wir dann eben auch lästig.*

> I: *Habt ihr das dann auch mal im Klassenrat gesagt, dass euch das stört?* S: *Ja – aber nicht direkt. Irgendwas mit »Lerntagebuch ist überflüssig« war da mal. Nimmt nur Zeit weg. Früher waren es zwei Minuten, jetzt sind es fünf Minuten. [...] Nervig sind diese fünf Minuten eintragen vor dem Ende der Stunde. Ich würde es besser finden, wenn wir einmal die Woche, z.B. am Freitag eine Zusammenfassung schreiben würden. Zwei Sätze für jedes Thema und nicht jede kleine Einzelheit.*

Zunächst fällt auf, dass es offenbar zu Anfang nicht gelungen ist, den Sinn und Nutzen des Feedbacks für die Schüler/innen zu vermitteln. Dazu folgende Beobachtung: Da die Lehrer/innen Feedback auch als Herausforderung verstehen, »sich zu trauen, den Mund aufzumachen« stellen sie relativ früh mit den Schüler/innen ihre Feedback-Erfahrungen im Rahmen einer öffentlichen Veranstaltung gegen Rassismus vor. Ob die Schüler/innen diesen Zusammenhang erkennen, bleibt unklar. Denn aus Sicht der Schüler/innen werden die Feedback-Methoden recht unvermittelt eingeführt, ohne dass viel darüber gesprochen wird, welche Bedeutung diese Neuerung für die Schüler/innen haben kann. Hinzu kommt, dass die Lehrer/innen die Feedback-Methoden auch in diesem Fall vorgeben. Die Schüler/innen sind also an der Entwicklung über längere Zeit nicht beteiligt.

> I: *Wurde euch erklärt, warum ihr das macht und was das für ein Ziel hat?* S: *Nee, eigentlich nicht. Sie haben nur gesagt, dass es ja Schülerrückmeldung heißt und dass die dann wissen, was wir gut finden, weil viele sich ja nicht trauen, das offen zu sagen.* I: *Habt ihr am Anfang darüber geredet, was das Ganze soll oder fing das einfach an?* S: *Das fing einfach nur so an, aber sie haben uns davon erzählt.*
>
> S: *Und dann waren wir ja mit diesem Projekt auch in der Markthalle. Da haben wir das eben auch vorgestellt und da kam von mir die Frage, was hat das denn mit Rassismus zu tun, weil darum ging das ja bei der Veranstaltung. Und dann haben wir die Antwort bekommen, dass das damit etwas zu tun hat, dass sich die Leute melden sollen, wenn etwas passiert, wenn jemand ausgegrenzt wird und man nicht dumm rumstehen soll, sondern man gleich die Polizei rufen soll. So haben sie uns das erklärt. ... Ich persönlich finde, dass das gar nichts mit Rassismus und Ausgrenzung zu tun hat, weil ich weiß gar nicht, wie man sich bei dem Zeugs da melden soll.*
>
> I: *Dürft ihr die Kategorien selber bestimmen?* S: *Also zum Teil. Am Anfang war das nicht so. Aber wir wollten das dann nicht mehr so. Wir haben das dann in der Klasse besprochen, weil es eben auch nicht zum Lerntagebuch gepasst hat. Und jetzt sind sie ja gut, die Kategorien.*

Den Schüler/innen scheint sich der Sinn der Feedback-Verfahren in der Anfangsphase nicht von selbst zu erschließen. Sie beteiligen sich dennoch mit etwa folgender Haltung: Wenn ihr das so wichtig findet, machen wir es eben mit. Ihr gebt euch soviel Mühe, da wollen wir euch das Feedback-Dings nicht kaputt machen.

> L: *Man macht das halt vom Anfang der fünften Klasse an und dann denken die Lehrer »oh, toll, das klappt ja super« und dann kommen Schüler und meinen, das Lerntagebuch ist nur Irrsinn. Dann denken wir eben auch, dass das die Lehrer eben ein wenig erschrecken würde. Die machen sich dann so viel Mühe und wir machen das dann ... [Pause]. Ja, und wir machen dann alles kaputt.*

Die Schüler/innen verweisen aber noch auf einen anderen Grund, warum der Sinn nicht recht deutlich wird: Beide Lehrer/innen sind sehr beliebt, und die Schüler/innen haben das Gefühl, sie können sagen, wenn es brennt. Sie sehen eine hohe Bereitschaft, auf Wünsche und Kritik einzugehen und Konsequenzen aus ihnen zu ziehen. Kurz: Sie scheinen der Auffassung, dass sie ohnehin gut mit den Lehrer/innen reden können.

> S: *Herr X hat doch fast nie schlechte Laune. Und bei Frau Y ist das auch so: Die kommt auch immer gut gelaunt in die Klasse. Sie meckert auch nicht auf die ganze Klasse, wenn mal eine Arbeit schlecht ausgefallen ist, oder wenn die meisten Kinder die Hausaufgaben nicht haben.*
>
> I: *Habt ihr das Gefühl, dass die Lehrer versuchen darauf einzugehen, wenn ihr etwas nicht gut findet? S: Ja, das sollen wir dann im Klassenrat ansprechen und Vorschläge machen, was die Lehrer besser machen können. Und dann redet die ganze Klasse darüber und dann versuchen die Lehrer das anders zu machen.*
>
> I: *Was machen eure Lehrer, wenn ihr das anders seht als sie? S1: Sie versuchen uns zu verstehen. S2: Sie machen das ja extra. Dass wir unsere Meinung sagen und nicht eingeschüchtert sind. [...] I: Wenn ihr ein Thema habt, das die Lehrer nicht so gut finden, was machen sie dann? S: Sie versuchen sich für uns zu ändern.*

Für die Schüler/innen ist Feedback eingebettet in eine grundlegend freundliche und für Kritik offene Haltung der Lehrer/innen. Von diesem Standpunkt aus scheint es so, als würden die Lehrer/innen mit beträchtlichem Aufwand in etwas investieren, was ohnehin gut läuft – die Verständigung zwischen Schüler/innen und Lehrer/innen. Inwieweit es mit Hilfe von systematischem Feedback besser gelingt, auch Kritisches zu äußern, bleibt unklar. Die Schüler/innen äußern zwar, dass sich mehr Schüler/innen trauen, offen Kritik zu äußern, und die Klasse akzeptiere es, wenn jemand »seine eigene Meinung sagt«. Dies geschehe durch die Feedback-Verfahren »direkter« als vorher. Aber alles in allem scheint es sich hier um Veränderungen in einem ohnehin offenen und verständigungsorientierten Klima zu handeln.

> I: *Habt ihr das Gefühl, dass sich jetzt mehr Leute trauen etwas zu sagen, was sie stört, als vor dem Feedback? S: Eigentlich nicht. [...] I: Traut ihr euch denn jetzt mehr am Unterricht selbst was zu kritisieren? S: Manchmal machen das jetzt auch Leute, die das vorher nicht gemacht haben. [...] Und im letzten Klassenrat, da war eben das Thema, dass die Schüler sich nicht trauen, dem Lehrer etwas zu sagen wenn sie etwas nicht verstanden haben, weil ihnen das zum Beispiel peinlich ist, dass sie so etwas Leichtes nicht wissen. Und dann haben die Lehrer gesagt, sie sollen sich ruhig trauen.*
>
> I: *Habt ihr das Gefühl, dass ihr die Punkte, die das Lerntagebuch und die Zielscheibe abfragen, auch behandeln würdet, wenn ihr weder mit Lerntagebuch noch mit Zielscheibe arbeiten würdet? S: Also, ganz bestimmt, weil ohne die Lerntagebücher würde das ja trotzdem noch in unser Wünsche-Buch eingetragen werden. Wir machen das jetzt nur direkter.*
>
> I: *Fürchtet ihr dann in die Pfanne gehauen zu werden? S: Nein. Man soll schon seine eigene Meinung haben. Man soll seine Angst verlieren, seine eigene Meinung zu sagen. Selbst wenn sie weit auseinander liegen dürften. In unserer Klasse wird das akzeptiert. Man traut sich eher.*

Bezogen auf den Realitätsgehalt des Feedbacks zeichnet sich ein mehrschichtiges Bild ab. Wie aufrichtig die Schüler/innen ihr Feedback geben, ist nicht eindeutig zu erkennen. Es finden sich aber Hinweise darauf, was ihre Aussagen beeinflusst. Ein Einflussfaktor ist die Beobachtung der eigenen Aussage durch andere Schüler/innen. In diesem Falle hat die Anonymität die Auswirkung, sich eher »extrem« zu äußern, während Äußerungen unter der Beobachtung anderer Schüler/innen eher moderater (»ehrlicher«) ausfallen. Ein zweiter Faktor scheint konkurrierendes Interesse zu sein. Wollen die Schüler/innen schnell in die Pause, dann kleben sie ihre Punkte ohne lange zu überlegen und ohne große Ernsthaftigkeit und zwar dorthin, wo die Punkte keine Diskussion provozieren: in die Mitte.

> I: *Klebt ihr und eure Mitschüler die Punkte ehrlich oder punktet ihr auch manchmal schlechter oder besser als ihr eigentlich denkt?* S: *Auf der letzten Zielscheibe da mussten wir das ehrlich machen, weil die Mitschüler das auch gesehen haben, wo wir hinkleben. Aber bei den beiden davor haben auch ganz viele geschummelt und dann waren viele Punkte sogar außerhalb des Kreises. Aber ich glaube schon, dass zum Beispiel wir drei das ganz ehrlich machen. Manche machen sich aber auch keine richtigen Gedanken, sondern setzten die Punkte einfach in die Mitte.* I: *Warum?* S: *Die wollen dann lieber schnell in die Pause.*

Die Frage danach, ob Feedback etwas am Unterricht verändert, wird nicht eindeutig beantwortet. Die Antwort verweist darauf, dass Verbesserungen möglich sind, dass sie aber eine langfristige Aufmerksamkeit von Seiten der Schüler/innen erforderlich machen.

> I: *Macht ihr denn jetzt durch das Feedback eher mehr Sachen, die euch Spaß machen oder habt ihr darauf keinen Einfluss?* S: *[lange Pause] Nach der Bepunktung wird es immer besser, aber nur die erste Woche, die zweite Woche vergessen die Lehrer das dann manchmal wieder. Bis zur nächsten Zielscheibe. Es wäre schon besser, wenn die Lehrer einmal die ganze Zeit über so bleiben würden.*

Beobachtungen einer Feedback-Szene: Beichte mit Absolution

Um die ambivalente Wahrnehmung der Schüler/innen besser zu verstehen und Potenziale von Feedback-Arbeit genauer auszuloten, wird eine Feedback-Situation in diesem Fall eingehender analysiert. Gegenstand ist eine zweistündige auf Video aufgezeichnete Sitzung. Hier werden unter Anwendung eines differenzierten Arrangements – mit Wechsel von Kleingruppen- und Plenumarbeit und der Bearbeitung verschiedener Fragestellungen samt Dokumentation – Rückmeldungen über den Unterricht in zwei Fächern erarbeitet.

Die Interpretation konzentriert sich auf das Abschlussgespräch im Plenum. Gegenstand sind die von Arbeitsgruppen erarbeiteten Interpretationen, deren Kernaussagen in Kurzreferaten präsentiert und auf Plakaten visualisiert werden. Sie sollen nun kommentiert werden.

Thema des Auswertungsgesprächs sind Aussagen zum Thema »Ich habe nichts Wichtiges zum Unterricht beigetragen, weil ...« obwohl auch die positive Variante auf den Plakaten vorliegt. So müssen die Schüler/innen über ihre »Schwächen« reden. Die Lehrer/innen nehmen die Schüler/innen in der Reihenfolge ihrer Meldungen dran. Die Schüler/innen nehmen, so aneinander gereiht, inhaltlich nur wenig Bezug aufeinander, sondern äußern sich in kleinen isolierten Monologen. Diese beziehen sich kaum auf Erlebtes; sie bewegen sich auf einer Metaebene, formulieren Appelle und bemühen dabei nicht selten Klischees.

So bleibt, gewissermaßen unterhalb des Verfahrens, die Individualisierung der Schüler/innen bestehen. Das Gespräch verharrt in einer eigentümlich leblosen Atmosphäre, die dadurch verstärkt wird, dass die Lehrer/innen sich nicht nur mit inhaltlichen Aussagen zurück halten, sondern das Gespräch auch nicht moderieren. So fragen sie nicht nach Konkretisierungen und fordern auch nicht dazu auf, bei einem Thema zu bleiben, um es zu vertiefen.

Als beim Thema »Vorlesen von Mathematikaufgaben« die Lehrerin nachfragt und mit einer Schülerin zu klären versucht, wieso und wann das Vorlesen zu schnell und zu langsam ist, hören die anderen aufmerksam zu. Nun ergibt sich für eine kurze Zeit eine lebendiges, eher »natürliches« Gespräch, während der Rest des Auswertungsgesprächs eher den Charakter einer Beichte mit abschließender Absolution hat. Die Schüler/innen sind auch nicht gefordert, selbst Konsequenzen zu ziehen oder Ideen zu entwickeln, wie ihre Appelle in die Realität umgesetzt werden können. Stattdessen beendet die Lehrerin das Gespräch mit der Aussage: »Ich speicher' das« – und bürdet damit der Lehrerseite das Entwickeln von Konsequenzen auf.

Für die Schüler/innen ist damit der Feedback-Prozess ohne sichtbare Konsequenzen beendet. Es bleibt nichts mehr zu tun und es ist unklar, was aus dieser immerhin zweistündigen Arbeit folgen soll. Solche Auswertungsgespräche sind vielleicht ein Grund dafür, dass Feedback aus der Schülerperspektive ambivalent beurteilt wird, und – nachdem der Reiz des Neuen verflogen ist – in seinen konkreten Bedeutungen nicht benannt werden kann. Das komplexe Arrangement mit Kleingruppenarbeit, Präsentation, Plakaten und Plenumsitzungen birgt in diesem Fall weitere Potenziale, die Schüler/innen an der Planung und Umsetzung von Veränderungen zu beteiligen.

Reaktion der Lehrer/innen: Abstimmung von Lernzielen und Unterrichtsplanung mit den Schüler/innen

Als den Lehrer/innen bei der Arbeit mit einem Interviewtext während eines Workshops deutlich wird, dass die Schüler/innen das Feedback nicht primär für sich selbst, für ihren Lernprozess oder für eine Veränderung des Unterrichts in ihrem Interesse machen, entwickeln sie die folgenden Leitlinien für ihre weitere Arbeit:

1. Wichtig ist, den Schüler/innen Sinn und Hintergrund der Feedback-Arbeit intensiver und früher zu vermitteln. Die Schüler/innen müssen schnell und deutlich erfahren können, dass Feedback für sie einen Nutzen hat, und wie dieser Nutzen aussieht. Um solche Erfolgserlebnisse zu vermitteln, hilft die oben angesprochene Konzentration auf *ein Ziel* in einem *überschaubaren Zeitraum*, eine Konzentration auf kleine Schritte.

   L: Mir fällt auf, dass es wichtig ist, den Schülern deutlich zu machen, was hinter dem Projekt steht. Aus den Interviews kommt 'rüber »das wissen wir nicht«. Ich habe das Projekt ganz anders verstanden und ich denke ja ich mach' das richtig, – es kommt aber ganz anders an. So unterschiedlich sind die Einschätzungen. [...] Wenn wir die Überschrift nehmen, Feedback wofür und für wen, dann ist für mich die Frage, wie führt man Feedback so ein, dass eine höhere Identifikation erreicht wird? Das hat mit der Erfahrung zu tun; sie müssen die Erfahrung machen, das hilft mir wirklich für dies und das, das hat mir hier geholfen. [...] Positive Erfahrungen, das heißt auch: Wir brauchen überschaubare Zeiträume, wir müssen genau geplante und kleine Dinge machen, also sie setzen sich selber nur ein Ziel zum Beispiel. Wir haben zwar einige positive Ergebnisse erreicht, aber man müsste das von Anfang an mehr zuspitzen, um ein Erfolgserlebnis zu schaffen.

2. Wichtig ist, die Schüler/innen früher und intensiver in die Planung des Unterrichts einzubeziehen. Sie sollen Ziele des Lernprozesses und des Unterrichts mitbestimmen – in gemeinsamer Vereinbarung mit den Lehrer/innen – und auch selbst überprüfen. Feedback soll dabei helfen, Lernprozesse und Unterricht übersichtlicher zu machen und sich dann auf einzelne Punkte zu konzentrieren, die nach Bedarf verändert werden sollen. Die Lehrer/innen sehen, wie sie durch ihr Vorgabemonopol dazu beitragen, ein Modell für die Unabänderlichkeit des Unterrichts zu sein. Um dies zu verhindern, wollen sie schon bei der Einschulung der Schüler/innen ins Gymnasium mit einer gemeinsamen Planung des Unterrichts beginnen.

   L: Ich habe einen Satz aus diesem Interview mitbekommen, als es geführt wurde, der war »Feedback – da wollen die Lehrer sich verbessern«. Das ist ein Kniefall vor uns! Schule ist so – sie sind mit uns einen Pakt eingegangen. ... Aber woran liegt das nun? Ich vermute, die Schüler sind mit 8 Kategorien überfordert. Da ist so ein Nebel entstanden. Anders wäre das, wenn Schüler Ziele selbst setzen oder man Ziele gemeinsam vereinbart. Noch aber haben wir die Hoheit der Ziele. Zur Schule gehört ja Lehrplanung, Vorgeben – und wir verkörpern das mit unserer Person, die sie wahrnehmen, und damit die Unabänderlichkeit von Vollzügen. – Zu Feedback gehört: Übersichtlichkeit und Konzentration auf bestimmte Ziele, damit die Schüler nicht so ein bisschen vernebelt sind wie jetzt. Das heißt, dass sie in einen Prozess einbezogen sind, in dem sie die Ziele selber bestimmen und überprüfen, selber über Ziele entscheiden und dazu stehen, so einen Rahmen haben mit der Zuspitzung auf eine Kategorie und der Vereinbarung über Ziele?

> L2: *Feedback ist ja ein integraler Bestandteil des Unterrichts. Man müsste es von Anfang an einführen. Mit einer Planungsphase, wo die Ziele den Schüler/innen in angemessenem Umfang freigegeben werden – das wäre eine andere Unterrichtsplanung. – I: Wir müssten also anfangs breiten Raum einräumen für: Warum diesen Unterricht, wofür lernen wir hier, was wollen wir erreichen? – L1: ... und dann vielleicht mit Wochenplan. Die Bestimmung der Ziele heißt immer auch: Form und Zeitpunkt bestimmen, in denen sie erreicht werden sollen.*

Mit der Formulierung dieser Leitlinien für die weitere Arbeit stoßen die Lehrer/innen auf widersprüchliche Rahmenbedingungen von Schule, in diesem Fall auf den Anspruch an sanktionsfreie Aushandlungen einerseits und die Bewertungs- und Selektionsfunktion von Schule andererseits, aber auch auf den Widerspruch zwischen zeitlichem Aufwand für Feedback-Arbeit und Stoffdruck.

Unaufhebbar erscheint das Dilemma zwischen dem herkömmlichen Bewertungssystem der Schule und offenem Feedback, weil Feedback-Äußerungen immer in der Gefahr stehen, für Bewertungen herangezogen zu werden. So kann ein Zugeben von Schwächen im Extremfall – insbesondere im Gymnasium – zu Nachteilen bis hin zur Abschulung führen. Unterliegen Feedback-Äußerungen zumindest potenziell solchen strukturellen Zwängen, dann sind dies Störungen, die den Erfolg von Feedback-Arbeit behindern können.

> L: *Eine prinzipielle Schwierigkeit sehe ich darin, dass Feedback für Beurteilung ausgenutzt werden kann. Das ist unaufhebbar in unserem Schulsystem, wo ja ein Beurteilungsnetz über der Schule liegt. Da kann es passieren, dass Schüler sich sozusagen mit ihren Schwächen ausbreiten und wir müssen dann sagen: lieber Mann, liebe Frau, ja wenn das so ist, dann geht's jetzt in die Realschule. Das ist eine grundsätzliche Aporie zwischen dem Bewertungssystem, das den staatlichen Anspruch an Schule umsetzt, und dem pädagogischen Prinzip der Partnerschaft, das über Feedback angestrebt wird.*

> L: *Außerdem muss ich ja auch Disziplinierungsformen gegen den Willen der Schüler durchsetzen, ... Ich muss auch harten Unterricht machen ohne Ziele zu vereinbaren. Das sind Störfelder für die neue Initiative.*

Als belastend und den Erfolg beeinträchtigend werden auch die Erfahrungen der Schüler/innen vor und nach dem jeweils feedback-basierten Unterricht gesehen. Vor allem ein Unterricht bei Lehrer/innen, die das Gegenteil von dem machen, was mit Feedback aufgebaut werden soll, erfordert ganz andere Strategien als Sensibilität für das eigene Lernen und seine Stärken und Schwächen.

> L: *Man muss auch bedenken, dass wir Feedback ja nur in einem ganz kleinen Bereich der Schule praktizieren. Einmal in der Woche haben wir Klassenrat – und da sollen sie dann feedback-mäßig so funktionieren, dass wir »Jippie« rufen. Vorher*

und nachher sind andere Kollegen in der Klasse, bei denen sie ganz andere Erfahrungen machen ... Drei Viertel der Kolleginnen machen doch das Gegenteil von dem, was wir mit Feedback wollen.

S: *Oft reagieren die Lehrer [auf Meinungsäußerungen der Schüler über den Unterricht] mit »na und« ...*

Als belastend und den Erfolg beeinträchtigend wird nicht zuletzt der Widerspruch zwischen den Zeitansprüchen von Feedback und dem Zeitdruck durch Stofffülle benannt: Andere Kolleg/innen bewältigen den Stoff des Lehrplans schneller und erfüllen möglicherweise sogar die Anforderungen der neu eingeführten Vergleichsarbeiten besser.

L: *Außerdem gibt's da ja auch Druck. [...] Na – der Kollege ist schon bei Schritt 3 des Lehrplans, ich aber noch bei Schritt 2. Oder diese ganzen Vergleichsarbeiten jetzt.*

Zusammenfassender Kommentar

In diesem Fall gelingt Lehrer/innen und Schüler/innen sehr viel und das in recht kurzer Zeit. Gleichzeitig sind einige für die Einführung von Feedback typische Schwierigkeiten zu bewältigen. Insofern lassen sich in diesem Fall Schwierigkeiten und Erfolge eines feedback-gesteuerten Veränderungsprozesses wie in einem Brennglas nachzeichnen.

Die Überschrift für diesen Prozess könnte lauten: Schule wird reflexiv. Schüler/innen und Lehrer/innen beginnen, ihre eigenen Lernprozesse, ihren eigenen Unterricht zu reflektieren und das kooperativ. Dabei nehmen sie die Vogelperspektive auf sich selbst ein. Diese Perspektive zu implementieren ist schwierig, weil ungewohnt und in der Schule ohne institutionalisiertem Raum. Die Suche nach dem Einstieg in eine verständigungsorientierte Selbstreflexion und Selbstorganisation, das ist die Entwicklungsaufgabe, an der Lehrer/innen und Schüler/innen hier arbeiten.

An diesem Fall lässt sich gut erkennen, welche Anforderungen feedback-basierte Reflexions- und Gestaltungsprozesse an Schüler/innen und Lehrer/innen stellen, die in herkömmlichen Rollen und Kompetenzerwartungen nicht enthalten sind. Mit Feedback arbeiten heißt: dialogisch statt monologisch Arbeiten und Sprechen; Ziele gemeinsam aushandeln und später prüfen, ob erreicht wurde, was vereinbart war; Kritik und Selbstkritik etablieren und dabei Gesprächsformen lernen, in denen gemeinsam Ideen und Vereinbarungen für eine Verbesserung von Lernen und Lehren entstehen können. Dabei zeichnet sich ab, dass eine solche Unterrichtsentwicklung auf eine gemeinsame und eigenständige Gestaltung von Lernprozessen und Unterrichtssituationen hinausläuft und dabei mit Grenzen der Institution in Berührung kommt.

Was hat diese Projektgruppe in ihrer Arbeit mit Feedback erreicht?

Den Lehrer/innen gelingt es, gemeinsam mit den Schüler/innen »am Ball zu bleiben«. In systematischer und gleichzeitig sehr beharrlicher konzeptueller Arbeit treiben sie den Prozess der Entwicklung von Feedback-Verfahren, der Kommunikations- und Kooperationskompetenzen und der auswertenden Reflexionen voran. Auf Schwierigkeiten reagieren sie experimentell, meist mit Modifikationen und Neujustierungen ihrer Instrumente. Niemals stellen sie den Prozess grundlegend in Frage – selbst dann nicht, wenn der eigentliche Sinn gefährdet scheint. Dazu ist dieses Tandem zu stark von der Bedeutung der Feedback-Arbeit für eigenständiges Lernen überzeugt.

Diese Beharrlichkeit ist nicht selbstverständlich. Die Lehrer/innen haben nicht viel Unterstützung an ihrer Schule. Die Kolleg/innen der Parallelklassen sind trotz intensiver Bemühungen nicht in die Arbeit der Schulprojektgruppe eingestiegen. Und die Ansprüche an einen »normalen« Gymnasialunterricht müssen ebenfalls erfüllt werden. Dementsprechend erscheint Feedback-Arbeit anfangs als zeitraubender und arbeitsaufwändiger »Fremdkörper«.

Aber auch die Reaktionen der Schüler/innen erfordern Beharrlichkeit und Überzeugungskraft. Sie messen dem Feedback nach einiger Zeit nicht die erhoffte Bedeutung bei, sondern reagieren tendenziell ähnlich, wie auf übliche Anforderungen: »Wir tun, was von uns verlangt wird, mehr kann man von uns nicht verlangen.« Das führt manchmal zu zähen Situationen, auch zu Enttäuschungen auf Seiten der Lehrer/innen und verlangt einiges an Konsequenz. Denn auch die Lehrer/innen sind in einem ergebnisoffenen Prozess; auch sie müssen erst einmal klären, welche Bedeutung sich in der Praxis mit Schüler-Feedback verbinden lässt und wie sich das zu den eigenen Erwartungen verhält.

Beharrlichkeit und eine experimentelle Haltung erweisen sich deshalb als so bedeutsam, weil Feedback-Arbeit zunächst einmal fordert, sich über ein Jahr mit alten Strukturen auseinander zu setzen. Dies scheint auch eine Voraussetzung dafür zu sein, dass die typischen Sackgassen als Herausforderung genommen und die kleinen Fortschritte als befriedigende Erfolge erfahren werden, Voraussetzung also für eine Balance aus Erfolgen und Enttäuschungen.

Überraschende Erfahrungen machen die Lehrer/innen damit, dass die Rückmeldungen der Schüler/innen über den Unterricht und die Lehrer/innen im Wesentlichen positiv sind und dass die Rückmeldegespräche schnell auf einem »hohen Niveau« stattfinden. Als entscheidenden Erfolg sehen die Lehrer/innen, dass es gelungen ist, die Schüler/innen in öffentliche Gespräche über Lernen und Unterricht zu bringen und das in einem Rahmen, den die Schüler/innen konstruktiv füllen können.

Eine weitere wichtige Erfahrung der Lehrer/innen ist, dass es gelingt, den Schüler/innen auch auf der emotionalen Ebene zu zeigen, dass sie geachtet werden und ihre Rückmeldungen gefragt sind. Über diese Vertrauensbasis entsteht eine zentrale Voraussetzung für das Gelingen feedback-basierter Unterrichtsentwicklung. Die

Schüler/innen trauen sich, auf die Lehrer/innen zuzugehen und mit ihnen zu sprechen. Und Lehrer/innen wie Schüler/innen dürfen Fehler machen, weil die Grundhaltung stimmt.

Positive Überraschungen aber auch Enttäuschungen und ein aktiver zutrauender Umgang mit ihnen, so lässt sich zusammen fassen, sind die Bewegungsmomente dieser Entwicklungsarbeit.

2. Feedback-Arbeit in der Sekundarstufe I

Intensive Beratung versus stumme Missverständnisse

I: *Was interessiert die Schüler denn eigentlich?* — L: *Das weiß ich auch nicht.*

Die Ausgangssituation: Offene Fragen und Kommunikationsprobleme

In diesem Fall werden Erfahrungen einer neunten Klasse einer Gesamtschule vorgestellt. Die Teilnahme dieser Schule am Projekt ist Teil des Wahlprogramms des neu gewählten Schulsprecherteams. Der Lehrer, der in dieser Klasse Feedback-Arbeit erprobt, arbeitet in der Schulprojektgruppe mit dem Lehrer zusammen, der in dieser Studie die Arbeit in der gymnasialen Oberstufe repräsentiert (vgl. Kapitel II.3). Außerdem nehmen eine weitere Lehrerin des 9. Jahrgangs sporadisch und ein Vertreter des Schulsprecherteams regelmäßig teil.

Die Vorerfahrungen, von denen der Lehrer in diesem Fall berichtet, basieren auf einer Fragebogen-Evaluation und einigen Versuchen im Rahmen des Profilunterrichts, einem Reformversuch in den Jahrgängen 9 und 10 (vgl. dazu Nadas/Nietschmann 2001). Kern dieses Versuchs ist die Neuzusammensetzung der Klassen nach unterschiedlichen Lern- und Arbeitsschwerpunkten, den so genannten Profilen. Solche Profile sind zu diesem Zeitpunkt beispielsweise: »Firma«, »Mensch und Natur«, »Bistro«, »Studio«, »Gesundheitswerkstatt«, »Netzwerk«. In den Profilklassen wird an einem Tag pro Woche fächerübergreifend an profilspezifischen Aufgaben gearbeitet. Dieser Fall basiert auf Erfahrungen im Profil »Firma«, einem Schwerpunkt, der starke Anteile des Faches Arbeitslehre beinhaltet.

Im Anschluss an die Vorerfahrungen mit Feedback ergeben sich die folgenden Fragen:

- Welche Erfahrungen gibt es allgemein mit Schüler-Feedback, worauf muss man bei Feedback achten?
- Welche Feedback-Verfahren gibt es?
- Kann man fach- und jahrgangsunabhängige Fragebögen entwickeln?
- Wie kann man Rückmeldungen auswerten und interpretieren – v.a., was macht man mit Äußerungen von einzelnen Schüler/innen, die nicht die Mehrheitsmeinung wiedergeben?
- Welche Wirkungen hat Feedback, und wie kann man Feedback-Ergebnisse gezielt in verbindliche Konsequenzen umsetzen?

- Wie kann man mit Schüler/innen umgehen, die auf den Unterricht keinen Einfluss nehmen wollen?
- Wie kann man Feedback in den Ablauf des Unterrichtsalltags integrieren und wie lässt sich dabei eine positive Routine entwickeln?

Schon in der zweiten Sitzung der Schulprojektgruppe wird ein gewisser Leidensdruck sichtbar. Es werden mannigfaltige Problemlagen geschildert, die »hinter« den eben aufgeführten Fragen zu stehen scheinen. In weiteren Gesprächen wird das Bedürfnis nach einem Austausch darüber deutlich, was im Unterricht geschieht, um besser zu verstehen, was zwischen Lehrer/innen und Schüler/innen eigentlich passiert.

L1: Was mich bewegt ist, dass die Schüler/innen offensichtlich nicht verstehen, was ich sage. Bei einem Gespräch neulich fiel mir auf, dass sie meine Kriterien gar nicht kennen, obwohl ich ihnen die erzählt habe. Was sie sagen, passt ganz wenig mit dem zusammen, was ich als Bewertungskriterien ansehe. Sie verstehen wohl meine Begriffe auch nicht.

L2: Das interessiert mich auch, die Kommunikation zwischen Lehrer und Schülern. Was passiert da eigentlich? Zum Beispiel, auf welche Dinge springe ich immer wieder an?

Als Hintergrund für das Verständnis dieses Falles ist wichtig, dass der Lehrer einen schweren Stand in der Klasse hat, in der er zur Zeit des Rückmeldungsprojekts unterrichtet, weil das Profil zunächst von einem anderen Lehrer geleitet werden sollte. Unter dieser Voraussetzung haben die Schüler/innen das Profil gewählt. Dies lässt sich aus Interviews mit den Schüler/innen und dem Lehrer entnehmen (vgl. im Einzelnen Lüdemann 2002, S. 50).

Als großen Rahmen seiner Erwartungen an Feedback-Arbeit nennt der Lehrer eine Verbesserung der Selbst- und Fremdeinschätzung der Schüler/innen und als ein zentrales Ziel innerhalb dieses Rahmens die Verbesserung der Teamfähigkeit unter den Schüler/innen. Diese Zielsetzung ist im Zusammenhang mit der Gründung einer Firma und im Zuge des auf Eigenverantwortung zielenden Profilunterrichts plausibel. Zentrales Merkmal des Profilunterrichts ist – wie im Projektunterricht – die eigenständige und arbeitsteilige Kleingruppenarbeit.

Es gehört zum Konzept des Profilunterrichts, dass sich in den Kleingruppen die Fähigkeit zur Teamarbeit entwickeln soll und dass die Schüler deshalb auch lernen sollen, über Teamarbeit systematisch ins Gespräch zu kommen und diese auch selbst zu beurteilen. Diese Entwicklungsaufgabe ist in der Klasse ein wichtiger Teil des Feedback-Projekts. Dabei sollen die Schüler/innen lernen, sich innerhalb der Gruppe einzuschätzen und diese Einschätzungen in einem klassenöffentlichen Gespräch zu vertreten. Gleichzeitig soll die Bewertung der Teamarbeit in die Notengebung des Lehrers einfließen. Zur Anwendung kommt schließlich ein Punktsystem (s.u.).

Dieser Versuch einer Entwicklung der Selbst- und Fremdeinschätzung über eine Beteiligung an der Benotung und Zensurenfindung erweist sich als schwierig und konfliktreich. Zu bedenken ist dabei immer – auch wenn dies in dieser Falldarstellung keine besondere Berücksichtigung findet – in welcher Entwicklungsphase sich diese Schüler/innen befinden (vgl. dazu ausführlich Lüdemann 2002). Wir schildern die mit diesem Versuch zusammenhängenden Probleme und Konflikte im Folgenden ausführlich, weil sie – insbesondere über die Rekonstruktion der Probleme – Einsichten in Gründe für ein Gelingen bzw. Misslingen von feedback-basierter Unterrichtsentwicklung vermitteln können.

Gegenseitiges Feedback der Schüler/innen zur Gruppenarbeit: Die Bewertung mit der 100-Punkte-Methode

Der Lehrer entwickelt eine Methode, anhand derer Schülergruppenarbeit (sowohl die Zusammenarbeit in der Gruppe als auch die Leistung des Einzelnen) reflektiert und beurteilt werden kann. Die Schüler/innen sollen in die Lage versetzt werden, ihre Zusammenarbeit zu analysieren und sich gegenseitig zu helfen, indem sie ihre Gruppenarbeit insgesamt und den Beitrag jedes Einzelnen zur Gruppenarbeit nach vorgegebenen Kriterien mit Punkten bewerten.

Die Grundidee des Verfahrens besteht darin, über die Verteilung von einhundert zur Verfügung stehenden Punkten in der Gruppe in ein Gespräch über die Arbeit zu kommen. Für diese Selbst- und Fremdeinschätzung steht ein Beurteilungsbogen mit rund 20 vom Lehrer formulierten und mit den Schüler/innen besprochenen Kategorien zur Verfügung. Im Anschluss an diese gruppeninterne Bewertung findet zum Ende eines jeden Profiltages ein Gespräch in der Klasse statt, in dem die Schüler/innen ihre jeweilige Benotung in Form von Punkten darlegen. Lassen wir den Lehrer seine Methode im Zusammenhang schildern.

> L: *Ich habe da diese Methode, wo sich jede Gruppe selbst null bis hundert Punkte für die Bewertung ihrer Gruppenarbeit geben kann. Diese 100 Punkte sollen auf die einzelnen Mitglieder aufgeteilt werden, um zu bewerten, wie viel jeder Einzelne zur Gruppenarbeit beigetragen hat. (...) Dann müssen sie die Verteilung der Punkte noch vor der Klasse begründen und ich frage dann nach. Am Anfang haben sie einander sehr hohe Punktzahlen gegeben, bei wirklich wenig Arbeit gab sich eine Gruppe zum Beispiel immer noch so 60 bis 70 Punkte. Die können sich nicht wehtun. Diese Zensur für die Gruppenarbeit ist übrigens eine von vier Zensuren, die zu einer Gesamtzensur verrechnet werden. Es gibt fürs Profiltagebuch eine Zensur, eine für das Produkt, eine Feedback-Zensur und dann diese hier für Gruppenarbeit. Bei dieser Zensur habe ich einen ziemlich harten Zensurenschlüssel angesetzt, der aber aufgehoben wird dadurch, dass die Schüler/innen sich gegenseitig so hohe Punktzahlen geben.*

Zum Vergleich. Eine Schülerin schildert etwa zur selben Zeit die gleiche Methode wie folgt:

> S: *Dann kriegen wir immer so Zettel. Und dann müssen wir halt ankreuzen: der und der hat die Fähigkeiten/hat dies und jenes gemacht/alle haben mitgearbeitet – und blablabla … und den müssen wir dann abgeben und am Ende muss jeder in der Runde noch sagen, was er gemacht hat [...] Auf dem Zettel konnte man halt ankreuzen, wie viel man sich von 100 Punkten heute für seine Arbeit geben würde.*

Die Bewertungen der Schüler/innen gehen in die Zensurengebung des Lehrers ein. Man sieht, dass die Methode, mit der die Schüler/innen ihre eigene Gruppenarbeit bewerten sollen, hohe Anforderungen stellt. Die anschließenden Auswertungsgespräche in der Klasse finden nach einem geregelten Verfahren statt: Um eine gleichmäßige Beteiligung der Schülerinnen und Schüler zu erreichen, wurde das Verfahren der »Runde« festgelegt, in der die Schüler nacheinander ihre Einschätzungen begründen und manchmal auch vor dem Lehrer legitimieren müssen.

Den Sinn von Feedback verstehen: Ein unglücklicher Einstieg

Die Wahl, Konstruktion und Einführung der 100-Punkte-Methode als Feedback-Verfahren ist ein wichtiger Auslöser für das, was folgt.

Der Lehrer hat diese – wie aus der Beschreibung deutlich geworden ist, relativ komplexe – 100-Punkte-Methode nach vielen Versuchen und Vorüberlegungen konzipiert, so auch die Kriterien und Skalen, anhand derer die Schüler/innen ihre Teamarbeit bewerten und die Punktzahlen ermitteln sollen. Zur Beteiligung der Schüler/innen führt er aus:

> L: *Ich habe Feedback über die Zeit entwickelt. Meine Idee war zunächst, es mit ihnen gemeinsam zu entwickeln. Die Schüler waren aber nicht bereit. Die ganze Energie kam von mir. [...] Ich habe meine Kriterien über die Jahre ohne die Schüler entwickelt. Die Kriterien haben sich entwickelt, sie haben sich auch geändert. Aber all das ohne die Schüler. Und das ist sicher auch ein Problem.*

Als der Lehrer in der Klasse das Feedback-Verfahren vorstellt, zeigen die Schüler/innen kein besonderes Interesse, sie äußern sich überhaupt nicht eindeutig. Gleichwohl beginnt die Klasse auf Vorschlag des Lehrers, das vorgestellte Verfahren zu verwenden.

> L: *Ich habe gesagt: Da gibt es das Projekt »Schüler-Feedback«, ich habe es vorgestellt – aber keiner hat mitgearbeitet. Ich habe auch gefragt, ob jemand dagegen ist, dass wir das machen. Aber keiner hat sich gemeldet. Dann habe ich einfach angefangen.*

> L: *Ganz am Anfang habe ich den Schülern vom Feedback-Projekt erzählt und gefragt, ob die mitmachen wollen. Da kam nichts. Kein: klar machen wir das, aber auch keine Abwehr. Da hab' ich gesagt, gut, dann machen wir das.*

Die Schüler/innen reagieren auf die Anfrage des Lehrers nur unscharf; Weder gibt es eine eindeutige Ablehnung, noch Zustimmung. Feedback erscheint ihnen nicht als etwas Besonderes. Da sie schon andere Verfahren zur gemeinsamen Reflexion über Arbeitsweisen und Unterricht kennen, nehmen sie diesen Vorschlag vermutlich als eine von vielen Ideen des Lehrers in diesem Bereich wahr.

> L: *Er macht viele Sachen mit uns und ich weiß jetzt nicht, was da eigentlich zu Feedback gehört und was nicht. Wir machen halt viel in den Tut-Stunden – dauernd halt viele Sachen. [...] Es wird mir nicht richtig deutlich, weil wir haben das gleiche davor auch schon gemacht. [...] I: Als ihr mit dem Projekt angefangen habt – habt ihr da über den Sinn und Zweck von Feedback gesprochen? S: Ja, doch er hat schon 'n bisschen dazu gesagt. Er hat uns auch noch irgendwas über Feedback und so gesagt, aber ich kann mich nicht mehr genau erinnern.*

So erfahren die Schüler/innen das Feedback von Beginn an als Anliegen des Lehrers. Für sich selbst können sie zunächst keinen Nutzen erkennen. Sie sehen eher einen zusätzlichen Arbeitsaufwand, der mit der »eigentlichen« Arbeit, dem eigentlichen Unterrichtsstoff nichts zu tun hat. Eher fatalistisch »ziehen sie es eben noch durch« weil der Lehrer es verlangt.

> S: *Er macht irgendwas über Teamarbeit und sonst was. Man hat immer das Thema und jeder ist schon genervt, weil er eigentlich arbeiten möchte, oder sonst was. Und keiner hat da Lust drauf. Und dann ziehen wir das (Feedback) eben noch durch. Danach geht es eh weiter, wie sonst auch.*

Der Lehrer aber hat den Eindruck, klar genug erklärt zu haben, was Ziel des Feedbacks ist und er meint auch, dass die Schüler/innen »doch hätten merken müssen, worum es geht«.

> L: *Das hätten die doch merken müssen, dass es darum geht, Gruppenarbeit zu lernen.*

Unter der Oberfläche des Feedbacks spielt sich manches ab: Wie Ungerechtigkeitsempfindungen Feedback torpedieren können

Die 100-Punkte-Methode beinhaltete, wie oben ausgeführt, dass die Schüler/innen einander selbst Noten geben sollen, die dann zu einem Viertel in die Zeugnisnote einfließen sollen. Daraus ergibt sich ein Problem. Die Schüler/innen halten sich bedeckt – keiner will sich selbst oder den anderen »reinreißen«. Eine Zeit lang nehmen sie die Selbsteinschätzung der Gruppenarbeit nicht ernsthaft vor, sondern bewerten einander zu gut, was der Lehrer durch einen verschärften Umrechnungsschlüssel wieder ausgleicht.

Die Schüler/innen werfen dem Lehrer nach kurzer Zeit vor, dass er das Feedback als Benotungshilfe nutze, und problematisierten die gesamte Aushandlungsprozedur: das Verfahren sei umständlich, die Bewertungsgrundlage bleibe diffus und willkürlich. Man könne von ihnen nicht verlangen, dass sie Verantwortung für die Einschätzung ihrer Mitschüler übernehmen. Der Lehrer übertrage sein Problem, die Gruppenarbeit nur schwer beurteilen zu können, auf die Schüler. Die Schüler/innen wollen deshalb auch nicht erfahren, wie der Lehrer die Noten endgültig berechnet.

Was aus Sicht des Lehrers der Transparenz und einer Verbesserung der Selbsteinschätzung dienen soll, löste bei den Schüler/innen Kritik aus.

L: Ich wollte den Schülern auch sagen, wie ich zu den Zensuren gekommen bin, das wollten sie aber gar nicht wissen.

L: Im Profilunterricht sehe ich die Schülerinnen und Schüler ja einen großen Teil des Tages nicht. Und von mir war auch dieses Feedback am Ende des Tages gedacht als ein kleines Kontrollinstrument.

Die Schüler üben Kritik daran, dass der Lehrer, der die Schüler/innen bei ihrer Arbeit nicht hinreichend beobachten kann (er wandert von Gruppe zu Gruppe), nun die Selbstbeurteilungen der Schüler/innen nimmt, um diese Beobachtungslücke aufzufüllen.

S: Mich macht es z.B. sauer, weil jemand den ganzen Tag gesessen haben kann, ohne was zu tun und [L] hat ihn nicht gesehen – egal, auch wenn er nichts gemacht hat, trägt er sich dann 100 Punkte ein – und [L] übernimmt das dann.

Aber diese Kritik basiert noch auf einem anderen Hintergrund. Es gibt eine Differenz zwischen Schüler/innen und Lehrer/innen, aus welchen Anteilen die Profilzensur zusammengesetzt sein soll und wie diese gewichtet werden soll. Diese Differenz lässt sich folgendermaßen zusammenfassen.

Es gibt den Beschluss der Profilkonferenz, dass die Schüler/innen ein Lerntagebuch (hier wird es Profiltagebuch genannt) schreiben müssen. Dessen Bewertung soll höchstens ein Viertel der Gesamt-Profilzensur ausmachen. Im Profiltagebuch sollen die Schüler/innen ihren Arbeitsprozess beschreiben und reflektieren. Es soll also als Nachweis theoretischer Reflexion der Schüler/innen über ihre praktische Arbeit dienen.

Die Schüler/innen aber haben aus ihrer Sicht ein Profil mit starkem Praxisbezug gewählt (es steht dem Fach Arbeitslehre nahe); sie verstehen das in ihren Augen hohe Gewicht der »Theorie« deshalb nicht und finden deren anteilige Gewichtung ungerecht. Sie möchten in erster Linie die Qualität des von ihnen hergestellten Werkstücks hoch gewichtet wissen.

> L: *Es hat eine Absprache in der Profilkonferenz darüber gegeben, dass das Profiltagebuch zu 25 Prozent einbezogen wird und wer keins abgibt, bekommt eine A6 und das finden sie maßlos ungerecht.* L: *Im Prinzip ist das so: Über eine gute Beschreibung einer schlechten Leistung im Profiltagebuch kann ich eine gute Note erreichen. [...] Aber auch: Ich kann einen Tag gut arbeiten und keine Eintragungen ins Profiltagebuch vornehmen; dann bekomme ich eine schlechte Note.* I: *Wissen die Schüler, dass das so ist?* L: *So genau nicht. [S1] beispielsweise glaubt, wenn er etwas gut angefertigt hat, dann ist das eine eins. Der versteht aber nicht, dass das nicht reicht.*
>
> S1: *Das Werkstück ist richtig schön geworden und unser Arbeitslehremeister unten hat sogar noch gesagt, dass sei das beste Werkstück das da unten jemals gemacht wurde. Und dann hieß das auf einmal ja ne 2– [...] Und denn hieß das auf einmal auch bei den anderen, die uns die ganze Zeit beim Arbeiten genervt hatten: ja, ist zwar 'n bisschen schlechter aber ist noch ne 2– wert, weil du hast ja das Profiltagebuch so gut gemacht. Und irgendwie hab' ich mir dann nur noch an den Kopf gefasst und gedacht, das kann doch nicht wahr sein.*

Hier liegt zunächst ein Vermittlungsproblem vor. Es ist nicht gelungen, den Schüler/innen Nutzen und Bedeutung der theoretischen Reflexion der Arbeitsweise nahe zu bringen. Der Lehrer sieht zunächst keinen Ausweg. Seiner Ansicht nach kann er an diesem unglücklichen Zustand nichts ändern: Er könne nicht auf den Theorieanspruch verzichten, der in den Profilkonzepten auch nachlesbar sei. Die Schüler/innen aber würden diese Konzepte ja nicht lesen, und wenn er es dann erklärt, wäre es zu spät – die Schüler/innen hätten das Profil dann ja bereits gewählt.

> L1: *Sie sehen, was sie leisten können und sie sehen, dass ihnen das Profiltagebuch die Zensur versauen kann. Und dann fragen sie dich, warum versaust du mir das, was ich geleistet habe, durch das Profiltagebuch. – Genau so reagieren sie.* – I: *Es wäre aber doch gut, wenn die Schüler merken, dass die Lehrer neu nachdenken, wenn die Schüler das als so ungerecht wahrnehmen. Ist das nicht ein Zeichen dafür, dass hier auch ein Problem hausgemacht ist?* – L: *Aber der Lehrer kann doch auf den Theorieanspruch im Profilunterricht nicht verzichten.* – I: *Wenn man aber doch das Problem kennt, dann kann man es – zumindest in Zukunft doch – vorher klarer absprechen: Den Anspruch deines Profilfaches an Theorie und Reflexion.* – L: *In den Konzepten über die Profile steht das natürlich. Aber die lesen die Schüler ja nicht. Wenn ich ihnen das erkläre, dann haben sie schon das Profil gewählt. Und gerade in das Profil [Profilname] wählen sich viele hinein, die vor allen Dingen praktisch etwas herstellen wollen.* – I: *Dann muss man aber doch versuchen, dann muss es doch von Lehrerseite gelingen, dass vermittelt wird, dass es hier einen notwendigen Theorieanteil gibt. Insofern gibt es hier doch ein Vermittlungsproblem.*

Nochmals wird hier das Vermittlungsproblem deutlich. Deutlich wird, wie wichtig es ist, dass Erwartungen und Ansprüche – im vorliegenden Falle ein Theorieanspruch – kommuniziert werden. Deutlich wird darüber hinaus, wie störanfällig ein Feedback-Prozess ist, wenn die Bedingungen nicht geklärt sind, unter denen das jeweilige Verfahren angewendet wird.

Individualisierendes Beurteilungssystem der Schule versus dialogische Unterrichtsentwicklung: Ein Konflikt

Es ist nicht zu übersehen, dass die Schüler/innen auf die Verbindung von Schülerrückmeldung und Beteiligung an der Notengebung sensibel reagieren. In einem Workshop wird diese Verbindung deshalb eingehend reflektiert. Ausgangspunkt der Überlegungen ist die Frage, ob es eine Möglichkeit geben kann, das Zensurensystem als Ausdruck institutioneller Macht und den Anspruch an Beteiligung in einem freien Gespräch über Leistung sinnvoll zu integrieren.

> L: *Es ist auch ein Machtverhältnis – ich gebe die Zensuren. Ich vergebe Chancen. [...] Das Problem ist die Zensur, die Zensur von mir. Gäbe es die Zensur nicht, dann wäre dies ein freies Gespräch. Und da könnten die Schüler sagen, was sie geleistet haben und ich könnte ihnen rückmelden, wie ich sehe, was sie geleistet haben und man würde dies zusammenstellen und zusammenbringen.*

Die Frage ist nun: Können die mit institutioneller Macht und Verantwortung ausgestatteten Lehrkräfte, die über Lebenschancen entscheiden, die Schüler/innen in den Prozess dieser Chancenverteilung einbeziehen? Oder anders gefragt: Ist es möglich, dass Schüler/innen diesen Verteilungsschlüssel mitbestimmen, ohne dabei in unauflösliche Dilemmata oder Paradoxien zu geraten?

Rückmeldeverfahren brauchen die offene Reflexion über Schwächen, um diese in gemeinsamer Anstrengung bearbeiten zu können. Wenn man die Schüler/innen nun diesem Anspruch entsprechend in die Reflexion von Leistungen einbezieht, und wenn sie dabei auch eigene Schwächen äußern, dann befindet sich die Schule in dem Dilemma, diese Schwächen einerseits zur Arbeit an der Verbesserung zu nutzen und sie andererseits in die Zensierung einzubeziehen und den Schüler/innen damit aus der Selbstkritik Nachteile erwachsen zu lassen. Die Schüler/innen wiederum kommen in die paradoxe Situation, sich selbst gegenüber die Rolle der zensierenden und damit selegierenden Schule einzunehmen und gleichzeitig aber an einer guten Platzierung in der Gesellschaft interessiert sein zu müssen.

Hierzu einige Stimmen aus dem o.g. Workshop-Gespräch, die zeigen, wie eine Funktion von Feedback, nämlich das offene Resümieren von Lernentwicklungen im Unterricht, mit dem Beurteilungssystem der Schule in Konflikt geraten kann.

> L: *Es gibt da eine Parallele. Das sind die Feedback-Gespräche zwischen Schulleitung und Lehrer. Auch hier gibt es eine strukturelle Problematik. Warum soll ein Lehrer selbstkritisch etwas zu seiner Fähigkeit sagen, wenn er weiß, dass dieses Gespräch karriererelevant ist.*
>
> L: *Inwieweit ist es erlaubt, Schüler daran zu beteiligen, ihre Zensur mit zu ergründen? Dies wird zu einem Rollenproblem für Schüler und für Lehrer. Und zweitens fragen wir, ob Feedback und Zensierung zusammen passen. Gleichzeitig haben wir aber gesehen, dass Arbeiten in Projekten heißt, dass der Prozess reflektiert werden muss. Dabei kommt die Frage auf, inwieweit kann und darf man in die Note mit einbeziehen, was an Prozessreflexion in solchen Phasen in der Reflexion entsteht. Beispiel: Die Schüler geben eine Rückmeldung zu einer Präsentation einer Gruppe und dies geht in meine Note ein. Ist das erlaubt?*
>
> L: *Gilt jetzt also: Die Zensierung muss rausgenommen werden? Unser Projekt heißt doch »Feedback über Unterricht« und das heißt doch über Unterricht reflektieren und das heißt doch auch, beide Seiten mit einbeziehen und letztlich auch das Nachdenken über die Zensuren mit einbeziehen. – Außerdem gibt es ein strukturelles Problem: Wenn Lernen in Projekten immer auch bedeutet, dass die Schüler an der Reflexion über die Entwicklungen beteiligt werden, dann heißt das doch, dass Feedback und Bewertung zusammen kommen, wenn wir andere Formen als den traditionellen lehrerzentrierten Unterricht probieren. Etwas anderes wäre es, wenn es ein nicht zensiertes Protokoll über den Lernprozess gäbe; dann wäre es ein echtes Gespräch, das aber kann in Schule nicht funktionieren.*

Als vorläufiges Fazit kann hier fest gehalten werden: Die Schüler/innen arrangieren sich nach und nach mit der Selbstbeurteilung, vor allem nachdem ihnen klar geworden ist, dass sie die Zensur nur in die positive Richtung beeinflussen können.

> I: *Also ich kann auch nach den Interviews nur sagen, dass die Schüler hinsichtlich der Punkteverteilung sagen: Wir sind da mittlerweile ehrlicher geworden. … Und außerdem kann das unsere Zensuren eigentlich nur aufbessern. – Es ist zwar schon noch eine zusätzliche Last für die Schüler, aber sie akzeptieren es jetzt mehr.*

Freie Auswertungsgespräche vertiefen den Graben zwischen Schülern und Lehrern

In diesem Fall haben Schüler und Lehrer letztlich nicht miteinander klären können, was ihre Unzufriedenheit hervor ruft. Woran kann es nun liegen, dass Feedback-Verfahren hier nicht helfen, die Probleme der Schüler/innen und des Lehrers bearbeitbar zu machen? Schauen wir uns zur Klärung dieser Frage die Auswertungsgespräche genauer an, die der Anwendung von Feedbackinstrumenten regelmäßig folgen müssen, um die Angaben zu verstehen und Konsequenzen zu formulieren.

Dabei wenden wir uns zunächst einem anderen Verfahren zu, denn der Lehrer hat auch andere Instrumente erprobt. Mit der Methode der Zielscheibe beispielsweise fragt er nach der Qualität seines Unterrichts. Dabei bringt ein Schüler, der mit dem Lehrer bereits eine längere Konfliktgeschichte hat, einen Punkt auf der Zielscheibe so an, dass er etwas »äußerst Negatives« signalisiert, etwas, das den Lehrer unangenehm berührt, wie aus dem folgenden Zitat zu entnehmen ist.

Dieses Zitat gibt auch einen ersten Hinweis darauf, was bei den anschließenden Feedback-Gesprächen zwischen dem Lehrer und den Schüler/innen nicht funktioniert: Der Lehrer greift den negativen Punkt heraus und fragt zusammengefasst, »Wer war das? Warum siehst du das so negativ?« Der Schüler aber, der als einziger hier so negativ gewertet hat, möchte sich nicht äußern; er ist der Auffassung, dass Gespräche mit diesem Lehrer fruchtlos sind.

> S: Ich hab' meinen Punkt auf die Frage: Hast du in diesem Halbjahr etwas Neues gelernt? – ganz klar bei »Nein« geklebt. Weil das war in [Fach] und in dem Halbjahr ging es nur um »[Thema X]« und bei »[Thema X]« bin ich ihm halt weit aus überlegen, weil da weiß er mal gar nichts. Und von daher hab' ich da »nein« geklebt und er war dann ganz empört oder geschockt, weil einer »nein« angekreuzt hat. [... Er] hat dann die schlimmsten Punkte – na die, wo er es da so richtig abgekriegt hatte, noch mal rausgenommen und bei denen halt nachgefragt woher das kommt. [...] Also, ich hab' nichts gesagt. Ich weiß ja nicht wie er darauf reagiert. [...] Da hab' ich lieber nichts gesagt, weil da kommt wieder dieses Geschwafel: Was kann ich besser machen? Da hab' ich halt keine Lust drauf. Ganz ehrlich. [...] So Anfang 9 da hatte ich jeden zweiten Tag richtig mit ihm Stress und dauernd mit den Zensuren und so. Und das war alles nicht so lustig und das hat sich gerade erst wieder eingerenkt, die ganze Geschichte. Ich will halt 'nen guten Abschluss schaffen und deshalb hab' ich halt meine Schnauze gehalten bei der Sache, wo ich der Einzige war.

Eigentlich, so scheint es zunächst, hat der Lehrer »alles richtig gemacht«; er hat einen heraus stechenden Klebepunkt auf der Zielscheibe als Gesprächsanlass genommen. Aber bei näherer Betrachtung wird deutlich, dass er nicht genauer nachfragt, in welchen Situationen des Unterrichts welche Schüler/innen besser lernen können und in welchen schlechter. Stattdessen fragt er nach einem einzelnen Schüler und verlangt, wenngleich sicher unwillkürlich, eine Erklärung. Dies führt zu einer Re-Individualisierung der Rückmeldung, statt die Diskussion am Ziel zu orientieren, gemeinsam mit allen Beteiligten an Verbesserungsmöglichkeiten zu arbeiten.

Ein anderes Arrangement der Auswertungsdiskussion nach einem Feedback – die so genannten »Runden« am Ende jedes Profiltages – sieht folgendermaßen aus. Der Lehrer lässt sich von den Schüler/innen berichten, was sie während des Tages erarbeitet haben. Er ruft eine Gruppe auf, ein Sprecher berichtet und dann bewerten alle Mitglieder dieser Gruppe in kurzen Statements die Rolle sowie die Stärken und Schwächen der anderen Gruppenmitglieder während der Gruppenarbeit. Der Lehrer gibt einen kurzen Kommentar – er sagt das, was ihm auffällt – und nimmt dann die nächste Gruppe dran. So werden die Gruppen gereiht und nach der letzten Gruppe ist Schluss. Auffällig an diesem Arrangement sind vier Aspekte:

1) Die Situation ist stark lehrerzentriert. Der Lehrer steuert »die Runde«: Er nimmt dran, appelliert und kommentiert. Die Schüleräußerungen werden gereiht. Sie treten in kein Wechselgespräch untereinander ein und der Lehrer bleibt in seiner heraus gehobenen Position.
2) Die Äußerungen der Schüler/innen bleiben stehen, nachdem der Lehrer sie jeweils mit einem Kommentar gleichsam »versiegelt« hat. Es ist nicht vorgesehen, dass die Gruppe mit diesen Äußerungen weiter arbeitet und Konsequenzen zieht. Das Feedback bleibt so folgenlos.
3) Die Äußerungen der Schüler/innen enthalten einige Brisanz. Auch wenn ihre Wortwahl angenehm, sachlich und nicht verletzend ist, so werden dabei durchaus auch Urteile über Schüler/innen geäußert, die »an die Nieren« gehen können. Diese Bewertungen werden jedoch nicht aufgefangen, etwa indem man Ursachen diskutiert, bestimmte Überbetonungen relativiert, Stärken und Schwächen in Relation setzt oder Verbesserungsideen entwickelt.
4) Die Situation ist nicht eingebettet in eine kontinuierliche Arbeit am Sinn dieser Aktion. Der Lehrer gibt zwar Hinweise dazu, was die Schüler/innen tun sollen, äußert sich jedoch nicht kontinuierlich darüber, was mit den Feedback-Runden erreicht werden soll, welche langfristigen Ziele er damit verfolgt. Den Schüler/innen fällt es schwer, sich an Kriterien orientiert zu äußern.

Warum gestaltet der Lehrer diese Runden so restriktiv? Er empfindet es nach eigener Auskunft als zu heikel, über das lehrerzentrierte Runden-Arrangement hinaus zu gehen und Diskussionen zuzulassen. Dann nämlich käme nicht mehr jede/r Schüler/in zu Wort. Dies aber will der Lehrer ausdrücklich erreichen.

> L: *Es gab da ja in den Interviews die Kritik, dass ich Diskussion nicht zuließe. ... Das ist mir mit der Gruppe zu heikel; wichtig ist mir erst mal, dass jeder was sagt, auch die, die sonst nicht so viel reden, und davon gibt es da nicht so wenige.* I: *Warum wäre das heikel?* L: *Die Gruppe kann noch nicht von allein so diskutieren, dass es nicht in ein allgemeines Gelaber ausartet. Ich strukturiere das stark, sonst reden zum Beispiel nur wenige, oder sie schweifen ab.*

Eine gewisse konzeptionelle Ratlosigkeit des Lehrers kommt in einem Rückmeldegespräch mit der wissenschaftlichen Begleitung zum Ausdruck, in der der Lehrer unter dem Eindruck dieser Situation, die er soeben auf Video gesehen hat, tendenziell resignative Züge zeigt. Im weiteren Verlauf des Rückmeldegesprächs wird schließlich deutlich, dass ein gemeinsames Gespräch zwischen Lehrer und Schüler/innen, in dem die Unzufriedenheiten ausgedrückt werden können, tatsächlich fehlt; dass eine Rückkopplung darüber, wie sinnvoll beide Seiten die Rückmelderunden empfinden und was vielleicht schief läuft, vermutlich hätte helfen können.

> L: *Ich bin mit meinen Vorstellungen, ohne dass ich's merkte, runtergerutscht, so über die Zeit. Da hätte mir 'ne Reflexion mit den Schülern zusammen geholfen. [...]*
>
> I: *Ein Rückkopplungsmechanismus hat nicht stattgefunden. Was eigentlich passieren soll passiert nicht. [...] L: Es fehlt, dass die Klasse und ich uns kurzgeschlossen haben: Was ist das hier für eine Unzufriedenheit? Was hat die zu bedeuten?*

Verfestigung gegensätzlicher Erwartungshaltungen

Die Verständigungsschwierigkeiten zwischen Schüler/innen und Lehrer vertiefen sich weiter. Die Schüler/innen entwickeln mit der Zeit eine Erwartungshaltung, die über den Wunsch nach gelingenden Gesprächen mit dem Lehrer hinaus geht: Sie beginnen zu hoffen, dass sie durch Feedback-Gespräche auch konkrete Veränderungen erreichen können. Doch die Schüler/innen erkennen keine Veränderung des Unterrichts, die seit Einführung der Feedback-Methoden stattgefunden hätte. Ihre Versuche, die aus ihrer Sicht negativen Aspekte des Unterrichts direkt anzusprechen, hätten ebenso wenig Folgen gezeigt wie der Versuch, die Ungerechtigkeit der Zensurengebung anzusprechen. Feedback ohne Konsequenzen aber habe keinen Sinn.

> I: *Habt ihr denn ... erwartet, das sich durch das Feedback, das ihr gebt, irgendwas verändert am Unterricht? S: Also ich habe mir das, sagen wir mal erhofft, ... dann war das auch oft so, dass wir darüber diskutiert haben wie wir was an ihm und auch an seinem Unterricht finden – und was er halt auch an uns nicht gut findet. Und dann habe ich halt gedacht, wenn man ihm das so direkt sagt – also Feedback gibt – dass es dann besser wird. Aber da ist nichts draus geworden.*
>
> I: *Das sagen die Schüler/innen auch: Wenn ich sehe, dass sich sofort was ändert, ist das gut.*

Die Erwartungen des Lehrers und der Schüler/innen differieren erheblich. Der Lehrer erklärt sich die Schwierigkeiten mit Hilfe von zwei Eigenschaften der Schüler/innen.

Da sei zunächst die Grundhaltung, dass sie – insbesondere in der Pubertät – in Ruhe gelassen werden wollen. Mit dem Anspruch, gemeinsam über Teamarbeit und eine Verbesserung des Unterrichts nachzudenken, habe er die Schüler/innen vermutlich überfordert.

> L: *Die wollen vor allem in Ruhe gelassen werden. Ich denke, dass ich sie mit diesem Projekt überfordert habe. Ich habe zu viel gemacht. Ich habe Teamarbeit eingeführt, Rückmeldungen über Teamarbeit gefordert, das Feedback-Projekt und in dem Zusammenhang eine ganze Menge andere Dinge probiert ...*

> L: *Ich habe versucht, sie an weiteren, ferneren Zielen zu orientieren, die offensichtlich noch nicht dran waren. [...] Wenn ich das gewusst hätte, hätte ich alles gleich niedriger gehängt. Die Schüler sehen ein höheres Versprechen hinter dem Feedback: dass etwas verändert wird.*

Gleichzeitig hätten die Schüler/innen zu viel und Unmögliches vom Feedback erwartet: Nämlich konkrete Veränderungen, die sofort und genau so eintreten, wie sie sich diese Veränderungen vorstellen.

> S: *Bei uns sitzen die meisten da mit der Haltung: »Hoffentlich ist der Unterricht bald vorbei«. Nur mit konkreten handwerklichen Tätigkeiten kann man sie kriegen. Sonst beißen sie bei nix. [...] Das hat viel mit den Erfahrungen der Schüler zu tun. Sie wollen die Veränderung nach ihrem Willen sofort oder gar nicht. Sie sind sehr schnell bereit, die Flinte ins Korn zu werfen und eine schlechte Erfahrung zu verallgemeinern [...] Sie verallgemeinern so stark, weil eine derartige Enttäuschung dahinter steckt ... ich krieg ja doch nie, was ich will. [...] Aber wie gesagt: Dazu haben sie auch keine Bereitschaft ... Ich habe Diskussionen angeboten, aber das haben sie nicht genutzt. Ich wollte sie dahin kriegen, dass sie gemeinsam mit mir über Unterricht nachdenken – das wollten sie nicht.*

Erfolge trotz großer Schwierigkeiten: Steigerung der Auseinandersetzungs-Kompetenzen

Auch das in Krisen geratene Feedback zeigt Erfolge. Darauf verweisen vor allem immer wieder die Studierenden, die den Entwicklungsprozess neben der wissenschaftlichen Begleitung systematisch beobachtet haben. Sie heben insbesondere zwei Punkte hervor:

1) Die Schüler/innen reflektieren miteinander über ihre Arbeitsweise.

> L: *Erreicht ist: Sie setzen sich über ihre Arbeit auseinander – und das ist, soweit ich sehe, schon ein ansehnlicher Erfolg, das ist durchaus nicht üblich, dass Schüler miteinander über ihre Arbeit und Zusammenarbeit reden.*

2) Die Schüler/innen haben gelernt, dass es zu einem Thema unterschiedliche Ansichten und Standpunkte geben kann, und sie können sich freier äußern und besser mit diesen Auffassungen auseinander setzen – sachlicher, mit differenzierteren Beobachtungen, argumentativer, und vor allem ohne verletzend zu werden oder sich angegriffen zu fühlen.

> L: *Also was gut ist: Alle sind in der Lage, direkt zu einzelnen Mitschülern was zu sagen; niemand hat sich angegriffen gefühlt bei so Sätzen wie »Du hast ja gar nichts*

gesagt«. Sie haben gelernt, dass der persönliche Eindruck etwas anderes ist als die Wahrheit. ... Jeder war nach meinem Eindruck frei, etwas zu sagen.

I: *Die Schüler haben gelernt, sich besser auseinander zu setzen – und das nicht mehr auf den Klassenlehrer zu beschränken.*

I: *Die haben das gut drauf mit der Rückmeldung, können differenziert beobachten, argumentieren, gehen mit der Feedback-Methode wie mit einem Arbeitsinstrument um und zeigen keine überzogenen Reaktionen.*

Der Lehrer selbst schätzt – trotz der Schwierigkeiten – die Kleingruppengespräche als hilfreich und erfolgreich ein, in denen die Schüler/innen ihre Selbst- und Fremdeinschätzungen reflektieren: er selbst wird auf Einseitigkeiten seiner Sichtweise und damit seiner Bewertung hingewiesen; die Schüler/innen ihrerseits erfahren nicht nur, wie der Lehrer ihre Leistungen bewertet, sondern auch, wie andere Schüler/innen diese Leistungen einschätzen – und nehmen diese Einschätzungen dann ernster, als wenn nur der Lehrer etwas sagt. Die Schüler/innen beschweren sich nicht mehr nur über die Bewertungen; sie haben inzwischen erfahren, dass in der Regel etwas dran ist an den Einschätzungen, die sie über sich hören.

I: *Du hast am Anfang Dinge hervor gehoben, die eigentlich gut laufen. Jetzt aber klingt alles eher resignativ.* L: *Ja es ist beides. Ich habe es geschafft, dass sie in der Lage sind, über sich etwas zu berichten und dass sie sich trauen, auch etwas über die Verhaltensweisen der anderen zu sagen. Sie sind in der Lage, sich das anzuhören, ohne sich gleich angegriffen zu fühlen. Das habe ich geschafft ...* I: *... und das sollte man ja auch mal festhalten ...* L: *... und es ist ja auch eine Grundlage, auf der man aufbauen kann. Aber als Ergebnis nach zwei Jahren! Ich hatte das in einem halben Jahr schaffen wollen ... Die Crux ist eben, ich ziehe die Schüler wohin, wo sie noch gar nicht sind. Habe mir klammheimlich Ziele abgeschminkt, aber die Strukturen erhalten, die auf die alten Ziele zugeschnitten waren.*

Auch hinsichtlich der unterschiedlichen Erwartungshaltungen zwischen Schüler/innen und Lehrer wird schließlich ein wichtiger Fortschritt erzielt. Nach Abschluss der einjährigen Praxisphase teilt uns der Lehrer mit, es sei ihm gelungen, in einem Gespräch mit der Klasse und der zuständigen Abteilungsleiterin eine Veränderung der anteiligen Gewichtung des Profiltagebuchs für die Gesamtzensur zu erreichen. Das Gewicht des Profiltagebuchs wird in Zukunft verringert.

Zusammenfassender Kommentar

Dieser Fall verweist auf ein Verständigungsdefizit zwischen Lehrer und Schüler/innen, das während des gesamten einjährigen Feedback-Prozesses nicht aufgehoben werden kann, sich vielleicht sogar noch etwas verfestigt hat. Das lässt eine möglicherweise erstaunlich anmutende Schlussfolgerung zu. Schülerrückmeldung führt nicht automatisch zu einem verbessertem Verständnis. Was sich einstellen kann, ist, wie oft zu Beginn eines Selbsterkenntnisprozesses, eine Symptomverstärkung.

Schüler/innen und Lehrer sind nicht in der Lage, wesentliche Dinge zu klären; so etwa die unterschiedlichen Erwartungen an den Sinn des Feedbacks oder die unterschiedlichen Auffassungen über Inhalte und Verfahren der Zensurengebung.

Die Schüler/innen erleben das Feedback eher als Zusatzbeschäftigung, die vor allem dem Lehrer hilft, zum Beispiel bei der Zensurengebung. Sie haben das Gefühl, ein (Zeit-)Opfer für den Lehrer zu bringen, der seine Fragen beantwortet haben will, wobei die störenden Differenzen zwischen Schüler/innen und Lehrer keiner fruchtbaren Klärung zugeführt werden können.

Während die Schüler/innen dem Lehrer die Verantwortung für diese Schieflagen zuschreiben, gibt der den »Schwarzen Peter« wieder zurück. Er rechnet den Schüler/innen ein hohes Maß an Verantwortung für das Misslingen zu. Wie bereits zu Beginn des Projektes vermutet er, dass die Schüler/innen schlechte Erfahrungen mit Schule und Unterricht aufgehäuft und auf Grund ihrer gesammelten Enttäuschungen jede Motivation für bzw. jedes Interesse an gemeinsamen Reflexionen über ihre Arbeitsweise und an Gesprächen über die Verbesserung des Unterrichts verloren hätten. Außer konkret handwerklichen Arbeiten interessiere die Schüler/innen am Unterricht kaum etwas, und wenn etwas nicht in ihrem Sinne laufe, dann würden sie schnell »die Flinte ins Korn« werfen. Insgesamt ergibt sich für den Lehrer der ernüchternde Eindruck, dass die Schüler/innen seine Angebote zur Diskussion nicht nutzen wollen und/oder können, und dass deshalb kein systematisches und gemeinsames Nachdenken über den Unterricht zu Stande gekommen ist.

Diese wechselseitigen Zuweisungen machen es schwirig, das wesentliche Ziel zu erreichen, das sich der Lehrer mit dem Feedback gesteckt hatte: »Selbstreflexion und Reflexion auf Teamarbeit«. Die Schüler/innen, so bemängelt der Lehrer, liefern in den Feedback-Sitzungen Berichte ab, die niemals die Arbeitsweise, das Wie des Arbeitens beinhalten. Die Schüler/innen berichten lediglich, *was* sie erarbeitet haben, aber nicht, *wie* dieses Bearbeiten in der Gruppe vor sich ging. Die Schüler hätten ihn seiner Wahrnehmung nach mit seiner Forderung »auflaufen« lassen und nach und nach habe er es aufgegeben, eine Berichterstattung über ihre Arbeitsweise einzufordern, um darüber in ein Gespräch zu kommen.

> L: ... sie haben berichtet über das, was sie getan haben, aber nicht über die Art der Arbeit, die Art der Zusammenarbeit. [...] I: ... Was hast du genau erwartet? L: Dass sie berichten, »wie« sie gearbeitet haben; auf Teamarbeit, auf das miteinander arbeiten bezogen. [...] Und die Reflexion des »Wie« das hat eben nicht geklappt. [...] Das habe ich ja versucht, über das »Wie« zu reden, aber da bin ich mehrfach aufgelaufen. Das habe ich mir mit der Zeit immer mehr abgeschminkt. Die Runde ist auf das »Was« geschrumpft. Und auf die Begründungen für die Punktzahl.

Ein gemeinsames Verständnis von Feedback ist kaum entstanden: Dass es beispielsweise zur Verbesserung des Unterrichts einer gemeinsamen Anstrengung bzw. einer Gemeinschaftsleistung von Lehrern und Schülern bedarf, dass beide Seiten zur Bearbeitung bestehender Schwierigkeiten ihren Anteil beitragen müssen, dass Schüler/innen und Lehrer in werkstattähnlicher Arbeit und im Dialog gemeinsam Lösungen auch für Probleme finden können.

Dabei hat der Lehrer viel Energie und Unterrichtszeit auf die Erprobung von Rückmeldetechniken verwendet. Trotz gegenteiliger Absichten des Lehrers aber bleiben alle Versuche stark lehrerzentriert, und die Schüler/innen beziehen sich wenig aufeinander.

> I: *Du hast das Auswertungsgespräch, ähnlich wie wir, als lehrerzentriert empfunden. Das fiel dir auf. Warum? ... L: Ich wünsche es mir anders. I: Wie? L: Dass die Schüler stärker aufeinander bezogen sind.*

Im abschließenden Rückmeldegespräch zwischen Lehrer und wissenschaftlicher Begleitung werden die lehrerzentrierten Gesprächsformen angesprochen (vgl. zum Folgenden). Gegen Ende des Gesprächs kommt schließlich eine Option zur Sprache, die in einem solchen Fall hilfreich sein könnte: Statt der großen Plenarrunden in der Klasse könnten individuelle Gespräche mit und in den Arbeitsgruppen geführt werden. Ein solches Verfahren könnte dem Lehrer eine größere Nähe zum Arbeitsprozess und den Schüler/innen eröffnen und dies wiederum hätte zu einer differenzierten Rückmeldung über Stärken und Schwächen, über Interessen und Schwierigkeiten führen können.

Die Konkretisierung der Idee sieht wie folgt aus. Die Gespräche sollten Beratungsgespräche werden, vorstellbar etwa so, dass der Lehrer reihum oder je nach Bedürfnislage mit den einzelnen Gruppen Stand und Bedarf ihres Arbeitsprozesses erörtert. Solche Gespräche könnten gleichzeitig, so die Vermutung, auch als vertrauensbildende Maßnahmen wirken, weil die Schüler/innen den Nutzen dieser Beratungen für die Qualität ihrer Arbeit unmittelbar erfahren können. Es könnte sich dabei z.B. auch um Hilfestellungen zur Beschreibung ihrer Erfolgserlebnisse in der praktischen Arbeit handeln.

Solche Gespräche erfordern unmittelbare Nähe zum Arbeitsprozess. Am besten spricht man über das, was gerade passiert ist, unter einfachen, klaren Fragestellungen: Was hat sich abgespielt? Was im Einzelnen lief schief? Was hättest du stattdessen machen/brauchen können – und du, und du? Was war eben hilfreich, wie habt ihr dieses Problem gelöst, wer hat dazu was beigetragen, mit welcher Aktion? Und etwas übergreifender: Welches Ziel habt ihr als Team? Was wäre der nächste Schritt in Richtung auf dieses Ziel, was müsstet ihr konkret tun?

In solchen Beratungen nahe an den Arbeitsgruppen und deren Problemen bekämen die Schüler/innen konkrete Unterstützung für Gespräche über das »Wie« ihres Arbeitsprozesses. Sie würden – im Laufe vieler Gespräche, wechselnd in Plenum und Gruppenberatungen – Qualitätskriterien herausarbeiten, anhand derer sie beschreiben können, was gute Teamarbeit ausmacht; Kriterien, die die Schüler/innen dann als Orientierungshilfen für Auswertungsgespräche, aber auch als Checklisten zur Selbstbeobachtung ihres Arbeitsprozesses nutzen könnten.

Gegen Ende eines Gesprächs über die Videoaufzeichnung einer Feedback-Runde am Ende der Erprobungsphase sagt der Lehrer:

L: *Es gab ja auch ein Kommunikationsproblem zwischen mir und den Schülern. Ich wollte in diesem Gespräch über meine Arbeit mal – blödes Wort – die Wahrheit darüber herausfinden, welche Anteile da jeder dran hat. Und das ist auch gelungen. Was ich mir jetzt vorstellen kann, ist eine Fortbildung für Profillehrer/innen in Beratungsgesprächen.*

3. Feedback-Arbeit in der gymnasialen Oberstufe

Orientierung der Schüler/innen durch dialogbereiten Lehrer

Die Ausgangssituation: Engagement und dezidierte Vorstellungen

Beschrieben wird im Folgenden der Ansatz eines Lehrers, der mit sehr viel Engagement daran arbeitet, die Schüler/innen eines Leistungskurses in seine Reflexionen über Unterricht einzubeziehen. Er hat hierfür zwei Bezugspunkte: Eine allgemeine Theorie zur Schülerrückmeldung sowie Vorerfahrungen mit einer konkreten Methode, die er schon im Referendariat erprobt hat und die nach seinen Erfahrungen bei der knapp bemessenen Unterrichtszeit geradezu prädestiniert ist, Ergebnisse schnell sichtbar zu machen und Lehrer und Schüler in ein Gespräch über Unterricht zu bringen: Die Zielscheibe (vgl. dazu Kapitel III, Abschn. 3.4).

Kennzeichnend für diesen Lehrer, der einen Leistungskurs Philosophie an der Oberstufe unterrichtet, ist weiter, dass er mit dezidierten Vorstellungen und Fragen in das Forschungsprojekt eintritt. Er hat sich auf Grund von Erfahrungen bereits für den Einsatz der Zielscheibe als Feedback-Instrument entschieden und ist vor allem interessiert an einer konsequenten Ausdifferenzierung der Feedback-Arbeit mit diesem Instrument (Mittag 2002, S. 24).

Regelmäßige Bewertung des Unterrichts durch die Zielscheibe: Schneller und anschaulicher Überblick regt zum Gespräch an

Die Methodenwahl und -gestaltung wird auch in diesem Fall im Wesentlichen vom Lehrer vorgenommen. Er hat sich schon vor Beginn des Projekts für ein Instrument entschieden. Andere Methoden wehrt er während einer Workshop-Diskussion als für seine Situation nicht geeignet ab. Anders als die anderen Lehrer/innen stellt er von Beginn an sich selbst und seinen Unterricht ins Zentrum der Rückmeldung – was auf Mut und Selbstbewusstsein schließen lässt.

Seine Argumente für den Einsatz einer Zielscheibe als Feedbackinstrument sind

- schnelle Handhabbarkeit: Während einer Schulstunde können die Rückmeldungen abgegeben und ausgewertet werden. Das Zielscheiben-Ergebnisbild ist ein geeigneter Gesprächsanlass.
- vielseitige und breite Verwendbarkeit: Bei Zielscheiben für unterschiedliche Klassenstufen können in der Regel die gleichen Kategorien verwendet werden, wenn sie altersangemessen formuliert werden.

- sofortige Visualisierung der Ergebnisse: Die Schüler/innen können ihre individuelle Beurteilung sofort im Zusammenhang mit der Gesamteinschätzung sehen.
- problemlose Anpassung an Fach und Alter: Die Grundstruktur des Instruments erlaubt eine leichte Anpassung an die Besonderheiten von Fächern und Altersstufen.

Seine Wünsche für die Weiterentwicklung der Feedback-Arbeit sind,

- heraus zu finden, wie er prüfen kann, ob er die richtigen Schlüsse aus dem Zielscheiben-Feedback gezogen hat, und
- heraus zu finden, wie er gezielt mit den Ergebnissen des Zielscheiben-Feedback weiter arbeiten kann.

> L: *26 Rückmeldeblätter auswerten, das geht nicht. Deshalb bin ich Zielscheiben-Fan. Da kann man ohne großen Aufwand differenziert abfragen.*

> L: *Aber: Was ziehe ich für Konsequenzen, wenn einer A gut findet und der andere B? [...] Und wie geht man mit den Ergebnissen, die da entstehen, um? [...] Wie wertet man nun diese Methode aus?*

Bei der Methodenkonstruktion während des ersten Workshops liegt ein besonderes Augenmerk des Lehrers darauf, Kriterien für die Evaluation und damit Kategorien für die Zielscheibe zu finden.

> L: *Meine Frage wäre: Nach was für Kriterien evaluieren wir überhaupt? [...] Was muss in eine Zielscheibe rein? Ein paar Kriterien habe ich: Fachlicher Inhalt – Lehrer-Kompetenz – Zusammenarbeit – allgemeine Atmosphäre.*

Die Bepunktung, die auf der Zielscheibe zu sehen ist, gilt für diesen Lehrer nicht als selbst erklärend. Sie ist für ihn Anlass, um im Gespräch nach den Ursachen zu forschen, die für das Ergebnisbild verantwortlich sind.

> L: *Na ja, die Zielscheibe ist ja immer auch nur ein Gesprächsanlass. Wenn sie ankreuzen, der Unterricht war mau, frage ich: Warum ist der Unterricht mau? Und schon ist man in der dicksten Diskussion.*

> L: *Hieraus [aus dem Zielscheibenergebnis] könnte ich nicht folgern, wie ich meinen Unterricht verbessern kann.*

Während der konkreten Planung der Zielscheibenarbeit entsteht die Idee, für die Auswertung der Zielscheibe statt eines Kursgesprächs zur vertiefenden Analyse einen Fragebogen zu verwenden. Er soll eingesetzt werden, wenn die Feedback-Ergebnisse überraschend ausfallen und niemand sich zu Wort meldet.

[Ziele sind:] Methoden ausdenken, wie die Zielscheibe eingesetzt und ausgewertet werden kann. Entwickeln spezieller Fragebögen für einzelne Zielscheibentortenstücke. [... Erster Schritt:] Einsatz der Zielscheibe im Unterricht. [...] Wie kann ein Fragebogen zur Zielscheibe aussehen? Der Lehrer schlägt vor, zu jedem Tortenstück dieselbe Abfrage zu machen, z.B.: Inwieweit trägt der Lehrer dazu bei, dass ... Inwieweit trägt der Schüler dazu bei, dass ... Inwieweit liegt es am Inhalt des Unterrichts, dass ...

Der Fragebogen wird zwar entwickelt, aber von der Schulprojektgruppe auch wieder verworfen. Die Alternative eines Gesprächs mit offenen Fragen zu den Ergebnissen setzt sich durch. (»Was bedeutet aus eurer Sicht dieses Ergebnis? Wie kommt es zu Stande?«).

Der Lehrer reflektiert die ersten Schritte: Wie zieht man die richtigen Konsequenzen aus partnerschaftlicher Unterrichtskritik?

Die Zielscheibe wird regelmäßig im Philosophieunterricht eingesetzt. Für das Auswertungsgespräch steht eine Schulstunde zur Verfügung. Zunächst sprechen die Schüler/innen untereinander über die Ergebnisse, danach im Plenum mit dem Lehrer. Diese ersten Erfahrungen lassen vor allem drei Sachverhalte erkennen:

- Der Einsatz des Feedback-Instruments lebt anfangs auch hier vom Reiz des Neuen. Die Schüler/innen finden es gut, dass sie gefragt werden. Ob der Einsatz dieses Instruments in dieser Form sinnvoll ist, lässt sich allerdings auf Grund des erkennbaren Anfangsinteresses noch nicht erkennen.
- Feedback braucht Voraussetzungen, die während der Einführungsphase geschaffen werden müssen. Schüler/innen müssten bereits mit Bewertungskriterien vertraut gemacht werden, bevor der Unterricht stattfindet, der dann bewertet werden soll. (Was heißt gerecht? Was bedeutet: gute Atmosphäre im Unterricht?)
- Feedback erfordert nicht immer eine intensive Auswertungsphase. Eine übereinstimmend gute Bewertung des Unterrichts beispielsweise kann man einfach so »stehen lassen«. Wenn es keinen Diskussionsbedarf gibt, muss man nicht »auf Krampf« eine Diskussion vom Zaun brechen.

Aus einem Interview mit dem Lehrer lässt sich präziser entnehmen, welche Erwartungen er mit Schüler-Feedback im Allgemein und mit der Anwendung der Zielscheibe im Besonderen verbindet.

Grundsätzlich soll Feedback aus seiner Sicht dazu dienen, den Unterricht effizienter zu machen und die Schule weiter zu demokratisieren. Schülerrückmeldung kann und wird den Unterricht nicht grundlegend verändern, sondern eher zu punktuellen Verbesserungen führen. Entscheidend ist für ihn, ob eine Kultur der Rückmeldung sensibel eingeführt und ausgeübt wird. Dann glaubt er, dass dieses Instrument ein starker Impuls zur Verbesserung des Unterrichts und des Wohlbefindens der Beteiligten sein kann. Feedback-Instrumente sieht er als Vehikel zum Aufbau einer solchen Feedback-Kultur.

Über den Einsatz von Feedback-Methoden will er Zeit und Raum für Evaluationsgespräche zwischen Lehrern und Schülern »auf gleicher Augenhöhe« schaffen. Hier sollen Unterricht, Lernprozess und Lernleistung gezielt und differenziert untersucht werden. Insbesondere die genauen Nachfragen führen aus seiner Sicht dazu, dass die Rückmeldungen allmählich differenzierter werden. Dabei kann auch unterschieden werden zwischen Aussagen, die die Meinung Einzelner widerspiegeln, und Aussagen, die von der Mehrheit getragen werden.

In der Moderation der Auswertungsgespräche durch den Lehrenden sieht er einen Rollenkonflikt, wenn Feedback-Gespräche die Arbeit des Lehrers thematisieren. Ihn beschäftigt deshalb die Frage, wie weit er sich in den Mittelpunkt stellen darf, bzw. wie er diesbezüglich einen Mittelweg findet zwischen »Egomanie« und »Feigheit«. Er sieht zwar auch die Möglichkeit, dass Schüler/innen die Moderation von Feedback-Gesprächen übernehmen, sieht dafür aber einige Erfahrungen als Voraussetzung an. Zumindest zu Anfang könnte es demnach also einen Rollenkonflikt geben.

Die eigentlich spannende Frage sieht der Lehrer in diesem Fall – vermutlich vor dem Hintergrund seiner konkreten Vorerfahrungen – darin, wie Veränderungen eingeleitet werden und ob es gelingt, die richtigen Konsequenzen aus den Feedback-Ergebnissen zu ziehen. Mit der Zielscheibe können Defizite zwar gut heraus gearbeitet werden; ob es aber gelingt, diese zu lindern oder zu beheben, ist für den Lehrer eine Frage, der er gesonderte Aufmerksamkeit widmen möchte.

Die Einführung von Feedback wird aus Sicht des Lehrers von einer Mehrheit der Schüler/innen positiv aufgenommen. Sie fühlen sich ernst genommen, aufgewertet, und sie äußern die Hoffnung, dass etwas geändert werden kann. Dieser Mehrheit steht eine Minderheit in Form von zwei Typen gegenüber: Die einen glauben, dass der Lehrer eh macht was er will. Die anderen sind leistungsstarke Schüler/innen, die sich ohnehin äußern, wenn ihnen etwas nicht passt. – Allerdings weiß der Lehrer nicht, ob seine Wahrnehmung so richtig ist; er weiß auch nicht, wie die Schüler/innen ihn wirklich beurteilen.

Der Reflexion der Anfangsphase folgen einige Konsequenzen zur Veränderung des Instruments.

- Die Enge der Felder im Zentrum der Zielscheibe bewirken eine optische Verzerrung, da die dort angebrachten Punkte nach »mehr« aussehen als die gleiche Anzahl von Punkten in den geweiteten Zonen der Außenbereiche. Statt Punkten sollen nun Zahlen eingetragen werden.

L: *Wir wollen einmal die optische Aufteilung der Zielscheibe überdenken – der Innenkreis ist ja so klein, dass er immer voller Punkte aussieht. Wir wollen stattdessen Zahlen reinschreiben.*

- Die Einführung einer leeren Kategorie/eines nicht benannten Tortenstücks soll dazu führen, dass die Schüler/innen kontinuierlich auch über den Kategorienrahmen nachdenken und bei Bedarf Ergänzungsvorschläge machen können.

  L: Dann wollen wir ein leeres Tortenstück dazufügen mit der Frage: Fehlt hier was? das die Schüler dann ausfüllen.

- Für das Auswertungsgespräch sollen die Kategorien priorisiert werden; dabei wollen sie sich auf die Felder konzentrieren, in denen überraschend oder auffällig »gepunktet« wird.

  L: Und schließlich wollen wir uns bei der Auswertung auf signifikante Tortenstücke konzentrieren.

Vorteile methodischen Feedbacks: Von der Zielscheibe zum tieferen Verständnis von Unterrichtszielen und zur Mitbestimmung über Unterrichtsinhalte

Die Schüler/innen können den Unterschied zwischen spontanen, vereinzelten Schülerrückmeldungen und methodisch geregelten Feedback-Verfahren in Interviews genau beschreiben. Die entscheidende Bedeutung von methodisch geregelten Verfahren sehen sie darin, dass der Lehrer damit zweifelsfrei signalisiert, dass er sich dem stellen will, was Schüler/innen sagen und dass er damit die Bereitschaft zeigt, sich auch Gedanken über Veränderungen zu machen.

Außerdem betonen sie, dass gemeinsame Rückmeldungen ein stärkeres Gewicht haben als individuelle oder vereinzelte Rückmeldungen an den Lehrer. Bei Einzelrückmeldungen ohne geregelte Verfahren fürchten sie entweder Streit oder Wirkungslosigkeit, weil die nötige Bereitschaft des Lehrers, sich darauf einzulassen, nicht erkennbar ist.

I: Habt ihr das Gefühl, dass Feedback dadurch offizieller geworden ist? Seine Meinung kann man dem Lehrer ja immer sagen. Wird es jetzt, wo es so eine feste Methode, fast Ritual geworden ist, dadurch ernster genommen? S1: Es ist ja nun schon so, dass der Lehrer sich von sich aus darauf einlassen muss. D.h. ja, dass überhaupt schon mal eine Bereitschaft da ist sich dem auch zu stellen, was die Schüler sagen. Das ist ja nicht das Gleiche, als wenn ich einfach zu einem Lehrer/in hingehe und ihm sage, mir gefällt ihr Unterricht nicht. Das und das passt mir nicht. Das möchte ich gerne anders haben. Dann ist der Lehrer/in ja nicht unbedingt bereit sich darauf einzulassen. Dann gibt es entweder Streit oder es bringt überhaupt nichts. So ist es natürlich so, dass der Lehrer/in sich auch Gedanken macht. Bei manchen bringt es vielleicht auch dann nichts, aber es ist eine größere Bereitschaft da. S2: Und ein großer Unterschied ist einfach, dass die gesamte Klasse was sagt. Dass sie zusammen dem Lehrer erzählen, was sie gut und schlecht finden. Sonst ist das eine einzelne Person, oder zwei oder drei Freunde, die da hingehen. Das bringt natürlich nicht so viel, als wenn das die ganze Klasse macht.

Das in diesem Fall favorisierte Rückmeldeinstrument – die Zielscheibe – wird also auch von den Schüler/innen als schnelle und effektive Methode wahrgenommen. Sie listet nach ihrer Erfahrung »alles auf, was den Unterricht ausmacht«; man punktet und kommt schnell zum Ziel, zu einem Überblick über das »Meinungsbild« der Klasse zu dem »bepunkteten« Unterricht. Als Vorteil wird auch immer wieder die Anonymität der Rückmeldungen genannt.

Diese Einschätzung des Instruments gilt vor allem für die Anfangsphase. Nach einer Zeit der Erfahrung mit Feedback gewinnt das Auswertungsgespräch zur Differenzierung der Rückmeldungen auch für die Schüler/innen an Bedeutung. Wird diese analytische Vertiefung nicht geleistet, wird dies als Problem wahrgenommen.

S: Was mich gestört hat, war, dass es nicht weiter vorbereitet wurde, dass nicht weiter darauf eingegangen wurde, was die einzelnen Punkte nun bedeuten, weil ich eben das Ding [die Zielscheibe] habe: Es ist recht allgemein formuliert und ob nun wirklich alle wissen, was da genau bei erfasst werden soll und worauf es genau ankommt ...

Bei den Auswertungsgesprächen ist den Schüler/innen besonders wichtig, dass die Auseinandersetzungen über die Bedeutung der Rückmeldungen »nicht in Verletzungen ausarten«, dass möglichst keine Missverständnisse aufkommen oder etwas ungeklärt im Raum stehen bleibt. Denn wenn »jemand sich angegriffen fühlt, verteidigt der sich natürlich«. Gemeinsame Klärungen können dies aus Sicht der Schüler/innen vermeiden.

Die wiederholte Durchführung von guten Auswertungsgesprächen führt nach Ansicht der Schüler/innen auch dazu, die eigene Wahrnehmung kritischer einzuschätzen und differenzierter zu urteilen. Die Schüler/innen lernen dabei auch, ihren eigenen Anteil am Gelingen des Unterrichts als wichtig wahrzunehmen.

S: Der Lehrer ist nicht der Hauptverantwortliche für alles.

Je mehr Erfahrungen die Beteiligten mit Feedback-Arbeit machen, desto weniger wird ihnen das »Punkten« reichen. Sie werden inhaltliche und differenziertere Bemerkungen machen wollen, etwas »Vernünftiges schreiben« das dem Lehrer/in auch wirklich hilft.

Zum einen geht es darum, genauer zu verstehen, warum der Lehrer/in seinen Unterricht so gestaltet, wie er es tut.

L: Ich denke, was noch wichtiger ist für die Schüler, außer dass sie mal ihre Meinung äußern können, wie man das so schön sagt, dass sie dann wirklich besser nachvoll-

ziehen können, warum der Unterricht in der einen oder anderen Weise gestaltet wird.

Zum anderen geht es darum, stärker nach vorne zu schauen und sich an Überlegungen zur Unterrichtsplanung zu beteiligen, »einfordern zu können, was mehr Spaß macht und der Gruppe besser gefällt« sowie vereinbaren zu können, welcher Vorschlag umgesetzt werden soll und was an dieser oder jener Stelle verändert werden soll.

Die Schüler/innen betonen in diesem Zusammenhang, dass es ihnen generell wichtig sei, den Sinn hinter bestimmten Unterrichtseinheiten zu verstehen.

> I: *Was ist für euch denn an Schule, bzw. an Unterricht wichtig?* S: *Ja, dass man nicht einfach irgendwelche Fakten vorgesetzt bekommt, sondern das man auch weiß was man damit anfangen soll. Dass man den Sinn dahinter sieht. Was soll das überhaupt? Warum lerne ich das? Was kann ich damit anfangen und was bringt mir das für mein Leben?*

Dies gilt für Feedback-Methoden und -verfahren um so mehr. Auch hier ist es wichtig, den »Sinn und Zweck« ausführlich zu klären – so dass den Schüler/innen auch klar werden kann, was mit Feedback erreicht werden soll, und was sie damit erreichen können. Damit im Zusammenhang steht, dass die Schüler/innen den Sinn der Instrumente erst dann verstehen, wenn sie an deren Konstruktion und Evaluation beteiligt sind. Dies gelingt im vorliegenden Fall gut.

> S: *Wir haben die Zielscheibe zusammen entwickelt. Wir haben gesagt, was wir daran gut fanden, was wir schlecht fanden. Wir haben ein bisschen was verändert. Am Anfang haben wir nur einfach Punkte reingemacht. Jetzt haben wir gesagt, dass wir Zahlen besser finden bei der Zielscheibe, weil die Zielscheibenfelder einfach unterschiedlich groß waren. ... Also wir haben da schon zusammen dran gearbeitet und haben schon überlegt, welches wohl das Beste sein wird.*

Die Schüler/innen erfahren, dass ihre Rückmeldungen ernst genommen werden, sie erleben Veränderungen als Konsequenzen des Feedbacks und können sich ohne Angst vor negativen Konsequenzen zu jedem Thema äußern. Sogar bei den Unterrichtsthemen sprechen die Schüler/innen mit.

> S: *Er ist ein super engagierter Lehrer und mit ihm kann man über alles reden. Ihm kann man alles sagen und da muss man keine Angst haben. Man kann mit ihm vernünftig reden. Bei anderen Lehrern ist das anders.*

> S1: *Ich glaube Herr X hat uns verschiedene Themen vorgeschlagen. Aber das war nicht im Rahmen der Evaluation. Da hat er halt einfach vorgeschlagen, welches Thema wir machen wollen.* I: *Also, ihr dürft auch im Unterricht mitbestimmen?*

Was wie gemacht wird? Wo ihr Schwerpunkte setzt? S1: Herr X ist manchmal ein schlechtes Beispiel. S2: ja stimmt, weil er ist jung, voller Ideen und engagiert. Die anderen Lehrer sind da ein bisschen anders, da kannst du nicht so viel erzählen.

Die Schüler/innen benennen als konkrete Veränderungen, die der Kurs als Konsequenz aus den Rückmeldungen vorgenommen hat

- die Einführung von Gruppenarbeit, um auch den Stilleren einen angemessenen Redeanteil zu ermöglichen;
- die Sensibilisierung des Lehrers für die Gesprächsbeteiligung von nicht so starken Schüler/innen im Kursgespräch;
- die Vereinbarung, dass der Lehrer/in bei der Auswertung den Raum verlässt, damit die Schüler/innen ungestört vereinbaren können, was dem Lehrer/in zurückgemeldet werden soll.

Und der Lehrer fügt an anderer Stelle hinzu,

- dass die Schüler/innen bei der Vor- und Nachbereitung der Klausuren auf die Einhaltung der dazu getroffenen Vereinbarungen achten.

L: Also, wir haben angefangen mit Gruppenarbeit, weil viele das gefordert haben. Es war so, dass es ein bisschen unausgewogen war – es gab halt Schüler, die in jedem Unterricht nur geredet haben. Es hat sich herausgestellt, dass einige Schüler, die sich eher zurückhalten, dass die das nicht gut fanden. Jetzt wird darauf geachtet, dass die stärkeren Schüler nicht durchgehend drankommen. Das sind die hauptsächlichen Veränderungen.

S: Und was wir auch verändert haben ist, dass er jetzt immer rausgeht, wenn wir Evaluation machen. Sodass wir dann uns alle zusammen als Schüler besprechen. Es gibt halt dann einen, der das leitet, und wir beraten dann zusammen, was wir ihm sagen wollen. Dass wir einfach frei sagen können, was wir wollen. Dass keine Hemmungen bestehen, weil der Lehrer im Raum ist.

L: Der Kurs achtet darauf, (a) dass die Klausuren wie angekündigt auch wirklich zwei Stunden lang nachbesprochen werden und die formalen und inhaltlichen Kriterien der Bewertung deutlich werden, (b) dass ich Musterklausuren ausgebe.

Beeindruckend an den Interview-Aussagen der Schüler/innen ist, wie sie von einer Anfangsphase der Feedback-Arbeit sprechen, in der noch die kalkulierende Haltung zum Unterricht und zur Rückmeldearbeit überwiegt, in der es darum geht, »durch zu kommen«, in der sie möglichst viele Punkte sammeln möchten, in der sie auch bei der Schülerrückmeldung weit gehend angepasstes Verhalten zeigen.

Dieselben Schüler/innen fantasieren dann aber ein Modell der Lehrer-Schüler-Interaktion aus, das vom Gedanken einer Lernpartnerschaft getragen zu sein scheint; von einem Bedürfnis, auch offene Bemerkungen machen zu können, die dem Lehrer »wirklich weiter helfen«, ihm wirklich die Augen öffnen – und das, ohne Angst vor negativen Konsequenzen. Dabei schätzen sich die Schüler/innen selbst als kompetente Rückmeldegeber ein (Mittag 2002, S. 43).

Sie insistieren immer wieder darauf, dass sie ein Recht haben zu erfahren, was im Unterricht »dran« ist und was von ihnen gefordert und verlangt wird. »Orientierung« ist ein Schlüsselwort und eine Minimalforderung im Zusammenhang mit Rückmeldeprozessen (Mittag 2002, S. 36, 60, 66). Der normale Schulalltag scheint der hohen Bedeutung, die Schüler/innen der Orientierung über Ansprüche und Anforderungen zumessen, nicht gerecht zu werden. Feedback kann diese Lücke nach ihrer Erfahrung füllen.

Im Zentrum der Aufmerksamkeit steht die Dialog- und Veränderungsbereitschaft der Lehrkräfte

In den Interviews mit den Schüler/innen spielt die Formel der »Dialogbereitschaft« und »Ansprechbarkeit« des Lehrers eine große Rolle. Die Schüler/innen wünschen sich eine Lehrperson mit Interesse an den Schüler/innen als lernenden Personen. Sie möchten, dass Lehrer/innen aufmerksam wahrnehmen, wie Schüler/innen mit den schulischen Anforderungen umgehen und klar kommen und sie möchten, dass die Lehrer/innen darauf eingehen. Gefordert ist also die dialogbereite Lehrperson, die Kontakt zu den Schüler/innen hält, Anforderungen abklärt und mit ihnen Lösungen für Lernprobleme entwickelt.

Damit konkretisieren die Schüler/innen die oft beschworene Formel von »die Schüler/innen ernst nehmen« in ihrem Sinne. Dies hat unmittelbare Auswirkungen auf die Potenziale von Feedback-Arbeit: »Wenn man merkt, dass der Lehrer einen ernst nimmt, dann nimmt man den Lehrer auch ernst. Wenn man merkt, dass man von dem Lehrer in die Pfanne gehauen wird, dann haut man ihn auch in die Pfanne; dann ist auch Feedback keine konstruktive Kritik mehr. ... Wenn man merkt, dass den Lehrern die Meinung der Schüler/innen etwas bedeutet, dann bewertet man sie auch, wie sie es verdient haben.«

Wenn die Schüler/innen erfahren, dass diese sehr grundlegende Voraussetzung der prinzipiellen Dialog- und Veränderungsbereitschaft der Lehrkräfte gegeben ist und diese damit ihren »eigentlichen Job machen« – das Lernen optimal zu unterstützen – äußern sie sich grundsätzlich zufrieden. Dann betonen sie, dass Lehrer/innen methodisch ruhig unterschiedliche Wege gehen sollen. Es geht den Schüler/innen also nicht um eine Standardisierung des Unterrichts, sondern um die Verpflichtung der Lehrkräfte zum Dialog mit den Schüler/innen und zur Veränderung eines Unterrichts, der ihnen nicht beim Lernen hilft. Konkret benennen Schüler/innen auf Grund von Erfahrungen mit anderen Lehrer/innen bzw. im Kontrast zu diesem Fall drei Hindernisse für Feedback, deren Gemeinsamkeit darin besteht, dass der Dialog zwischen Schüler/innen und Lehrer/innen nicht zugelassen wird:

- Schüler/innen wollen nicht bloß pro forma gefragt oder einbezogen werden, nicht »als Legitimation« für die Sache des Lehrers »missbraucht« werden. Sie äußern aber die Erfahrung, dass Lehrer/innen »ihre Vorstellungen im Kopf haben und die auch durchsetzen«, »ihr Ding durchzuziehen« und dabei »nur an ihr Fach denken«, dass die Schüler/innen keine wesentlichen Dinge wie Themen oder Methoden ändern können, sondern nur »schmückendes Beiwerk«. Schüler/innen sehen ein Problem, wenn beim Feedback nicht das zur Diskussion gestellt wird, was die Schüler/innen als bedeutsam benannt haben oder wenn »Knackpunkte« vom Lehrer als unveränderbar deklariert werden. Damit geht Feedback-Arbeit über den Punkt hinweg, an dem der Schuh drückt.
- Als eine weitere schlechte Voraussetzung für Feedback wird gegenseitiges Misstrauen genannt. Lehrer/innen, die dazu neigen, Schüler/innen als »fiese Meute« zu sehen, die nur auf eine Gelegenheit wartet, es den Lehrer/innen »zu zeigen«, werden in der Regel kein systematisches Feedback einführen. Sie wollen sich nicht die aus ihrer Sicht »unqualifizierten und ungerechtfertigten Gemeinheiten« anhören, d.h. sie wissen, dass sie negatives Feedback erhalten werden und vermeiden das.
- Ein drittes Hindernis für eine produktive Nutzung von Feedback wird gesehen, wenn Lehrer/innen in der Wahrnehmung der Schüler/innen der festen Überzeugung sind, dass alles, was sie in ihrem Unterricht machen, richtig sei, und dass sie bei Meinungsverschiedenheiten auf jeden Fall im Recht seien. Diese mangelnde Ansprechbarkeit bzw. Dialogbereitschaft bewirkt aus Sicht der Schüler/innen das Scheitern auch gut gemeinter Feedback-Versuche.

Die Schüler/innen teilen allerdings die Hoffnung der am Projekt beteiligten Lehrer/innen, dass eine schulweite Verpflichtung zur Unterrichtsevaluation durch Schüler-Feedback mittelfristig auch hartnäckig nicht-dialogbereite Lehrer/innen zur Einsicht in die Notwendigkeit von Veränderungen bewegen könnte.

> I: *Glaubt ihr es wäre gut das [Feedback] in allen Kursen zu machen?* S1: *Ja, doch das wäre gut.* S2: *Wobei ich mir halt nicht so sicher bin, ob das so gut funktionieren würde, wie bei [L]. Oder ich bin mir sicher, dass das nicht bei jedem Lehrer so funktioniert. Aber es ist gut, wenn man das machen würde. Weil vielleicht auf die Dauer würden selbst hartnäckige Lehrer merken, wenn immer die gleichen Punkte bei unterschiedlichen Kursen auftauchen, dass sie vielleicht doch was falsch machen.*

Zusammenfassender Kommentar

Das vorliegende Beispiel des erfolgreichen Einsatzes eines Feedback-Instruments im Unterricht lässt sehr deutlich die Faktoren erkennen, die dazu beitragen, dass die Einführung von Feedback gelingt.

- Die Schüler/innen erfahren, dass sie mit dem Lehrer gut reden können. Sie können Kritik äußern und sehen sich ernst genommen. Der Lehrer moderiert die Feedback-Gespräche so, dass die Schüler/innen ihre wesentlichen Anliegen formulieren können und er macht Veränderungen erfahrbar, indem er vereinbarte Konsequenzen umsetzt.
- Der Einsatz des Feedback-Instruments verfolgt ein überschaubares Ziel. Am Ende eines Vierteljahres soll damit ein resümierendes Feedback möglich sein. Zudem hat der Lehrer bereits Erfahrung mit der Methode und kann deshalb in etwa einschätzen, was damit erreichbar ist und was nicht.
- Das Feedback-Instrument wird im Sinne einer Feinjustierung auf Grund der Erfahrungen systematisch und gemeinsam mit den Schüler/innen weiter entwickelt und den Erfordernissen der Feedback-Situation bzw. den Bedürfnissen von Schüler/innen und Lehrer angepasst.
- Lehrer und Schüler/innen erreichen ein Einverständnis über den Nutzen von Feedback-Verfahren. Vergleicht man ihre Äußerungen, erkennt man eine hohe Übereinstimmung hinsichtlich des Sinns und der Begrenztheiten von Feedback. Dem Bedürfnis der Schüler/innen nach Orientierung ist damit Rechnung getragen.
- Der Lehrer bringt genügend Selbstvertrauen mit, um sich und seine Unterrichtstätigkeit explizit in den Mittelpunkt der Schülerrückmeldung zu stellen. Er traut sich zu, auch möglicherweise entstehende »heiße« Situationen bearbeiten zu können – interessant ist, dass es dazu nicht kommt.
- Lehrer und Schüler/innen entwickeln eine Haltung, in der sie gemeinsam an der Entwicklung bzw. Verbesserung des Unterrichts und der Lernsituation arbeiten. Dabei berücksichtigen sie, dass sie dies in unterschiedlichen Rollen und damit in geteilter Verantwortung tun. In diesem Arrangement gelingt die Überwindung einer gegenseitige Zuschreibung von Fehlern und Verantwortung zu Gunsten von Lösungen »auf gleicher Augenhöhe«.

Verunsichernd wirkt, dass das Feedback, anders als in anderen Fällen, relativ reibungslos funktioniert. Der Lehrer fragt sich deshalb, ob die Veränderungen am Unterricht in den Augen der Schüler/innen auch wirklich »etwas bringen«. Zur Perfektionierung seines Rückmeldesystems wünscht sich der Lehrer eine externe Moderation der Feedback-Sitzungen, damit er als Adressat des Feedbacks nicht zugleich Moderator ist; eine Doppelrolle, die einzunehmen auch in der Literatur über Moderation nicht empfohlen wird, der aber in der Schule nur schwer zu entkommen ist.

Die langsame, systematische und im Sinne von Lehrer und Schüler/innen positive Dynamik funktionierender Veränderungen lässt keine Notwendigkeit zur Weiterentwicklung des methodischen Arrangements erkennen. Die regelmäßige und punktuelle Bilanzierung des Unterrichts eröffnet offensichtlich Veränderungspotenziale, die zur Zufriedenheit beider Seiten beitragen, auch wenn damit nur ein vergleichsweise enges Potenzial von feedback-basierter Unterrichtsentwicklung angesprochen wird.

Deshalb soll abschließend eine Ideenskizze vorgestellt werden, wie dieses erfolgreiche Arrangement zu einem Instrument gemeinsamer Unterrichtsplanung und -evaluation ausgebaut werden könnte. Die Zielscheibe könnte im Laufe des erfolgreichen Prozesses ergänzt werden um Verfahren, mit denen zu Beginn einer Einheit Ziele, Schritte und Ergebnisse vereinbart werden, deren Erfolg dann in regelmäßigen »Fixpunkten« zu evaluieren wäre.

Eine solche Erweiterung auf dem Weg zur Selbstorganisation könnte kombiniert werden mit der Entwicklung individueller Arbeitspläne und Dokumentationen des Lernprozesses – die im Philosophieunterricht als Selbstreflexionsübungen vermutlich auch inhaltsnah einsetzbar wären – sowie mit Rückmeldung der Schüler/innen untereinander in Form etwa von Kritiken und Repliken auf in Kleingruppen vorbereiteten philosophischen Argumentationen oder Interpretationen.

In einem solchen erweiterten Arrangement würde sich ein weiterer Sinn von Feedback erschließen, indem die Schüler/innen die methodische und inhaltliche Variabilität des Unterrichts kontinuierlich mit gestalten und nicht »nur« im Nachhinein korrigieren.

4. Feedback-Arbeit in der Oberstufe der beruflichen Schulen

Klärung wechselseitiger Erwartungen

Rahmenbedingungen, Erfahrungen und Erwartungen

Unterrichtsroutinen und Rahmenbedingungen einer Gewerbeschule unterscheiden sich auffällig von denen anderer Schulen. Die Schüler/innen sind erwachsen. In dieser Schule kommen sie aus ganz Deutschland und sind Auszubildende bei Firmen wie Siemens, Bosch, Lufthansa, Telekom etc. Darin liegt eine weitere Besonderheit. Sie kommen mit recht unterschiedlichem Leistungsstand und Erwartungen an die Schule und grenzen sich – je nach Prestige der Ausbildungsfirma – bis zur gegenseitigen Abneigung von einander ab.

In der dieser Falldarstellung zu Grunde liegenden Schule unterrichtet ein siebenköpfiges Lehrerteam sechs Klassen in allen Handlungsfeldern. Dabei ist der Unterricht weitgehend projektförmig organisiert. Die Klassen sind, wie üblich an Gewerbeschulen mit Blockunterricht, nicht kontinuierlich anwesend, sondern in vier Zeitblöcken à drei Wochen pro Jahr. Ein Lehrerteam unterrichtet zu jedem Zeitpunkt zwei Klassen gleichzeitig.

Ein solches Lehrerteam nimmt als Gruppe am Rückmeldeprojekt teil und wird im Projekt durch zwei Lehrer vertreten, die im Bereich Feedback einen besonderen Interessenschwerpunkt gesetzt haben. Beim Vorgespräch bekunden auch acht Schüler/innen Interesse. Sie besuchen allerdings nicht die Klassen dieses Teams. Auch der Schulleiter steht dem Projekt positiv gegenüber. Ein Grund ist, dass ein solches Projekt in der Außendarstellung der Schule nicht ohne Bedeutung ist. Denn die »Rückmeldungen« der Ausbildungsfirmen über den Unterricht und die Schüler/innen lassen einen spürbaren Druck auf die Schule erkennen.

> L: *Wir haben hier die Ausbilder aus den Firmen, die machen ganz schön Druck. Was bei anderen Schulen die Eltern sind, sind hier bei unseren erwachsenen Schülern eher die Ausbilder. Die stehen ganz schön auf der Matte.*

Die Lehrer/innen wollen Schüler-Feedback vor allem deshalb einführen, weil sie darin eine Möglichkeit sehen, die Teamfähigkeit zu fördern. Denn projektförmiges Arbeiten, wie es in den Ausbildungsfirmen und an der Schule in Form von Lehr-Lern-Projekten üblich ist, setzt Teamfähigkeit in einem Maße voraus, das so nicht vorhanden ist.

Als weiteres Motiv werden ambivalente und nicht systematisch verarbeitete Erfahrungen mit Feedback-Verfahren genannt. Erwähnt werden u.a. Versuche mit Gesprächen, Fragebögen und der Zielscheibe, vor allem aber so genannte »Blockabschlussgespräche«, in denen der Unterricht eines gerade abgeschlossenen Drei-Wochen-»Blocks« evaluiert werden soll.

Es gibt nach Einschätzung des Teams bereits eine »Kultur der Rückmeldung«, aber auch Unzufriedenheit, vor allem mit den Feedbacks am Ende einer Unterrichtseinheit. Berichtet wird, dass sich die Schüler/innen kaum erinnern, was in den vergangenen drei Wochen gelaufen sei, und außerdem nutze sich die Methode ab. Geäußert wird auch hier der Wunsch nach einem unterrichtsbegleitenden Rückmeldekonzept.

> L: *Neulich [...] habe ich dann einen Blockabschluss gemacht [...]: Thema war: Wie waren die letzten drei Monate? Aber daraus wurde dann nur ein Rückblick auf die letzte Stunde ... Daraus ergibt sich die Frage: Wie kriegen wir das hin, dass der Rückblick wirklich auf die letzten drei Monate gerichtet wird? – [Wir haben ein] Interesse daran, ein Gesamtkonzept für Rückmeldung über die gesamten 3 Jahre der Ausbildung zu entwickeln.*

Zu einem solchen unterrichtsbegleitenden Konzept soll auch gehören, dass aus den Rückmeldungen Konsequenzen für die nächste Unterrichtseinheit gezogen werden können, damit Feedback auch zur Entwicklung gemeinsamer Vorstellungen eingesetzt werden kann.

> L: *Wir wollen nicht nur rückblickend Feedback-Runden machen, sondern auch vorausblickend, eine positive Vision entwickeln. Wie macht man das?*

Die Schüler/innen äußern sich im Vorgespräch positiv über ihre bisherigen Feedback-Erfahrungen. Aus der Sicht der Lehrer/innen haben sie sich allerdings in ihren Rückmeldungen überzogen negativ geäußert. Dieses Problem möchten die Lehrer/innen in ihre Überlegungen aufnehmen.

> L: *Daraus ergibt sich unsere Frage: Wie kann man Rückmeldungen so weiterentwickeln, dass wir auch positive Rückmeldungen bekommen?*

Insgesamt sehen die Lehrer/innen das Rückmeldeprojekt als Hilfe auf einem bereits eingeschlagenen Weg: Als Gelegenheit, ihre Rückmeldearbeit gründlicher zu reflektieren und den Einsatz ihrer Instrumente zu verbessern. Vor allem hofften sie auf Anregungen für unterrichts- bzw. projektbegleitende Methoden der Evaluation.

Neue Erfahrungen mit einem bekannten Verfahren: Punktuelle Rückmeldungen im Blockabschlussgespräch

An einem dokumentierten Blockabschlussgespräch lässt sich besonders gut erkennen, welche Struktur punktuelle Feedbacks haben, die nicht unterrichtsbegleitend angelegt sind. Die Rückmeldungen der Schüler/innen werden in diesem Fall per SMS abgegeben:

> *Der Anspruch ist gestiegen, es gab keine Computer-Ausfälle – Schade dass der Block zu Ende ist, war locker, fast wie Urlaub – Schule war Scheiße, Montag geht's wieder in den Betrieb – gute Atmosphäre im Kurs [auffällig viele Nennungen, einmal »Top-Klasse«] – Geschafft!/Schule ist zu Ende [sehr viele Nennungen] – war stressig, wir hatten wenig Zeit [oft genannt] – Projekt war nicht gut vorbereitet/Software – Wieder kam das Ende zu spät – Viel Gruppenarbeit [mehrfach genannt] – Supernervig: so viel Probleme, keine richtige Hilfe – interessantes Projekt [einige Nennungen] – im Großen und Ganzen alles beim Alten geblieben – das Projekt war sehr trocken – Projekt war nicht so ganz durchdacht, habe die Hoffnung schon aufgegeben, dass es besser wird [spontane Kommentare: »das ist ganz schön bitter«] – Block war okay, ISDN ist nicht mein Thema – wir haben viel gelacht.*

In dieser Abschrift ist unschwer zu erkennen, dass die Rückmeldungen sehr heterogen sind und zum Teil auch widersprüchlich erscheinen. Obwohl sich Nennungen häufen, entsteht der Eindruck der Unübersichtlichkeit und die Frage liegt nahe, welche Konsequenzen denn nun gezogen werden sollen.

> L: *Was wir nicht wissen, und wo wir auch Hilfe brauchen könnten, wäre: Was machen wir denn nun damit, wenn wir so eine SMS-Rückmeldung durchgeführt haben? Man kann ja viele von diesen Dingen so machen, aber wie geht's dann weiter?*

Auffällig an diesen punktuellen und hinsichtlich der Auswertung nicht vorbereiteten Feedbacks am Ende einer Unterrichtseinheit ist, dass die Rückmeldungen in erster Linie Atmosphärisches und die »Beziehungsebene« ansprechen, dass sie kaum konkrete Unterrichtsinhalte oder Lern- bzw. Arbeitsmethoden kommentieren und dass die Rückmeldungen relativ oberflächlich und pauschal urteilend erscheinen. Eine konkrete Erinnerung an das, was in den drei Block-Wochen »gelaufen« ist, wird nicht erkennbar. Zudem ist eine Tendenz zu recht negativen, wenig wertschätzenden Aussagen zu erkennen. Ein Grund für diese Tendenzen bei unvorbereiteten Rückmeldungen könnte sein, dass die Schüler/innen hier einfach »den Spieß umdrehen« und die Gelegenheit wahrnehmen, einmal das zu tun, was sie sonst von den Lehrer/innen erleben. In dieser Situation der (überspitzten) Umkehrung können viele Äußerungen durch Enttäuschungen über Schule motiviert sein, die sich nur zum Teil auf den zur Rede stehenden Unterricht beziehen – man lässt raus, was man immer schon mal loswerden wollte.

Hinzu kommt, dass es eine gesellschaftlich verbreitete Praxis ist, negative Rückmeldungen lieber und leichter zu äußern als positive. Und schließlich bewerten Schüler/innen, die auf Feedback-Arbeit nicht vorbereitet sind, relativ willkürlich und einseitig. Kurz: »Bei einer solchen Ein-Punkt-Aktion, in die die Schüler unvorbereitet und methodisch kaum gestützt einsteigen, kriegt man's mit dem Hammer.« (Kommentar zu einer Unterrichtbeobachtung)

Den Schüler/innen fällt die »Unangemessenheit« ihrer Rückmeldungen allerdings auf, als die Lehrer ihnen Zeit zum Anschauen und Kommentieren geben. Jetzt relativieren die Schüler/innen ihr eigenes Feedback, beurteilen es kritisch, akzentuieren positiver, bleiben aber auf der atmosphärischen Ebene.

»So negativ, wie das rüberkommt, war das nicht« – »Am letzten Tag ist das doch normal, was Negatives zu sagen« – »Ich fand den Block wirklich gut, man konnte früh nach Hause und mal ausschlafen« – »Ich war auch echt oft ziemlich fröhlich hier« – »Schule ist entspannend« – »Wir haben ja zwei neue Lehrer bekommen, und das sind wider Erwarten zwei gute Lehrer.« – »Für mich ist das nicht so, dass ich hier wahnsinnig was lerne, aber der Klassenverband, der gute Umgang reißt manches raus«.

Dieses Nachdenken über die eigene Rückmeldung geht gleitend in eine Diskussion über. Im Laufe dieser Diskussion werden die Schüleräußerungen konkreter, Widersprüche werden durch Erläuterungen verständlicher, und es werden sogar Verbesserungsvorschläge gemacht.

»Also die Aufgabenstellung des Projekts war schwammig, die sollte man klarer strukturieren, es gab keinen roten Faden« – »Ich fand's in diesem Projekt gerade konkret! Aber die Zeit reichte auch aus, obwohl es einen großen Druck gab« – »Ich würde auch sagen, die Aufgaben waren hier zum ersten Mal nicht so schwammig« – »Wenn OSI wirklich so ein wichtiges Ding ist, und der Lehrer hat Ja gesagt, dass er davon auch nicht so viel Ahnung hat, und wenn das wirklich prüfungsrelevant ist, dann würde ich vorschlagen, wir holen mal einen hier rein, der davon Ahnung hat«.

Die Konkretisierung der Äußerungen führen bei einer offenen Diskussion nicht selten dazu, dass sie auf konkrete Personen Bezug nehmen. Wenn die Argumente aber an Personen fest gemacht werden, dann können sie auch schnell persönlich und dadurch unangenehm werden. Andererseits wird in den Äußerungen auch sichtbar, dass die Schüler/innen das Verhalten ein und derselben Lehrperson auch höchst unterschiedlich einschätzen können.

»Der [L1] sagt wichtige Sachen immer nach dem Pausenklingeln, der soll seinen Unterricht mal wieder in die Stunde hinein verlegen. Ich habe ihn auch darauf angesprochen, aber das hat er mit einem Lächeln abgetan. Außerdem soll er die Sachen nicht immer wieder und noch mal erklären.« [...] »Ich fand den [L1] nicht so

> *schlimm. Ich wusste immer: Bei [L1] gibt's was zum Abtippen und bei [L2], da lernen wir dann richtig was. Wenn man das weiß, dann ist das Abtippen bei [L1] nicht mehr so schlimm.«* – »*Das meinte ich damit, dass der Unterricht fordernder werden soll*: nicht immer sehr, sehr ausführlich wiederholen«.

Die vertiefende Analyse einer solchen Stelle – und dies ist, wie die voran stehenden Fälle zeigen, gleichzeitig ein Hinweis auf die weitere Verarbeitung – kann erfahrbar machen, dass Widersprüche oft gar keine Widersprüche sind, sondern unterschiedliche Sichtweisen auf dieselbe Sache. In einer solchen Vertiefung würden sich die Schüler/innen möglicherweise darauf einigen können, dass ein Lehrer durch langatmige Wiederholungen und »Abtippen-Lassen« seinen Unterricht unterfordernd gestaltet. Hieran würden sich dann Überlegungen anschließen, was genau für die Schüler/innen problematisch an diesem Unterricht ist, welche Vorschläge es für Veränderungen gibt und wie sie dem Lehrer dies rückmelden können.

Damit ist noch ein weiteres Charakteristikum punktuellen Feedbacks angesprochen. Die Lehrer/innen haben noch keine Form gefunden, in der sie die Verantwortung für das Auswerten und die Entwicklung von Konsequenzen aus dem Feedback an die Schüler/innen weitergeben. Statt dessen übernehmen sie selbst diese Aufgabe. Damit aber bleibt den Schüler/innen verborgen, wie mögliche Unterrichtsveränderungen mit ihrem Feedback zusammenhängen.

> L: *Okay. Das geht jetzt ins Team, das dann daraus Schlussfolgerungen zieht für den nächsten Block. Und im nächsten Block ist dann ein neuer Anfang.*

Das erste neue Instrument: Gegenseitiges Feedback über Gruppenarbeit. Geschichte eines Missverständnisses

Die Entwicklung eines ersten neuen Feedback-Verfahrens zielt auf eine Reflexion und Verbesserung der Kleingruppenarbeit. Das erscheint den Lehrer/innen nötig, weil die Schüler/innen z.T. nicht bereit sind, mit Schüler/innen aus anderen Firmen zu kooperieren. Sie arbeiten dann gegeneinander, obgleich die Aufgabe eine Zusammenarbeit im Team fordert.

> L: *Wir machen mit den Schülern Projekte. Hier interessiert mich das Gespräch darüber, was in der Kleingruppenphase passiert. Welche Hilfestellungen können wir dafür geben?*

> L: *So halten die Schüler, die aus einer Firma kommen, zusammen gegen die Schüler aus den anderen Firmen.*

Eine auf dieses Ziel zugeschnittene Methode entwickelt der Lehrer während des ersten Workshops. Zunächst konkretisiert er, unterstützt durch nachfragende und beratende Kolleg/innen, die Problemlage und das Ziel. Das folgende Zitat dokumentiert einen Ausschnitt dieses Zielklärungsprozesses.

> L1: *Mich interessiert am meisten, dass die S Feedback über ihre eigenen Gruppenprozesse kriegen. Dass ich eine Situation schaffe, in der sie mit dem Prozess des Reflektierens beginnen.* L2: *Was versprichst du dir davon?* L1: *Unausgesprochen sagen die Schüler ja: Mit dem und dem möchte ich nicht mehr zusammenarbeiten. Ich verspreche mir mal eine andere Gruppenbildung [als immer nur nach Firmen], dass die S mal den Blick annehmen: Wir können was von den anderen S aus anderen Firmen lernen. Die Firmen erzeugen ganz schön Konkurrenz, die Bosch-Schüler sagen, Telekom ist doch nix, und Telekom sagt, wir sind besser, und Lufthansa guckt auf alle beide herab. Ich verspreche mir, dass die S selbst Kriterien aufstellen für gute Gruppenarbeit.* L2: *Und was wäre deine Rolle als Lehrer dabei?* L1: *Ich kann nur den Prozess in Gang setzen, dann abwarten. Von selbst setz' ich das nicht fort. Ich reagiere auf das, was kommt. Die S sollen ja auch üben, andere anzuleiten.*

Einem Gespräch über die im Methodenreader vorgeschlagenen Instrumente entnimmt er die Anregung, dass die Schüler/innen »Briefe an sich selbst« schreiben könnten.

> L1: *Interessant fand ich die Idee aus der Gruppe heute Vormittag ... dass Schüler sich selber Briefe schreiben, die der Lehrer dann einsammelt und 2 Wochen vor Beginn des nächsten Blocks an die Schüler schickt. Sie erinnern sich so selbst an das, was sie sich vorgenommen haben.*

Diese Methode wird im Zuge der Workshop-Arbeit mit einer weiteren verknüpft. Die Schüler, die in einer Gruppe zusammengearbeitet haben, sollen einander Feedback-Briefe schreiben. Die Fragestellungen sollen ebenso wie eine Anleitung zur Auswertung schriftlich vorgegeben werden. Am kommenden Tag sollen die Schüler/innen Gelegenheit haben, mit denen zu sprechen, deren Rückmeldung sie nicht verstanden haben. – Nach Abschluss dieser Rückmelderunde sollte dann jeder Schüler einen Brief an sich selbst schreiben und dabei über die Fragestellung nachdenken, worauf er bei der nächsten Gruppenarbeit achten will.

> L2: *[...] Das Thema ist dann, wie im Reader: Feedback an die Partner der Gruppenarbeit. [...]* L1: *Also jeder kriegt so viel Briefumschläge und Briefbögen wie es Mitglieder in seiner Gruppe gibt und schreibt an jeden einen Brief. ... Nur Fragen zur Gruppendynamik. [...] Und am nächsten Morgen sollte dann eine Aussprache sein. [...] Das stelle ich mir so vor, dass die Schüler im Raum rumgehen und sich denjenigen greifen, von dem sie wissen wollen: Wie hast du das und das gemeint? Jeder kann sich jeden greifen, um Fragen zu klären, muss es aber nicht tun. – Und wenn diese Phase abgeschlossen ist, können sie einen Brief an sich selbst schreiben: Worauf will ich bei der nächsten Gruppenarbeit achten? Den stecken sie in einen Briefumschlag, geben ihn an mich, und ich schicke ihnen den Brief dann vor dem nächsten Block zu.*

Diese Methode scheitert in der Anwendung. Die meisten Schüler/innen nehmen das Verfahren nicht ernst und zeigen sich desinteressiert, einige schreiben keinen Brief an ihre Partner, so dass nicht alle Gruppenmitglieder einen Brief bekommen.

> L: *Der Aufwand war im Verhältnis zum Nutzen nicht angemessen. Es gab kein großes Interesse bei den Schülerinnen und Schülern. Viele Schülerinnen und Schüler haben gesagt, dass sie den Brief nicht bekommen haben.* S: *Nur einige Schüler haben es ernst genommen.*

Eine vorläufige Analyse auf dem folgenden Workshop ergibt, dass das gewählte Verfahren nicht in den sonstigen Unterricht eingebunden ist, sondern »irgendwie nachgeschoben« wirkt. Diese Form der nachträglichen Klärung von Kooperationsweisen erscheint den (in technischen Berufen auszubildenden) Schüler/innen möglicherweise als nur schwer vereinbar mit ihren Erwartungen und Erfahrungen mit Schule. Es hat keinen erkennbaren Zusammenhang mit den Unterrichtsinhalten und darüber hinaus keine Zensurenrelevanz.

> L: *Haben die Schüler den Sinn verstanden?* S: *Das Verfahren wurde irgendwie reingeschoben. [...] Die Schüler sind dreizehn Jahre lang nicht gefragt worden und jetzt sollen sie sich plötzlich Briefe schreiben.*

In einem Nachgespräch zu dieser Feedback-Situation äußern die Lehrer Vermutungen über die Haltung der Schüler/innen zum Unterricht, die in Teilen dem ähnelt, was in der gymnasialen Oberstufe erkennbar wurde: Die Schüler/innen interessiere in erster Linie ein möglichst guter Abschluss. Sie erwarten von den Lehrern, dass sie den Schülern klare Anweisungen geben und sagen, was sie tun sollen, um möglichst gute Noten zu bekommen. Ob der Unterricht dann gut oder schlecht sei, ob man erfolgreich eine Sache erarbeite oder nicht, sei dem gegenüber zweitrangig.

> L1: *Von wegen, dass das alles unklar und schwammig gewesen sein soll: Wir geben denen ganz klare Aufgabenstellungen. Wir vermuten vielmehr, dass dahinter steht, dass alles ganz klar vorgegeben sein soll. Wir haben ja einige Fragen und Themen bewusst offen gestellt, damit die auch ins Nachdenken kommen, wie man das machen kann, und was sie da vor sich haben.* I: *Hast du eine Idee, woran das liegt?* L1: *Die machen alles für 'ne eins. Die fragen mich am Anfang, was sie genau für eine eins machen müssen, und dann machen die genau das, da kann ich ihnen auch das Schwerste aufgeben, weil sie die eins haben wollen.*

> L2: *Das liegt auch daran, was die Schüler von der Schule erwarten. Die wissen, sie kriegen so einen Abschluss, und den wollen sie möglichst gut haben. Alles andere interessiert die nicht, aber das, was sie für den Abschluss machen müssen, das machen sie.*

Von einer Schülerin wird diese Haltung bestätigt.

S: Der Alltag aber heißt aus der Arbeit raus, in die Schule rein. Dann im Projekt arbeiten, arbeiten, arbeiten, gute Noten, gute Noten, gute Noten.

Das zweite neue Instrument: Fixpunkte

Aus der negativen Erfahrung mit der »Brief«-Methode sowie aus den Kommentaren der Schüler/innen dazu ziehen die Lehrer Konsequenzen. Sie suchen und finden eine Methode, die sowohl unterrichtsbegleitend angelegt ist als auch gemeinsames Beurteilen des Unterrichts möglich macht: die Reflexionsgespräche an vereinbarten Fixpunkten.

Auf dem zweiten Workshop schneiden die Lehrer/innen die Fixpunktmethode auf ihre Situation zu. Eine Reflexion der bisherigen Erfahrungen mit diesem Verfahren macht deutlich, dass die Schüler/innen diesem ebenfalls skeptisch gegenüber stehen. Sie erleben die Reflexion an Fixpunkten des Prozesses als unerwünschte Unterbrechung ihrer »eigentlichen« Arbeit – bis sie sich in einem Blockabschlussgespräch »plötzlich« positiv äußern.

L: Während des Projekts waren die Rückmeldungen während der Fixpunkte eher schlecht. Die Schüler wollten an den Projekten weiter arbeiten, deshalb gab es sehr negative Kritik. In der von R.L. moderierten Rückmeldung waren die Fixpunkte dann plötzlich wichtig. Es wurde der Vorschlag gemacht, die Fixpunkte nach Bedarf und flexibler einzusetzen.

L: Das Problem der Reflexionen an vereinbarten Fixpunkten ist, dass die Projektdynamik die Schülerinnen und Schüler mitzieht. Deshalb ist es schwierig zu spontanen Rückmelderunden mit den Schülern zu kommen.

S: Gerade deshalb hat sich die an der Klassenwand vorbereitete Wandzeitung bewährt, an der man notieren kann, welche Probleme auftreten und ob Probleme auftreten.

Basierend auf diesen Erfahrungen wird die Methode nun weiter ausdifferenziert. Das Ergebnis am Ende des Workshops sieht folgendermaßen aus:

Die Reflexion an Fixpunkten (nach Frey 1982) ist eine Methode zur Planung, Organisation und Reflexion projektförmigen Unterrichts. Idee und Funktion ist eine gemeinsame Besprechung der in Projektgruppen differenzierten Klasse, um den Austausch zu Gewähr leisten und eine gruppenspezifische Betreuung durch die Lehrer/innen zu sichern.

Zwei feste Fixpunkte »zum Stand der Arbeit« sollen verbindlich in der zweiten und dritten Projektwoche durchgeführt werden. Spontane Fixpunkte zu aktuell auftretenden Problemen sollen ebenfalls möglich sein und von Schüler/innen vorbereitet werden. Den Projektgruppen wird dabei explizit eine Beratungsfunktion zugeschrieben (»Schüler/innen beraten Schüler/innen«).

Die Fixpunkte sollen gemeinsam und arbeitsteilig vorbereitet werden. Auf einer Plakatwand werden während der Woche Fragen und Beobachtungen (auch des Lehrers) gesammelt. In einer fünfminütigen Lagebesprechung klärt jede Gruppe vor dem eigentlichen Fixpunkt, welche Fragen/Probleme sie heute besprechen will, und schreibt diese auf Karteikarten.

Jeder Fixpunkt soll durch Fragestellungen strukturiert werden. Die Moderation von Fixpunkten sollen i.d.R. Schüler/innen übernehmen. Aufgabe des Lehrers ist, während der Projektarbeit im Raum zu bleiben, die Schüler/innen genau zu beobachten, bei den Fixpunktgesprächen aufmerksam zuzuhören und damit deutlich zu dokumentieren, dass sie an den Schüler/innen und an Veränderung interessiert sind.

Die Ergebnisse der Fixpunkte sollen an einer Plakatwand festgehalten werden. Damit würde ein klassenöffentliches Protokoll erzeugt, das als Grundlage für End-Feedbacks (Blockabschlussgespräche) dienen kann. Alle Beteiligten hätten vor Augen, was während des Blocks passiert ist, und die Feedback-Diskussion würde versachlicht.

Die allmähliche Herausbildung eines Feedback-Konzepts und die Bearbeitung eines strukturellen Problems

Konsequent verfolgte die Projektgruppe ihr Vorhaben, ein Gesamtkonzept für ein in den Unterricht integriertes Feedback zu entwickeln. Seine aktuelle Gestalt lässt sich am Ende der einjährigen Praxisphase folgendermaßen darstellen: Anfangs- und Endpunkt dieses Gesamtkonzepts ist ein Blockabschlussgespräch. Dieses wertet das Lehrerteam aus. Auf Basis der Auswertung werden Arbeitsschwerpunkte und Änderungsvorhaben für den nächsten Block festgelegt. Zugleich erhalten alle Schüler eine Informations-E-Mail über die Ergebnisse des Auswertungsgesprächs. Zu Beginn des nächsten Blocks findet dann ein Blockanfangsgespräch statt, in dem die Themen der Rückmeldung wieder aufgegriffen werden, in Form von Vereinbarungen und Regeln festgeschrieben, visualisiert und im Klassenraum ausgehängt werden. In Fixpunkten und Blockabschlussgesprächen kann dann eine Erfolgskontrolle vorgenommen werden.

Trotz einer insgesamt konstruktiven Entwicklung beobachten die Lehrer über mehrere Monate bei der Mehrheit der Schüler/innen ein konstantes Desinteresse an der Feedback-Arbeit. Immer wieder wird moniert, dass all das »nichts bringt«. Auch die Lehrer ziehen nach etwas mehr als einem halben Jahr Arbeit das Fazit, dass diese Feedback-Arbeit trotz sorgfältiger Vorbereitung nicht viel genutzt habe.

> L1: *Ihr erwischt uns in einer Phase, wo wir finden: Es hat eigentlich nicht viel gebracht, die Schüler sind nicht interessiert. Bei den Fixpunkten ist das ähnlich: Da heißt es, organisierte Fixpunkte stören uns nur, und selbst einberufene Fixpunkte haben wir nicht gebraucht.* L2: *Trotz der Sorgfalt in der Vorbereitung ist das Ergebnis eher unbefriedigend.*

> I: *Entweder wird euch vorgeworfen, zu wenig in Betreuung zu investieren, aber wenn ihr's tut, dann heißt es: Das bringt ja nix. Diese beiden Figuren sehe ich da.*

In einem Analysegespräch zwischen den Lehrern und der wissenschaftlichen Begleitung werden Gründe für die ablehnende Haltung der Schüler/innen gesucht. Das strukturelle Problem scheint im Verhältnis zwischen Schule und Betrieben zu liegen.

In den Betrieben sind die Schüler/innen Teil einer neuen, interessanten Erwachsenenwelt, in der sie wichtige Arbeitsaufgaben übernehmen und sogar Geld für deren Bearbeitung bekommen. Dagegen hat die Schule außer praxisfernen Trockenübungen und den altbekannten Noten nichts zu bieten. Die Auszubildenden nehmen die Betriebe als neue Herausforderung wahr und werden in ihrer eher ablehnenden Haltung gegenüber der Schule von den Betrieben zuweilen sogar bestärkt.

> L2: *Das liegt auch im Verhältnis Schule-Betrieb. Viele Schüler kommen aus den Betrieben mit einem Negativbild hierher. Die sagen sich ja: Schule ist aus, endlich im Betrieb, haben da die Perspektive, Geld zu verdienen und all das. Schule dagegen, die muss man machen. ... Die Betriebe stützen das Negativbild. Die sagen, wir würden dich lieber hier behalten, die Schule bringt doch eh nix, die sollte man lieber abschaffen. Im Betrieb haben sie als einzelne Person konkrete Rückmeldung, haben wichtige Aufgaben, und hier bei uns – kriegen sie Noten. Die haben sie früher auch schon bekommen.*

Die Ressourcenausstattung der Schule ist der in den Ausbildungsbetrieben weit unterlegen. Die Lerngruppen der Schule sind größer und die Betreuung wird deshalb als weniger intensiv erlebt. Zudem ist in einigen Betrieben die Lehrgangsform noch die Ausbildungsmethode der Wahl. Die Auszubildenden wünschen sich dann auch in der Schule Lehrgänge statt Projektunterricht. Wieder andere Betriebe sind in bestimmten Bereichen der Schule an Professionalität voraus.

> L1: *Es gibt natürlich auch andere Firmen wie die T-Firma, wo sie nur abgammeln. Sie haben da verschulte Ausbildungsphasen und dann die Praxis, und dann meinen sie, das sei das Richtige. Sie bringen also die konservative Lernmethode mit einem positiven Bild mit. [...] Teilweise allerdings gibt es wiederum auch Schüler, die vom Betrieb her aus solchen Kursen kommen und sagen »gähn, was macht ihr denn hier«.*

In diesen Äußerungen wird deutlich, dass sich etwas zwischen Betrieb und Schule verändert hat, dass dies aber noch nicht zu einem neuen Konzept der Kooperation beider Seiten mit klarer Aufgabenkontur geführt hat. Ausbildungsziele von Schule und Betrieb werden nicht differenziert; sie vermischen und überschneiden sich in der Praxis, sodass der Eindruck von Konkurrenz entsteht.

> I: *Ihr müsst also in Konkurrenz zu anderen treten und dabei die Bedeutung eurer Arbeit klären, die Bedeutungsfindung steht also unter Konkurrenzdruck. Wenn die Ziele nicht klar sind, dann eiert man halt rum, eiert eben, weil die Perspektive nicht klar formuliert ist. Ich vermute, die Unsicherheit der Lehrerseite ist in der Rückmeldearbeit spürbar.*

Die Lehrer allerdings zeichnen in der Reflexion bereits Konturen einer neuen Arbeitsteilung. Demnach sollte die Schule Grundlagen- und Überblickskompetenzen vermitteln, während die Betriebe sich auf Spezielles konzentrieren. Zu den Aufgaben der Schule würde dann gehören, dass sie der Ausbildung von Sozialkompetenz, der Befähigung zur Prozessanalyse und einer grundlegenden arbeitsmethodischen Kompetenz wie etwa Strukturieren, Organisieren, Formulieren, Präsentieren eine neue Bedeutung zumisst.

> L: *Früher waren Schule die Theorie, Betriebe die Praxis. Das müssen wir heute neu definieren: Wir machen die Breite, die Betriebe gehen in die Tiefe. Wir vermitteln denen eben etwas, was sie eben nicht nur genau in dem Betrieb verwenden können, wo sie sind, sondern in mehreren Bereichen. Außerdem vermitteln wir eben Sozial- und Humankompetenz. ... Was ihnen auch nicht bekannt ist, was sie in den Firmen nicht vermittelt bekommen, ist der ganze Prozess von Auftrag bis Endprodukt. Oder was wir auch machen, dass sie lernen, ihre Arbeit zu strukturieren, formulieren, festzuhalten und zu präsentieren.*

Diese neue Akzentuierung im Zusammenspiel zwischen schulischer und betrieblicher Arbeit hat erwartungsgemäß Auswirkungen auf die Feedback-Arbeit. Die dadurch bedingten unterschiedlichen Erwartungen von Schülern und Lehrern prallen aufeinander, bleiben aber unausgesprochen und in ihren Hintergründen weitgehend unverstanden.

> L: *Die neuen Erwartungen sind bisher eigentlich eher im Konfliktfall artikuliert worden, also wenn wir auf diese Schüler-Haltung treffen »Mach mal was für mich«, da werden wir dann manchmal auch ziemlich brüsk.*

Die Antwort auf eine solche Situation kann eigentlich nur heißen: Ziele und Erwartungen klären. Die Schule müsste den Schüler/innen ihre Ausbildungsziele, ihre Leistungsangebote und ihre Erwartungen deutlich kommunizieren, zugleich aber auch die Erwartungen und Ziele der Schüler/innen abfragen. Erst wenn beides sichtbar nebeneinander gestellt wird, können Schüler/innen und Lehrer/innen beide Erwartungshaltungen aufeinander abstimmen und Vereinbarungen über gemeinsame Ziele treffen.

Die Weiterentwicklung des Feedback-Konzepts 1: Klärung der Erwartungen der Schule an die Schüler/innen

Als das Projektteam der Gewerbeschule eine neue Klasse begrüßt, sieht das feedback-basierte Einstiegskonzept wie folgt aus:

Am ersten Tag werden der neuen Klasse die Charakteristika des Ausbildungskonzepts der Schule vorgestellt: Die Inhalte der Ausbildung, die projektförmige Arbeitsweise, das Lernfeld-Prinzip, die Rolle des Feedbacks, die Funktion von Gruppenarbeiten und die Bewertungspraxis. Damit teilt die Schule mit, was sie erwartet, und verschafft den Schüler/innen von Beginn an eine klarere Orientierung als bisher. Feedback ist damit als Teil des Unterrichts- und Schulkonzepts ausgewiesen und so Teil der offiziellen Erwartungen an die Schüler/innen.

Diese Orientierung wird ergänzt durch Informationen darüber, was die Schule *nicht* als Leistung definiert und damit auch nicht erwartet: Nicht reflektiertes Auswendiglernen für Klausuren, Abarbeiten vorgegebener Pläne, Entgegennehmen und Ausführen von Anweisungen.

Als Zusammenfassung ihrer Erwartungen haben die Lehrer/innen ein Plakat mit dem folgenden Inhalt vorbereitet:

- Schulische Rahmenbedingungen akzeptieren, Termine und schulische Regeln einhalten, Zuverlässigkeit ernst nehmen.
- Miteinander arbeiten, selbstständig arbeiten, jeder trägt Verantwortung für sein Lernen, voneinander lernen, Lernsituationen mitgestalten.
- Noten nicht so wichtig nehmen, Arbeitsverhalten und Arbeitsprozess nicht von Noten leiten lassen.
- Solidarisches Verhalten Schüler-Schüler/Lehrer-Schüler, respektvoll miteinander umgehen, entspannte Lernatmosphäre (offen), Kritikfähigkeit, Klassenreise.

Die an diesem Plakat orientierten Gespräche lassen erkennen, dass die Schüler/innen einige dieser Anforderungen nur schwer nachvollziehen können – insbesondere den Hinweis darauf, dass von ihnen erwartet wird, die Noten nicht so wichtig zu nehmen.

Die Lehrer/innen nutzen diese Gespräche, um ihre Erwartungen zu präzisieren und den Hinweis auf die Noten auch positiv zu beschreiben: Die Schüler/innen sollen sich um ein gemeinsames, selbstständiges und sachorientiertes Arbeiten bemühen. Der Zusammenhang wird damit begründet, dass die Bemühungen um ein selbst organisiertes und teamorientiertes Arbeiten erfahrungsgemäß eine Verbesserung der Noten mit sich bringe, weil die Schüler/innen so die damit geforderten arbeitsmethodischen Leistungen als Teil der Gesamtleistung erbringen würden. Die Erwartung an eigenständiges und selbst gesteuertes Arbeiten einschließlich Feedback in den offiziellen Teil der erwarteten Leistungen aufzunehmen, macht diesen Schüler/innen die Akzeptanz dieser noch ungewohnten Arbeitsform offensichtlich leichter.

In den Gesprächen über die auf dem Plakat formulierten Erwartungen verweisen die Schüler/innen auf einen weiteren Klärungsbedarf. Ihnen fehlen offensichtlich Hinweise auf die Erwartungen an die inhaltliche und fachliche Seite des Unterrichts. Die Lehrer/innen haben diese Erwartungen nicht explizit erwähnt, weil sie ihnen selbstverständlich erscheinen. Die Nachfragen der Schüler/innen aber zeigen, dass es im Austausch über Erwartungen – und damit auch im Feedback – wichtig ist, auch scheinbar Selbstverständliches explizit zu formulieren. Die Lehrer/innen können diese Unschärfe in der Formulierung der Erwartungen relativ schnell ausräumen. Auf dem nächsten Plakat sollen zusätzlich als Erwartungen genannt werden: »fachlich fit werden« und »fachlichen Austausch untereinander pflegen«.

Die Weiterentwicklung des Feedback-Konzepts 2: Klärung der Erwartungen der Schüler/innen an die Schule

Drei Wochen, nach dem die Lehrer/innen ihre Erwartungen formuliert haben und die Schüler/innen die Möglichkeit hatten, die Konkretisierung dieser Erwartungen im Unterricht zu erfahren, fragen die Lehrer/innen auch die Erwartungen der Schüler/innen ab.

Die Antworten der Schüler/innen sind dokumentiert, der anschließende Umgang damit nicht, weil der Zeitrahmen der Begleitung dies nicht mehr ermöglicht hat. Wir versuchen deshalb, das Potenzial dieser Antworten auch ohne Kenntnis der folgenden Situation auszuloten. Auffällig ist – um dies vorwegzunehmen – dass der Feedback-Prozess durch die Klärung und die Vorweg-Veröffentlichung der Erwartungen der Lehrerseite auf Schülerseite endlich den Stand an Ernsthaftigkeit erreicht hat, der Voraussetzung für Feedback-Arbeit ist.

Die Abfrage der Erwartungen geschieht mit Hilfe von vier Statements, die zu ergänzen sind.

- *Für mich persönlich erwarte ich in den nächsten Blöcken ...* mehr über meine Mitschüler heraus zu finden, mehr Durchblick in C++ & ET, mehr Erfolg, mehr Power, Fleiß und Konzentration, besseres Verständnis, mehr Einsatz, mehr Toleranz, mehr Motivation, Blei zu Gold machen zu können.

Die Ergänzungen zum ersten Statement legen nahe, dass die Schüler/innen von sich Einiges an Leistungssteigerung erwarten, lassen aber nicht erkennen, ob sie wissen, wie sie dies realisieren sollen. Die Stichworte Erfolg, Power, Fleiß, Konzentration, Verständnis, Motivation können Anlässe für Gespräche sein, in denen geklärt werden kann, wie diese Selbsterwartungen zu erreichen sind. Beispielsweise: Was bedeutet Erfolg, ...? Unter welchen Umständen habe ich das, und unter welchen nicht? Wie kann ich mir selber helfen, und was sollte ich vermeiden?

Wenn Lehrer und Schüler – am besten in kleinen Gruppen und bezogen auf ein konkretes Projekt – systematisch und methodisch angeleitet an solchen Fragen arbeiten, dann sind sie mitten in der Erforschung dessen, was Lernprozesse ausmacht und wie deren Qualität verstanden und gesteigert werden kann. Dies wäre Unterrichtsentwicklung durch gemeinsame Verständigung, ausgelöst durch Feedback.

An dieser Stelle wird aber auch erkennbar, dass die in den voran stehenden Fällen erprobten Methoden der Priorisierung und der Klärung in Kleingruppen nötig sein werden, um die Unübersichtlichkeit bearbeitbar zu machen.

- *Während der gesamten Ausbildungszeit sollte(n) in der Berufsschule ...* die Möglichkeit zur Nachhilfe bestehen, alle gleich viel wissen, C++ reformiert werden (langsamer), die Schulzeiten überdacht werden, sinnvolle Inhalte vermittelt werden.

In diesen Antworten drückt sich die oben schon angesprochene Heterogenität der Klientel aus: Angesprochen werden die unterschiedlichen Kompetenzen und Voraussetzungen, mit denen die Schüler/innen an die Schule kommen. Diese Hinweise können Gesprächsanlässe dafür sein, was für die Einzelnen »sinnvolle« Inhalte sind und wie die damit verbundenen unterschiedlichen Erwartungen berücksichtigt werden können, wie die Unterrichtsgeschwindigkeit den unterschiedlichen Erwartungen angepasst werden kann, ob und wie Nachhilfe – vielleicht auch durch Kooperation – zu realisieren ist. Aus solchen Feedback-Gesprächen können sich Hinweise darauf ergeben, wie die Beteiligten in geteilter Verantwortung mit den unterschiedlichen Voraussetzungen umgehen können, Hinweise, die sich allmählich zu einem ausdifferenzierten Konzept des Umgangs mit Heterogenität in dieser Situation verdichten können.

- *Meine Mitschüler sollten in den nächsten Blöcken ...* Kritik besser annehmen und daraus lernen; nicht alles zu ernst nehmen; so bleiben wie sie sind; kooperativer in den Arbeiten sein; weiterhin hilfreich sein; die Aufgaben ernster nehmen; nicht dazwischen reden; den Wissensstand angleichen; weniger Fragen zu vollkommen klaren Inhalten stellen (z.B. was ist Durchschnitt?); bei Diskussionen schneller zum Ende kommen.

Auch in diesen Statements finden sich wieder Hinweise auf die Notwendigkeit, sich mit den heterogenen Voraussetzungen der Schüler/innen, offensichtlich aber auch mit unterschiedlichen Erwartungen an soziale Kompetenz und professionelle Kooperation auseinander zu setzen.

Ein Überblick über die Erwartungen der Schüler/innen an das Lehrerteam beinhaltet folgende Hinweise:

- *Für die nächsten Blöcke erwarte ich vom Lehrerteam ...* mehr Notengleichheit; keine Unterbrechung; keine Strategiewechsel; die Vermittlung von Inhalten die man gebrauchen kann; verständliche Erklärungen; langsam, laut und deutlich sprechen; weniger Arbeitsblätter (für einige auch o.k.); sich von Diskussionen nicht verwirren zu lassen; mehr Hilfe; ordentliche Fixpunkte; Pünktlichkeit; mehr Zeit für die Projekte; genauere Aufgaben (klipp und klar), weiterhin coolen Unterricht von X ☺, menschlich so bleiben ☺, in Englisch nicht den Rest von S&K machen; sinnvollere Themen und kürzere Diskussionen; eine Verringerung des Tempos von C++.

Die Rückmeldung verweisen auf viele offensichtlich klärungsbedürftige Aspekte der Unterrichtsgestaltung, aber auch darauf, dass die Lehrer als »menschlich« wahrgenommen werden. Nach einer Priorisierung der Hinweise können sich hier gute Anknüpfungspunkte für vertiefende Auswertungsgespräche ergeben. Zu klären wäre dann: Für wen war das so? Woran könnte es liegen, an welchen konkreten Beispielen lassen sich die Erfahrungen festmachen? Was können wir, Schüler und Lehrer tun, um mehr Klarheit und Orientierung in den Unterricht zu bekommen?

Die Lehrer haben in einem solchen Analysegespräch auch die Gelegenheit, noch einmal ihre Erwartungen zu präzisieren und beispielsweise zu betonen, dass Aufgabenstellungen in der Projektarbeit eher global sein müssen und deshalb unklar erscheinen können, oder dass es gerade nicht darum geht, jeden Arbeitsschritt bis ins Einzelne auszuformulieren, wenn eigenständige Lösungen erwartet werden. Die Schüler/innen können wiederum präzisieren, welche Situationen und Aufgaben ihnen im einzelnen Schwierigkeit machen, woran das liegt und wie gemeinsam Abhilfe geschaffen werden kann.

Insgesamt zeigt sich in dieser zweiten Runde der systematischen und gegenseitigen Klärung von Erwartungen, dass offene Abfragen dieser Art dabei helfen können, einen Überblick über Themen zu bekommen, die Schüler/innen bewegen. Mit ihnen weiter zu arbeiten erfordert dann – wie wir in den vorangehenden Fällen gesehen haben – vertiefende Auswertungsgespräche, die sich auf einen der angesprochenen Themenkomplexe konzentrieren. Vorstellbar wären hier Vertiefungen zu Fragen der Gestaltung von erfolgreichen Lernprozessen, zum Sinn von Kooperation, zum Umgang mit unterschiedlichen Voraussetzungen, oder zu Aspekten der Unterrichtsorganisation einschließlich der Erarbeitung und Vereinbarung konkreter Lösungen. Deren Erfolg wäre dann nach einer Zeit zu prüfen; die nicht behandelten Themen müssten im Themenspeicher bleiben und bei der nächsten Abfrage neben die neuen Themen gehängt werden.

Zusammenfassender Kommentar

Dieser Fall ist im Kern durch einen Umstrukturierungsprozess gekennzeichnet, in dem die Funktion der Gewerbeschule und die Rolle der Lehrkräfte im Verhältnis zu den Betrieben und zu den Schüler/innen geklärt und neu definiert werden müssen.

Für die Schule geht es dabei vor allem um eine Präzisierung der Aufgaben und der daraus folgenden Erwartungen. Dies muss vor dem Hintergrund einer genaueren Bestimmung der Bedeutung von berufsschulischem Unterricht im Kontext einer gewandelten betrieblichen Realität erfolgen

Der Kern der Entwicklungsaufgabe ist aber – wie so oft – nicht sofort erkennbar. Die Lehrer gehen deshalb einen Umweg. Zunächst versuchen sie diesen Klärungsprozess darüber zu erreichen, dass die Schüler/innen ihre Erwartungen an einander und an die Schule formulieren.

Diese Herangehensweise entspricht einem bekannten Muster reformorientierter Lehrkräfte: Als Gegengewicht zum traditionell einseitigen Diktat von Lehrstoff, Unterrichtsgestaltung und Leistungsbewertung durch die Schule streben diese Lehrer an, die Erwartungen, Hoffnungen und Befürchtungen der Schüler/innen im Feedback einzuholen und ihren Unterricht so weit wie möglich darauf einzustellen.

Bei dieser Art von Schülerorientierung tritt die Klärung der eigenen und der schulischen Erwartungen und Forderungen bis zur Unkenntlichkeit in den Hintergrund – wobei sie in der Realität des Unterrichts natürlich nicht verschwunden sind. Die Lehrer/innen und die Schule vermeiden damit eine Positionierung ihrer Anforderungen und Erwartungen. Feedback führt in diesem Fall zu einer Einseitigkeit von Schülerorientierung, in der sich die Lehrer/innen zwar an den Schüler/innen zu orientieren versuchen, die Schüler/innen aber keine Orientierung für die institutionelle Einbettung ihrer Erwartungen finden.

Die Schüler/innen honorieren diese reformorientierten Verhaltensmuster der Lehrer/innen allerdings nicht. Aus Sicht der Lehrer/innen reagieren sie auf das Angebot an Beteiligung mit einer Mischung aus Desinteresse und der Forderung, die alten schulisch dominierten Verhältnisse wieder einrichten zu wollen: »Wir sind hier nun mal in der Schule, und da kriegt man klare Aufgaben gestellt; die hat man zu bearbeiten, und zwar möglichst gut, um eine gute Note zu kriegen!« Die Schüler/innen zeigen sich den Beteiligungs- und Feedback-Angeboten gegenüber desinteressiert und despektierlich, vor allem in punktuellen Feedback-Situationen, und das über einen längeren Zeitraum.

Die Lehrer reagieren zunächst mit »mehr desselben«. Obgleich sie erfahren haben, dass punktuelle Einmal-Feedbacks nicht weiter führen, weil sie oberflächlich-pauschalierende Äußerungen mit negativer Tendenz erbringen und daraus keine Konsequenzen gezogen werden können. Obgleich sie eigentlich ein unterrichtsbegleitendes Feedback-Konzept entwickeln wollen, wiederholen sie zunächst die alte Form. Ein Unterschied ist allerdings, dass sie diese Feedbacks unter kontrollierten Bedingungen durchführen. Sensibilisiert für die Mängel beobachten sie nun genauer und folgenreicher.

Die Einsicht in die Mängel der bisherigen Feedback-Formen allein scheint also nicht zu reichen. Der qualitative Sprung ereignet sich erst nach einer gründlichen Auswertung der Feedback-Arbeit, die durch andauernden Leidensdruck gespeist ist. Die Erfahrung wiederholt sich: »Was wir auch tun, die Schüler sagen entweder: ›Das reicht nicht‹, oder: ›Es interessiert uns nicht‹. Als wichtig erweist sich aber auch, dass eine Außensicht der wissenschaftlichen Begleitung auf den Feedback-Prozess und seine Erfahrungen eingefordert und genutzt wird.

Die Analyse der immer wiederkehrenden Verhaltensmuster der Schüler/innen lassen die Vermutung aufkommen, dass die Lehrer sich in einem Klärungsprozess den Schüler/innen gegenüber wahrnehmbar positionieren müssen. So wird deutlich, dass beide Seiten klärungsbedürftig sind, die eigenen bzw. die schulischen Erwartungen und Anforderungen *und* die Anforderungen und Erwartungen der Schüler/innen. Nur in der Konfrontation beider Seiten und den dann folgenden Aushandlungsprozessen müssen beide Seiten den notwendigen Ernst aufbringen, um eigene und fremde Erwartungen miteinander auszubalancieren und in Lösungen zu überführen, in denen alle Beteiligten ihren Teil der Verantwortung für das Gelingen übernehmen.

Kapitel III:
Feedback-Methoden

Einige Lesehinweise

In diesem Kapitel geben wir einen orientierenden Überblick über die Gestaltung von Rahmenbedingungen für Feedback-Arbeit und über erprobte Feedback-Verfahren. Hier finden sich sowohl die Methoden, die in den voranstehenden Fällen zur Anwendung gekommen sind, als auch weitere, die sich an anderer Stelle als erfolgreich erwiesen haben. Diese Zusammenstellung von Feedback-Methoden basiert auf der Auswertung einschlägiger Quellen, Projekte und Literatur. Sie hat den Lehrer/innen zu Beginn des Projekts in Form eines Methodenreaders vorgelegen und war damit Grundstock für die Methodenarrangements der voranstehenden Fälle. Für dieses Buch wurde der Reader überarbeitet und aktualisiert.

In allen Projektgruppen hat der Arbeitsprozess damit begonnen, die Rahmenbedingungen zu klären, Feedback-Methoden zu sichten und diese auf die eigene Situation zuzuschneiden; denn alle Erfahrungen zeigen, dass auch Feedback-Methoden genauso wie andere Unterrichtsmethoden auf die spezifische Situation und Lerngruppe übertragen werden müssen.

Um diesen Teil des Buches auch eigenständig lesbar zu machen, beginnen wir mit kurz gefassten und allgemeinen Hinweisen zu Bedingungen, die bei der Entwicklung von Feedback als Teil von Unterrichtsentwicklung bedacht werden sollten. Hiermit tragen wir der allgemeinen Erkenntnis Rechnung, dass Feedback-Arbeit sich nicht in der einfachen Übernahme und Anwendung eines Methodenrepertoires erschöpft, sondern dass eine reflektierte Integration der Methoden in den Lernprozess und die persönliche Haltung der Beteiligten zentrale Bedeutung für den Erfolg haben.

Dass spontane Feedback-Versuche nur selten den erwarteten Erfolg haben, ist an mehreren Stellen der voranstehenden Fallberichte nachzulesen. Wir stellen deshalb im zweiten Abschnitt Anregungen für eine Integration von systematischem Feedback in den Schulalltag vor. Im dritten Abschnitt folgen dann übergreifende Anregungen zur Planung, Durchführung und Auswertung von Feedback.

Im vierten Abschnitt schließlich stellen wir Ihnen ein breites Spektrum von Feedback-Methoden vor, auf das sie bei der Planung Ihrer Arbeit zurückgreifen können. Auf der Basis dieser Methodensammlung können sie ganz konkret überlegen, welche Instrumente Ihnen für Ihre Situation passend erscheinen bzw. wie sie diese Vorschläge für Ihre Situation passend machen können.

Wenn Sie Ergänzungen oder Varianten zu den folgenden Feedback-Methoden vorschlagen möchten oder gute Erfahrungen mit hier nicht genannten Methoden gemacht haben, dann schreiben Sie uns bitte, denn das Methodenkapitel soll in weiteren Auflagen kontinuierlich aktualisiert werden.

1. Anregungen zur Vorbereitung von Feedback-Arbeit

⇨ *Verschaffen Sie sich einen Überblick über Bedeutung und Reichweite von Feedback.*

Feedback-Arbeit beginnt in der Regel damit, dass sich die Beteiligten, hier zunächst die Lehrerinnen und Lehrer, über die Potenziale, die Instrumente und die Bedingungen von Feedback informieren. Die Erfahrungen mit solchen Orientierungs- und Vorbereitungsphasen haben wir in den beiden ersten Kapiteln dieses Buch vor dem Hintergrund unseres Projekts ausgeführt.

Einsteigen in Überlegungen zur Vorbereitung von Feedback-Arbeit möchten wir mit Informationen zur Bedeutung und zur Reichweite von Feedback. Dabei stützen wir uns neben eigenen Projekterfahrungen auf Erfahrungen mit Schüler-Feedback, wie sie von Herrmann/Höfer 1999, Burkard/Eikenbusch 2000 sowie in der Zeitschrift PÄDAGOGIK in den Heften 5/2001 zu »Schülerrückmeldung über Unterricht« und 11/2001 zu »Praxishilfen Evaluation« vorgestellt werden.

Wir beginnen mit einer allgemeinen Kurzbeschreibung dessen, was »Feedback geben« bedeutet.

»Feedback geben« bedeutet unabhängig von seiner Verwendung in Schule und Unterricht zunächst einmal, dass sich zwei oder mehrere Personen

- in direkten und offenen, mit angemessenen Methoden strukturierten Gesprächen,
- einander Beobachtungen und Bewertungen über eine bestimmte Situation oder Fragestellung mitteilen,
- um daraus für den gemeinsamen Umgang mit diesem Thema zu lernen.

Feedback dient also dazu, durch den Austausch von Einschätzungen Entwicklungsperspektiven für den Umgang mit einem Thema zu entwerfen. Im Wesentlichen gelingt dies dadurch, dass der wahrgenommene Zustand mit einem erwünschten Zustand verglichen wird.

Feedback bietet dem Einzelnen oder einer Gruppe die Möglichkeit,

- die Sichtweisen und Perspektiven Anderer kennen zu lernen, um
- die eigenen Sichtweisen und Erfahrungen zu erweitern und
- den Gegenstand genauer zu erkennen, der von unterschiedlichen Standpunkten aus betrachtet und nach individuellen Kriterien bewertet wird.

Beziehen wir diese Bestimmungen auf Unterricht, dann können folgende Fragen zur Diskussion stehen: Was geschieht im Klassenzimmer? Wie erleben die Beteiligten den Unterricht? Inwieweit stützt und fördert der Unterricht Lernprozesse, inwieweit geht der Unterricht an den Lernenden vorbei oder behindert sie sogar? Was tragen die Lernenden zum Gelingen des Unterrichts bei? Und schließlich: Was wollen die Beteiligten am Unterricht beibehalten, was wollen sie verändern?

Im Feedback werden solche Fragen gezielt, d.h. in der Regel methodisch gestützt, bearbeitet. Die Antworten werden systematisch und mit Hilfe von Erhebungs- und Auswertungsmethoden einbezogen, denn Ziel ist, die unterschiedlichen Sichtweisen zu vermitteln und Gemeinsamkeiten zwischen ihnen zu erkennen. Anschließend besprechen die Beteiligten die Ergebnisse und ziehen daraus Konsequenzen für die weitere Zusammenarbeit. Insofern wird Feedback über Unterricht inzwischen auch als ein wichtiger Bestandteil von Unterrichts-Evaluation gesehen (Burkard/Eikenbusch 2000, S. 34–38; Leuders 2001, S. 20–21).

Schüler-Feedback über Unterricht ist nach Herrmann/Höfer und deren Erfahrungen in einem prominenten Entwicklungsprojekt, das unter dem Namen »Schule & Co.« in NRW durchgeführt wurde, »der systematische Versuch, die Perspektive von Schülerinnen und Schülern sowie deren Einschätzung des Unterrichts und ihrer eigenen Lernprozesse in die weitere Gestaltung des Unterrichts einzubeziehen« (1999, S. 29/30).

Schüler/innen und Lehrer/innen machen sich also ›öffentlich‹ und gemeinsam Gedanken über ihre Situation in der Schule und im Unterricht. Sie beobachten sich selbst und die anderen unter der Fragestellung: Was hilft mir, was hilft uns beim Lernen? Was hilft uns nicht beim Lernen, was behindert mich? Dann besprechen sie die Ergebnisse und ziehen Konsequenzen für die weitere Zusammenarbeit.

Die inzwischen vorliegenden Erfahrungen, vor allem die in diesem Buch geschilderten Fallbeispiele lassen erkennen, dass das Herzstück von Feedback das methodisch gestützte Miteinander-ins-Gespräch-Kommen und -im-Gespräch-Bleiben ist und dass diese Gespräche geführt werden, um »Verbesserungen des Unterrichts gemeinsam planen und umsetzen« zu können (Graf 2001, S. 10). Der typische Feedback-Prozess endet deshalb immer beim »qualifizierten Unterrichts-Gespräch« (ebd., S. 11–13); »Gespräche über Unterricht« werden so zum integralen »Bestandteil von Unterricht« (Ziegler/Herrmann 2001, S. 15; vgl. auch Strittmatter 2001, S. 39).

Feedback nimmt im Zuge solcher Entwicklungen schrittweise den Charakter gemeinsamer Beratung über Unterricht an. Durch die Akzeptanz kritischer Schülerbeiträge erfahren die Lehrer/innen Entscheidendes über die Wirkung und die Wahrnehmung ihrer Arbeit. Und die Schüler/innen erfahren im Zuge von Feedback-Arbeit nicht nur, dass sie im Unterricht Einfluss nehmen können sondern auch, dass ihr Gestaltungspotenzial gefordert ist, wenn Lernprozesse erfolgreich sein sollen. Die Entwicklung einer Feedback-Kultur, die von Lehrer/innen und Schüler/innen getragen wird, kann die schrittweise Verbesserung von Unterricht zur gemeinsamen Sache werden lassen.

Lehrer/innen und Schüler/innen können von Schülerrückmeldung profitieren,

- wenn ihre Selbstbilder und Selbsteinschätzungen realistischer werden;
- wenn Sie erkennen, wie ihr Verhalten zum Gelingen von Unterricht und Lernprozessen beiträgt und wann das nicht der Fall ist;
- wenn sie ihr Verständnis füreinander vertiefen, Missverständnisse klären und
- wenn sie spürbare Erfolge hinsichtlich der Verbesserung der Unterrichtspraxis erzielen.

Zum Abschluss dieser Skizze der Potenziale von Feedback-Arbeit soll allerdings auch darauf hingewiesen werden, dass die Arbeit mit Schüler-Feedback im Unterricht nach wie vor Pionierarbeit ist. Burkard und Eikenbusch stellten noch 2000 fest: »Dass sich Schüler und Lehrkräfte direkt und systematisch mit der Qualität ihrer gemeinsamen Arbeit beschäftigen, ist eher selten zu beobachten. Es fehlt Lehrerinnen und Lehrern an Zeit, an Methoden und an Erfahrungen, wie man mit den Ergebnissen umgehen kann, die eine systematische Auseinandersetzung bringt.« (Burkard/Eikenbusch 2000, S. 34)

⇨ *Schaffen Sie einen schützenden Rahmen für Feedback*

Feedback braucht erfahrungsgemäß einen Rahmen, in dem sich die Beteiligten gegenseitig vertrauen können. Ein solcher geschützter Raum kann nach den Erfahrungen von Strittmatter (2000) und Blenck (2000) gesichert werden

- durch die Vereinbarung von Freiwilligkeit (zu der Möglichkeit, Feedback gezielt als Teil schulischer Erwartung zu kennzeichnen, vgl. Kapitel II, Fall 4/Oberstufe der beruflichen Schulen),
- durch die Vereinbarung eines vertraulichen Umgangs mit Informationen,
- durch die Vereinbarung, Feedback-Ergebnisse nicht in die übliche Leistungsbeurteilung einzubeziehen (zu begründeten Abweichungen vgl. Kapitel II, Fall 2/Sekundarstufe I und Nadas/Nietzschmann 2001).

Die Bemerkungen in den Klammern weisen bereits darauf hin, dass die Einhaltung dieser idealen Vereinbarungen in der Schule auf Grenzen stoßen kann.

So setzen in der Gewerbeschule (Fall 4) erst dann ernsthafte Gespräche über den Unterricht ein, als Feedback als Teil der schulischen Erwartungen an die Mitgestaltung des Unterrichts und damit als Teil der erwarteten arbeitsmethodischen Kompetenz ausgewiesen wird. Die Vereinbarung von Freiwilligkeit wäre demnach vor diesem Erfahrungshintergrund zu prüfen.

Es ist nach unseren Erfahrungen in Abweichung von der dritten Vereinbarung auch denkbar, dass Lehrer/innen oder Schüler/innen explizit einfordern, Feedback in die traditionelle Bewertungspraxis einzubinden.

So wird beispielsweise in Fall 2 im Sinne eines erweiterten Leistungsbegriffs dafür votiert, arbeitsmethodische Kompetenzen – hier die Fähigkeit zur Teamarbeit – über gruppeninterne Feedback-Verfahren zu erfassen. Da diese Fähigkeiten von den Schüler/innen beurteilt werden sollen, hat Feedback hier einen anderen Stellenwert als den eines Austauschs in einem geschützten Raum jenseits von Leistungsbeurteilung. Gleichwohl gilt die allgemeine Aussage, und das zeigen alle Fälle, dass gegenseitiges Vertrauen eine unverzichtbare Basis von Feedback-Arbeit ist.

⇨ *Nehmen Sie sich Zeit für Feedback*

Erfahrungen mit Feedback im Projekt »Schule & Co.« zeigen, was auch die Lehrer/innen in dem hier zu Grunde liegenden Projekt erfahren haben: »Feedback-Kultur braucht Zeit« (Ammonn/Wendt 2001, S. 34). »Es muss allen Beteiligten klar sein, dass die Einarbeitung in dieses Lern- und Entwicklungsfeld ›bei laufendem Schulbetrieb‹ auch Lernzeit benötigt, sodass sich erst in den nächsten Jahren Schritt für Schritt mehr Praxis und damit Sicherheit einstellen können. Die Entwicklung einer Kultur der Selbstevaluation an jeder Schule braucht entsprechende Zeit.« (Herrmann/Höfer 1999, S. 46)

Gleichzeitig betonen aber die Lehrer/innen, die Zeit in Feedback-Arbeit investiert haben, dass sich die investierte Zeit lohnt: »Der Gewinn eines erfolgreichen Beteiligungsprozesses allerdings ist enorm. Sowohl die Produktqualität als auch das Klima in der Klasse und mit den Lehrer/innen wird deutlich verbessert. Nicht zuletzt bewirkt die Motivation, die bei den Schüler/innen ausgelöst wird, eine Erhöhung der Lernbereitschaft, die der Facharbeit im Unterricht zugute kommt und letztlich den vorausgegangenen ›Zeitverlust‹ allemal ausgleicht.« (So Erfahrungen an der Schülerschule Schenefeld 2000)

Der Umgang mit dem Problem der Zeitknappheit ist auch in dem hier zu Grunde liegenden Projekt Thema. Insbesondere die Lehrer/innen in Fall 1 geben Auskunft darüber, wie sie mit der immer spürbaren Spannung zwischen Stoff- bzw. Zeitdruck und dem Zeitbedarf für Feedback-Arbeit umgegangen sind. Sie stellen dar, wie sie eine bewusste Priorisierung von Feedback-Arbeit unter Verzicht auf andere Aktivitäten durchgesetzt haben. Unter der Hand jedenfalls scheint sich die Zeit für Feedback nicht gewinnen zu lassen.

⇨ *Bilden Sie Projektgruppen an den Schulen*

Die Falldarstellungen in Kapitel II berichten implizit und explizit darüber, welche Bedeutung die Projektgruppen im Entwicklungsprozess haben. Aber nicht nur in unserem Projekt hat sich gezeigt, dass Entwicklungsteams bei der Einführung von systematischem Feedback eine wichtige Hilfe sind (vgl. dazu auch Burkard 1995, S. 50; Blenck 2000, S. 80; Strittmatter 2001, S. 38).

Hauptaufgabe dieser Teams ist, die Feedback-Instrumente und -Verfahren gemeinsam zu entwickeln, Erfahrungen mit diesen Methoden auszutauschen und auf dieser Basis die Feedback-Arbeit reflektiert weiter zu entwickeln. Dabei haben sich die folgenden Regeln und Arbeitsschritte als hilfreich erwiesen (vgl. auch Strittmatter 2001, S. 38):

- Die Gruppe vereinbart Vertraulichkeit hinsichtlich dessen, was gruppenintern berichtet und beraten wird. Die Gruppenmitglieder entscheiden gemeinsam, was sie wem mitteilen bzw. veröffentlichen.
- Die Mitglieder der Projektgruppe berichten einander. Die Gruppe spiegelt und kommentiert Durchführung und Ergebnisse. Die Gruppe wird als zusätzliche Interpretationshilfe genutzt.
- Die Gruppe wertet die Resultate aus, bearbeitet die Probleme gemeinsam und berät über die nächsten Schritte. Dabei soll auch die Tauglichkeit der Instrumente/Methoden überprüft werden.
- Die Gruppe plant die Berichterstattung und die Weitergabe von Erfahrungen an andere Gruppen und die Schulöffentlichkeit.

⇨ *Entwickeln Sie die für Feedback notwendige Haltung*

Feedback ist mehr als eine Technik. Erfahrungen zeigen, dass Güte und Wirkung von Feedback nicht primär von methodischer Perfektion abhängen, viel bedeutsamer scheint die Haltung, mit der die beteiligten Personen in diese Arbeit hineingehen. Diese Erfahrung fasst Strittmatter (2001, S. 36) in zwei Hinweise:

»1. Wenn die Haltung stimmt, wenn die Lehrpersonen bzw. die Schulen ihren Feedback-Partner/innen gegenüber glaubwürdig kommunizieren, dass sie an Beurteilungen interessiert sind, etwas wissen wollen und daraus was machen wollen, dann gelingen Evaluationsarrangements fast immer. Wir haben die Erfahrung gemacht, dass es unter dieser Voraussetzung erstaunlich viele evaluationstechnische Fehler erträgt und trotzdem sehr valide, aussagekräftige Befunde entstehen.
2. Wenn die Haltung nicht stimmt, wenn Pflichtübungen, Disziplinierungsübungen oder Alibi-Untersuchungen zum Beweisen von Dingen, die man schon ›weiß‹, absolviert werden, produzieren die evaluationstechnisch perfektesten Instrumente und Verfahren Artefakte, weil alle Beteiligten gute Gründe zum Schummeln haben.«

Wie sensibel die Schüler/innen auf die Haltung der Lehrer reagieren, lässt sich in verschiedenen Varianten in allen Fällen beobachten (systematisch dazu in Kapitel IV, Abschnitt 7). Als verallgemeinerbare Voraussetzung hat sich in allen Fällen eine stabile und wahrnehmbare Bereitschaft der Lehrer/innen erwiesen, wenigstens einige ihrer Ziele, Tätigkeiten und Leistungen zur Diskussion zu stellen. Eine solche grundsätzliche Bereitschaft muss allerdings auch auf Seiten der Schüler/innen vorhanden sein. (Zum Umgang mit mangelnder Bereitschaft der Schüler/innen vgl. vor allem Kapitel II, Fall 4).

Die Bedeutung einer entsprechenden inneren Haltung lässt sich durch Hinweise aus der Literatur weiter konkretisieren (vgl. Strittmatter 2001; Eikenbusch 2001):

- Schüler/innen und Lehrer/innen nehmen ihrer gemeinsamen Arbeit gegenüber eine Forschungshaltung ein. Sie entwickeln Neugier und Interesse aneinander und an der eigenen Arbeit.
- Schüler/innen und Lehrer/innen übernehmen damit Verantwortung für die gemeinsame Sache und für den gemeinsamen Arbeitserfolg. Sie erleben es als Teil ihrer Verantwortung, einander durch genaues Feedback Anerkennung und Unterstützung zu geben. Sie beachten aufmerksam die Folgen des Feedbacks für Feedback-Geber, -Nehmer und -Gegenstand, um zu Gewähr leisten, dass destruktives Feedback möglichst vermieden wird.
- Schüler/innen und Lehrer/innen, die eine feedback-förderliche Haltung einnehmen, bringen einander Vertrauen entgegen und trauen einander eine konstruktive Lösung von Problemen zu. Sie sind bereit, aus Defiziten und Stärken Konsequenzen zu ziehen und bekommen mit zunehmender Erfahrung »die Gewissheit, selbst etwas bewirken zu können«.

Dabei soll nicht vergessen werden, dass es im Schulleben für Schüler/innen und Lehrer/innen Erfahrungen gibt und weiter geben wird, die im Kontext einer schulischen Misstrauenskultur eine andere Haltung nahe legen.

Deshalb ist die hier umrissene Haltung nicht sofort und umstandslos da. Wo sie zu finden ist, da ist der veränderte Umgang probiert und erarbeitet worden. In allen Fällen ist die für Feedback förderliche Haltung gewachsen, wenn Lehrende und Lernende einen durch professionelle Instrumente wie die hier vorzustellenden Regeln und Verfahren gestützten Umgang schrittweise und konsequent probiert haben, auch und gerade dann, wenn Schwierigkeiten auftreten.

2. Anregungen zur Integration von Feedback-Arbeit in den Schulalltag

Alle Erfahrungen lassen darauf schließen, dass es sinnvoll ist, Feedback-Verfahren nicht punktuell und sporadisch einzusetzen, sondern in eine langfristige und umfassendere Unterrichtsentwicklung einzubinden. Auch die Erfahrungen unseres Projekts verweisen darauf, dass die Lehrerinnen und Lehrer zunächst spontane Rückmeldungen in Krisen oder am Ende eines Prozesses probiert haben. Vor dem Hintergrund dieser Erfahrungen hat sich als eine zentrale Frage herauskristallisiert, wie Feedback in den Schulalltag integriert werden kann. Wir fassen Argumente und hilfreiche Maßnahmen zu drei Leitlinien zusammen.

⇨ *Entwickeln Sie Ihre Instrumente und Verfahren selbst und gemeinsam*

Die Empfehlung, Instrumente und Verfahren für die Feedback-Arbeit selbst zu entwickeln, wird immer wieder betont und hat sich auch in unserem Projekt als wichtige Gelingensbedingung einer befriedigenden Feedback-Arbeit erwiesen. So betonen auch Herrmann/Höfer, dass sich das »Zurecht-Schnippeln« und »-Puzzeln« von Instrumenten, die Anpassung von Vorlagen auf die eigene Situation »außerordentlich bewährt« hat (1999, S. 39).

Erfahrungen zeigen, dass es für die Akzeptanz der Verfahren von Bedeutung ist, wie die Methoden zu den konkreten Kontextbedingungen passen. Die eigene Entwicklung von Instrumenten und Verfahren oder deren Modifikation dient dazu, an den eigenen Fragestellungen, Bedürfnissen bzw. der spezifischen Situation der Schule oder des Unterrichts anzusetzen. Dies ermöglicht es, Feedback für das Erreichen der selbst gewählten Ziele fruchtbar zu machen.

Wir halten fest: Eine wichtige Rahmenbedingung für wirksames Feedback ist, dass die Feedback-Gebenden und -Nehmenden vom Sinn und von der Bedeutung der Arbeit überzeugt sind und sich konkrete Verbesserungen für ihre Situation vorstellen können (vgl. Burkard/Eikenbusch 2000, S. 9–11). Dazu kann eine eigenständige und ggf. auch kooperative Entwicklung bzw. Modifikation von Instrumenten und Verfahren einen wichtigen Beitrag leisten.

Bei der Entscheidung, welches Feedback-Verfahren sie wählen oder konstruieren, wie sie es anwenden und durchführen wollen und wer aus den Ergebnissen welche Konsequenzen ziehen soll, sind Entwicklungsgruppen oder auch Teams hilfreich.

Die Erfahrungen unseres Projekts zeigen darüber hinaus, wie wichtig es ist, die Schüler/innen über Feedback zu informieren und an dessen Gestaltung zu beteiligen; sie zeigen aber auch, dass es dabei unterschiedlich erfolgreiche Strategien gibt. Sie sollten deshalb in der Schulprojektgruppe frühzeitig darüber nachdenken, wie sie die Schüler/innen in den Entwicklungsprozess einbeziehen.

⇨ Konzipieren Sie Feedback als unterrichtsbegleitendes Verfahren

Unterricht ist ein komplexer sozialer Prozess, der mit spontanen Momentaufnahmen nicht hinreichend verstanden werden kann. Wirklich relevante Einsichten lassen sich deshalb nur selten aus einmaligen Erhebungen gewinnen. Inzwischen betonen nahezu alle einschlägigen Beiträge, dass es hilfreicher ist, Feedback als begleitende Aktivität, als ständigen Prozess der Unterrichtsbeobachtung, -bewertung und -veränderung zu konzipieren (vgl. PÄDAGOGIK 2001a, 2001b).

Durch begleitendes Feedback als gemeinsame Selbstbeobachtung wird es möglich, auch längerfristige Prozesse und unauffällige aber wirksame Strukturen früher und besser zu erfassen, die sonst oft erst bemerkt werden, wenn die Entwicklung bereits umgeschlagen ist (etwas »reißt ein« – »nutzt sich ab« – »nimmt überhand« – »haben wir von Anfang an so gemacht, geht nicht anders«). Die Kenntnis solcher Prozesse ist »für die Gestaltung von Unterricht ausgesprochen wichtig« (Herrmann/Höfer 1999, S. 37).

Baukloh-Herzig (2000) weist auf einen weiteren Vorteil von unterrichtsbegleitendem Feedback hin. Sie hat beobachtet, dass Schüler/innen bei begleitendem Feedback allmählich an vorsichtige Rückmeldungen untereinander und auch den Lehrer/innen gegenüber herangeführt werden können. Auch das Kollegium, andere Klassen und Eltern erhalten bei langfristiger Anlage von »Feedback über Unterricht« die Gelegenheit, sich nach und nach damit vertraut zu machen, was Feedback heißt und was da in Ihren Kursen und Klassen läuft.

⇨ Beginnen Sie dort, wo Sie ein Interesse an Veränderung haben und wo Erfolge zu erwarten sind

Wenn Feedback in den Unterrichtsalltag integriert werden soll, stellt sich die Frage nach einem sinnvollen Anfang. Alle Erfahrungen zeigen, dass Sie mit Feedback am besten dort beginnen sollten, wo Sie relativ sicher sein können, dass es schnelle und spürbare Erfolge ergibt, die im Unterricht für längere Zeit wirksam werden können.

Natürliche Einstiegsstellen sind überall da, wo Sie an Verbesserungen interessiert sind oder wo Schüler/innen bereits spontane Hinweise auf Verbesserungsmöglichkeiten gegeben haben. Meist gibt es dort Anknüpfungspunkte, mit Feedback-Verfahren nach Verbesserungsmöglichkeiten zu forschen. Dies kann beispielsweise Ihr Interesse an den Erfahrungen der Schüler/innen mit einer neuen Unterrichtsmethode sein, die Sie eingeführt haben oder ohnehin einführen wollen.

In den vorgestellten Fällen ist es vielfach das Interesse, über Unterricht und Lernen ins Gespräch zu kommen, um das Verhältnis der Schüler/innen zum Lernen zu intensivieren und die Verständigung zwischen Lehrenden und Lernenden zu verbessern. Ein Einstieg in eine solche Fragestellung ist immer möglich; zu achten ist allerdings darauf, dass die Lerngruppe noch etwa ein Jahr zusammen bleibt, damit die Vereinbarungen und Konsequenzen auch zum Tragen kommen können.

3. Anregungen zur Planung, Durchführung und Auswertung von Feedback-Arbeit

Anregungen zur Planung von Feedback-Arbeit

Die Planung der Feedback-Arbeit soll vor allem Gewähr leisten, dass allen Beteiligten klar wird, worüber Feedback gegeben wird, zu welchem Zweck es durchgeführt wird und mit welchen Schritten und Methoden es umgesetzt werden soll. Eine möglichst gemeinsame Planung kann dazu beitragen,

- Vertrauen in die Zusammenarbeit zu steigern – denn alle wissen nun genauer, worum es geht.
- einen »Fahrplan« für die Feedback-Arbeit zu vereinbaren – alle wissen dann, was wann zu tun ist.
- sich vor Überforderungen zu schützen – alle durchdenken einmal, was sie erreichen wollen und was dafür zu tun ist (vgl. u.a. Burkard 1995, S. 58/59).

Eine Empfehlung nach Ziegler/Herrmann (2001, S. 14) zum Anspruch an Feedback-Arbeit lautet: »Ein sinnvolles und effektives Feedback sollte nach unseren Erfahrungen

- einfach sein, um es mit angemessenem Zeitaufwand kontinuierlich durchführen zu können,
- einen nachvollziehbaren Bezug zum erlebten Unterricht haben,
- einen Beitrag zum Lernprozess leisten, und nicht zuletzt
- in die weitere Unterrichtsgestaltung integriert werden können.«

Und noch ein Hinweis zur Arbeitsform: Wenn Sie bei der Durchführung und Auswertung des Feedbacks die Vorteile einer Projektgruppe nutzen wollen, sollten Sie die Planung bereits in der Gruppe ausarbeiten. Nur dann haben Sie die Möglichkeit, auch die Stärken und Schwächen der Planungsarbeit in die gemeinsame Reflexion des Gesamtprozesses einzubeziehen und daraus für die weitere Feedback-Arbeit zu lernen.

⇨ **Den Gegenstand des Feedbacks klären: Was wollen wir bearbeiten?**

Wenn Sie eine Einstiegsstelle für Feedback gefunden haben, werden Sie eine Vorstellung davon haben, was Gegenstand der Feedback-Arbeit sein soll. Zur Prüfung der Gegenstandsbedeutung hat es sich als nützlich erwiesen, sich genau zu vergegenwärtigen, wie dieser Gegenstand beschaffen ist und was mit ihm zusammen hängt. Wenn Sie eine solche Prüfung mit Kolleg/innen und Schüler/innen vornehmen, kann es Überraschungen geben.

So kann es beispielsweise sein, dass das Ziel bei genauem Hinsehen einen sehr unbestimmten Gegenstand hat, z.B. »den Unterricht«! Es kann auch auffallen, dass Sie an einem Feedback etwa über die Vorbereitung der schlecht ausgefallenen Klausur interessiert sind, während die Schüler/innen ein Feedback über die Themenwahl des Unterrichts wichtig finden. Möglich ist auch, dass Sie schon bei der Klärung eines Feedback-Gegenstandes herausfinden, dass ein anderes Thema »hinter« dem Gegenstand »steckt«.

Versuchen Sie deshalb, das Thema oder den Gegenstand des Feedbacks im gemeinsamen Gespräch so genau wie möglich zu bestimmen, dabei auch bewusst zu begrenzen und am Besten schriftlich zu formulieren (vgl. Buhren 2001, S. 28; Burkard/Eikenbusch 2001, S. 86–87). Dabei kann es hilfreich sein, das Thema bzw. den Gegenstand der Feedback-Arbeit als offene Frage zu formulieren, z.B. »Welche Unterrichtsmethoden sind besonders geeignet, um Grammatik verständlich zu machen?«

Begrenzung ist angesichts der Zeit- und Energieknappheit besonders wichtig. Wählen Sie deshalb einen überschaubaren Gegenstand für das Feedback, den sie konkret und anschaulich formulieren können (vgl. Buhren 2001, S. 28). Sie können einen Gegenstand in mehreren Hinsichten begrenzen und dabei konkretisieren:

- *zeiträumlich:* Das Feedback bezieht sich eine Woche lang nur auf die Deutschstunden.
- *inhaltlich:* Dabei interessiert nur die Frage, wieso wir mit dem Thema Lyrik so schleppend voran kommen und was wir ändern wollen.
- *methodisch:* Wir bearbeiten vorläufig nur zwei Fragen: dies hat mir die Lust an der Mitarbeit verhagelt – dies wünsche ich mir, um wieder besser mitarbeiten zu können.
- hinsichtlich der Bereitschaft zu Konsequenzen (wir verpflichten uns zur Einhaltung von konkreten Schritten, die den laufenden Lyrikunterricht verändern).

Der Ansatz an begrenzten, konkreten Unterrichtssituationen führt überraschend schnell auf allgemeine, tiefer liegende Zu- und Missstände. Denen aber wird ihr Nimbus der Unveränderbarkeit genommen, weil man auf Grund der Kürze und Einfachheit des Feedbacks schnell Konsequenzen ziehen und bereits erste Erfolge sehen kann.

⇨ Den Zweck des Feedbacks klären: Was wollen wir erreichen?

Die relevanten Fragestellungen sind dann gefunden, wenn diejenigen, die am Feedback-Verfahren beteiligt sind, die Fragestellungen bedeutsam und »treffend« finden. Kontrollfragen dafür können sein: Wer gewinnt dadurch was? Welchen möglichen Nutzen versprechen wir uns (als Lehrer/innen, als Schüler/innen, als Klasse, als Lerngruppe) von der Feedback-Arbeit und ihren Ergebnissen?

Eine Möglichkeit, die Ziele der Arbeit zu konkretisieren und später auch erkennen zu können, ob das Feedback seinen Zweck erfüllt hat, ist die Formulierung von Erfolgskriterien. Solche Kriterien lassen sich in Sätze kleiden wie: Das Ziel ist erreicht, wenn die Bedingungen a, b, c erfüllt sind. Die Arbeit war gut, wenn a, b, c eingetreten ist ... (vgl. dazu auch unten den Abschnitt über Qualitätskriterien auf S. 106).

Herrmann/Höfer (1999) formulieren als Erfolgskriterium für Feedback-Arbeit: Feedback ist dann erfolgreich, wenn Sie den Erfolg persönlich erfahren.

Denkbar ist in der Phase der Klärung von Fragestellungen und Zielen auch die Antizipation möglicher Nebenwirkungen, um vielleicht schon frühzeitig auf Ängste oder Abwehr eingehen zu können. Dafür bietet sich ein Brainstorming der Beteiligten oder in der Projektgruppe an.

⇨ Die konkreten Schritte des Feedbacks festlegen: Wie gehen wir vor?

Insbesondere geht es hier um zwei Fragen: Welche Methode soll verwendet werden? Wer soll die Rückmeldungen wie auswerten?

Im ersten Abschnitt dieses Kapitels haben wir schon darauf hingewiesen, dass keine Methode zu allen Fragestellungen passt, kein Verfahren allen Gruppierungen bzw. Situationen gerecht wird, und jede Methode zunächst unterschiedliche Ergebnisse erzeugt.

Das Problem ist nun, dass Sie als Anfänger für die Frage der Passung von Methode, Gegenstand und Zielgruppe keine klaren Kriterien haben. Deshalb sollten Sie sich auf ihr Gefühl und Ihre Erfahrung verlassen, die Sie bei der Auswahl anderer Unterrichtsmethoden für jeweils unterschiedliche Lerngruppen entwickelt haben. Denn abstrakt lässt sich nicht formulieren, wie die Eignung von Methoden vorher geprüft werden kann.

Auch die Lektüre der Fallbeispiele gibt Hinweise auf die Suchprozesse und Erfahrungen mit der Auswahl von Instrumenten. Gleichzeitig verweisen sie aber auch darauf, dass für das Gelingen von Feedback sehr viel mehr verantwortlich ist als die richtige Auswahl der Methode. Deshalb sollten Sie sich bei der Planung dieses Schrittes ruhig auf Ihr Gespür für die Situation verlassen.

Von Burkard (1995, S. 44; vgl. dazu auch Burkard/Eikenbusch 2000, S. 110–112) stammt die folgende Checkliste für die Eignung von Instrumenten, die sich beim Nachdenken über die Wahl der Methoden als hilfreich erwiesen hat:

- Welche Methoden eignen sich am besten, um die angestrebten Ziele zu erreichen?
- Sind die Methoden auf die Fähigkeiten und Interessen der Schüler/innen zugeschnitten?
- Sind die Methoden so, dass die Schüler/innen sie akzeptieren und als sinnvoll anerkennen können? (Kreativ-spielerische Verfahren beispielsweise werden nicht in jeder Altersgruppe akzeptiert.)
- Ist der Aufwand bei Erhebung und Auswertung dem zu erwartenden Ertrag angemessen? (Im Zweifel sollten Verfahren bevorzugt werden, mit denen die zusätzlichen Belastungen in Grenzen gehalten werden kann.)

Bei der Wahl der Methode sollte zugleich bedacht werden, wer die Rückmeldungen auswertet, wer die Ergebnisse diskutiert und analysiert und ob es die Methode erlaubt bzw. fordert, dass die Schüler/innen in diesen Prozess einbezogen werden.

Ein weiteres Kriterium ist, dass die Rückmeldung der Ergebnisse an alle Beteiligten möglichst schnell erfolgen kann. Denn nur so ist Gewähr leistet, dass Konsequenzen zeitnah zum Rückmeldeprozess erarbeitet werden können und dass die Vereinbarungen von der Einsicht in die Ergebnisse der Rückmeldungen getragen sind.

Hilfreich ist auch, bereits an dieser Stelle klare Vereinbarungen darüber zu treffen, wer für welche Schritte die Verantwortung übernimmt.

⇨ *Die Anschlusshandlungen festlegen: Was geschieht mit den Ergebnissen des Feedbacks?*

Nur ein Feedback, das spürbare Folgen hat, wird die Beteiligten befriedigen. Die Fallberichte lassen erkennen, dass nicht immer Klarheit darüber besteht, wie die Beteiligten von der Interpretation der Ergebnisse zu Konsequenzen kommen und wie sie damit so umgehen können, dass Erfolge sichtbar werden.

Das Spektrum des Umgangs mit den Feedback-Ergebnissen ist weit: Es reicht von der Variante, dass die Lehrer sich mit den Informationen zurückziehen und ankündigen später wieder von sich hören zu lassen, bis zur Übernahme einer gemeinsamen Verantwortung für die Formulierung und Überprüfung der Konsequenzen.

Deshalb ist es sinnvoll, schon in der Planungsphase darüber nachzudenken, wer nach welchem Verfahren Konsequenzen aus dem Feedback zieht und wann dies geschehen soll. Dies ist auch deshalb notwendig, um den Feedback-Gebenden den angemessenen Respekt entgegenzubringen; sie sollen wissen, wohin ihr Feedback geht und wer was damit macht.

Als allgemeine Orientierung für den Umgang mit Feedback-Ergebnissen kann das folgende Prinzip Geltung beanspruchen: Die Verantwortung für ein gutes Feedback liegt beim Geber. Die Verantwortung für den Umgang mit dem Feedback liegt beim Nehmer.

⇨ **Vertrauen durch Transparenz erzeugen: Die Betroffenen informieren und möglichst beteiligen**

Eine anerkannte Regel für Feedback-Prozesse lautet, dass alle Personen, die am Feedback beteiligt bzw. vom Feedback betroffen sind, dazu ihre Zustimmung geben sollten. Die Berücksichtigung dieser Regel kann in der Schule mit Schwierigkeiten verbunden sein. Denn einerseits ist der Selbstausschluss Einzelner nur schwer vorstellbar und andererseits kann die Entscheidung für Feedback-Arbeit im Unterricht nicht einfach von der Distanzierung Einzelner abhängig gemacht werden.

Wenn diese allgemeine Regel also nicht in Reinform auf Feedback im Unterricht übertragen werden kann, dann bedeutet dies, dass die Anstrengungen für Transparenz und für eine Vertrauensbasis zu Beginn besonders ernst zu nehmen sind.

Die Fallbeispiele zeigen die Anstrengungen, die von den Lehrer/innen zu Beginn unternommen werden, um die Schüler/innen zu informieren, um mit ihnen den Sinn solcher Verfahren zu klären, um schon zu Beginn zu hören und zu berücksichtigen, wie sie auf die Ankündigung von Feedback reagieren.

Erstaunlich ist in diesem Zusammenhang insbesondere Fall 4, anhand dessen zu erkennen ist, wie wichtig die Transparenz der Anforderungen der schulischen Seite für die Schüler/innen sein kann. Die Bereitschaft der Schüler/innen zur Feedback-Arbeit basiert hier allerdings nicht auf einer offenen Entscheidung; sie ist vielmehr eine Entscheidung darüber, einer schulischen Anforderung genügen zu wollen oder nicht.

Ähnlich ist es mit der fast durchgängig gestellten Forderung nach Beteiligung, (vgl. u.a. Grunder/Bohl/Groszat 2001, S. 46; Buhren 2001, S. 28–29; Ziegler/Herrmann 2001). Auch sie scheint in der Umsetzung mit Schwierigkeiten verbunden. Die Fallbeispiele zeigen nämlich, dass diese Forderung zumindest zu Beginn nur sehr begrenzt aufgegriffen wird. Gleichzeitig lassen die Fälle 2 und 4 aber auch erkennen, welche Auswirkungen es auf den gesamten Prozess haben kann, wenn die Schüler/innen nicht den Eindruck haben, ausreichend gefragt oder informiert worden zu sein.

Hilfreich für das Erreichen von Transparenz ist,

- wenn Sie bei der ersten Vorstellung erläutern, welchen Sinn Sie mit Feedback verbinden und darüber ein Gespräch führen. Fragen aus Schüler/innensicht können sein: »Was soll ich rückmelden und warum? Welche Konsequenzen hat Schüler-Feedback für mich? Was kann und will der Lehrer [besser: können wir] mit dem Feedback anfangen? Wie kann Feedback Unterricht und Lernatmosphäre verbessern?« (Eikenbusch 2001, S. 22)
- wenn Sie die ersten Erfahrungen gemeinsam besprechen (was war gut, was nicht? Wie kommen wir dem angestrebten Nutzen näher, was verändern wir?). Diese Gespräche können durch begleitende Dokumentationen gut unterstützt werden, weil so Fortschritte und Holzwege im Vorher-Nachher-Vergleich besser identifizierbar sind.

Transparenz ist auch wichtig für die Arbeit in der Schulprojektgruppe. Wir skizzieren im Folgenden, mit welchen Dokumentations- und Präsentationsformen hier Transparenz hergestellt werden kann.

- *Originale zeigen:* Sie nehmen die Wandzeitungen, die Lernjournal-Einträge, das Rollen-Feedback oder andere Dokumente mit in die Projektgruppe. Deren Studium beansprucht erfahrungsgemäß viel Zeit und bedarf einiger Erläuterungen.
- *Protokollartige Zusammenfassungen vorlegen:* Sie fertigen vom Feedback ein Protokoll, eine gesprächsbegleitende Visualisierung (vgl. Abschnitt 4 dieses Kapitels) oder eine Zusammenfassung an, welches Sie dann den Gruppenmitgliedern zum Lesen geben.
- *Tonband- oder Videoaufzeichnungen vorführen:* Sie nehmen die Feedback-Runde auf Tonband oder Video auf und lassen dann die Projektgruppenmitglieder abhören, anschauen und kommentieren, was ihnen auffällt.

Anregungen zur Durchführung von Feedback

⇨ *Unterschiedliche Perspektiven systematisch zu Wort kommen lassen*

Bei jedem Feedback-Verfahren sollen unterschiedliche Beobachtungen und Einschätzungen artikuliert und miteinander ins Gespräch gebracht werden können. Nach der Planungsphase, d.h. zu Beginn der Durchführungsphase geht es also vor allem darum, die unterschiedlichen Sichtweisen erst einmal zuzulassen.

Wichtig ist dabei, dass die Perspektiven aller Beteiligten, also alle Meinungen, Standpunkte, Interessen, und Sichtweisen zur Sprache gebracht und angehört werden. Die Fragen danach, wer Recht hat oder was zutrifft sind in dieser Phase nicht hilfreich. Es sollte deshalb vereinbart werden, dass wertende Kommentare nicht zugelassen sind. Eine Regel, die dabei helfen kann, lautet: »Jede Äußerung ist sinnvoll, nur können wir den Sinn nicht immer sofort erkennen«.

Eine sozialwissenschaftliche Methodenregel, die auf diese Phase des Feedbacks übertragen werden kann, lautet: Sammeln sie systematisch mit offenen Fragen möglichst viele unterschiedliche Sichtweisen und Standpunkte, die bezogen auf das Thema eingenommen werden. Damit wird eine maximale strukturelle Variation der Perspektiven erreicht. Diese Multiperspektivität ist aus drei Gründen anstrebenswert:

1) Nur wenn jede Ansicht zu Wort gekommen ist, fühlen sich alle Personen einbezogen. Dies bietet die größte Chance dafür, dass sich alle weiterhin am Verfahren beteiligen. Wenn Personen übergangen werden, gehen sie in die innere Emigration oder führen Störmanöver durch.
2) Je mehr Perspektiven zu Wort kommen, umso eher besteht die Chance, etwas zu entdecken, was bisher verborgen war. Diese Entdeckungen beziehen sich sowohl

auf bisher nicht genannte Schwierigkeiten und Defizite als auch auf bisher unsichtbare Potenziale und Stärken.
3) Methodisch wird eine Annäherung an Objektivität am ehesten dadurch erreicht, dass ein und derselbe Sachverhalt aus verschiedenen Perspektiven betrachtet und bewertet wird, meint Buhren (2001, S. 28). Auch in der qualitativen Sozialforschung ist die Perspektivenvariation mit anschließender Analyse der verschiedenen Perspektiven auf Gemeinsamkeiten ein anerkannter methodischer Weg zu gültigen Ergebnissen.

⇨ *Interesse an einer Vielfalt der Perspektiven signalisieren: Stellen Sie wenige Fragen und offene Fragen*

Der Methodenteil bietet eine Vielfalt von Methoden zum Einstieg in Feedback-Arbeit an, lässt aber kaum Kriterien für die Auswahl erkennen. Aus den Fallbeispielen sind dagegen einige Gesichtspunkte herauszulesen, die diese Lehrer/innen bei der Auswahl der Methoden leiten. Bevorzugt werden in den vorliegenden Fällen offensichtlich Verfahren, mit deren Hilfe die Schüler/innen mit sich selbst und untereinander in eine Reflexion über Unterricht und Lernen gebracht werden können.

Folgt man den im Zusammenhang mit Feedback üblichen und allgemeinen Empfehlungen, dann scheinen sich vor allem Methoden bewährt zu haben, die mit *wenigen offenen Fragen* einsteigen und gleichzeitig die Umgangsweise mit dem Thema so gut wie möglich vorstrukturieren.

Wenige Fragen sollen es sein, um die Beteiligten nicht zu überfordern und den Materialberg nicht zu groß werden zu lassen; denn die Vielfalt der Antworten bei offenen Fragen und die damit verbundenen Schwierigkeiten, diese zu strukturieren, wird meist unterschätzt (vgl. Buhren 2001, S. 29).

Offene Fragen sollen es sein, damit der Gegenstand des Feedbacks zwar klar genannt ist, die Rückmeldungen aber nicht durch Hinweise auf die Art der Beantwortung oder gar Antwortvorgaben eingeschränkt werden.

Herrmann/Höfer (1999, S. 56) weisen darauf hin, dass offene Fragen sich besonders gut eignen, wenn man herausfinden möchte, was noch nicht bekannt ist. So z.B., »wenn noch gar nicht bekannt ist, nach welchen Kriterien die Schülerinnen und Schüler den [Unterricht] beurteilen würden, und wenn gerade beabsichtigt ist, diese Kriterien herauszufinden.« In der Praxis sowohl des Feedback-Gebens als auch der qualitativen Sozialforschung haben sich einige Fragentypen herauskristallisiert, die in der Regel gute Antworten erzeugen. Dies sind

- *Fragen zur Beschreibung der Erfahrungen bzw. Beobachtungen:* Wie kann man x beschreiben? Was ist typisch, was ist kennzeichnend für x?
- *Fragen zur Bewertung der Erfahrungen bzw. Beobachtungen:* Was ist gut an x oder was gefällt dir an x? Was ist weniger gut oder was gefällt dir nicht so sehr? Was hat dir geholfen, was hat dir weniger geholfen?

- *Fragen zum Verlauf bzw. zur Geschichte der Erfahrungen bzw. Beobachtungen:* Wie war x früher? Was hat sich seitdem verändert, was ist gleich geblieben? Wenn alles so weitergeht wie bisher: Wie wird x in Zukunft sein?
- *Fragen zur Fantasie auf der Grundlage von Erfahrungen und Beobachtungen:* Was wäre ein ideales x? Und wenn es gar kein x mehr gäbe, was wäre dann anders?

Anregungen zur Auswertung von Feedback

⇨ *Die gemeinsame Auswertung der Feedback-Ergebnisse: Der entscheidende Schritt feedback-basierter Unterrichtsentwicklung.*

Mit der Qualität der Analysegespräche und -verfahren steht und fällt der Erfolg des Feedbacks. Denn die gemeinsame Auseinandersetzung, das Gespräch über unterrichtsbezogene Erfahrungen, die Daten- und Ergebnisinterpretation und das Aushandeln von erfahrungsbezogenen Konsequenzen ist der Motor der Entwicklungsprozesse, die dem Feedback folgen sollen.

Angesichts dessen ist es überraschend, dass es in der Literatur zu Feedback und Evaluation nach wie vor nur wenige Hinweise gibt, wie Antworten auf offene Fragen ausgewertet werden können. Dass sich die meisten Hinweise auf das Auszählen von Antworten beziehen, verweist allerdings auf ein Problem in der Sache; denn die qualitative Analyse offener Äußerungen ist ein nicht ganz einfaches Unterfangen.

Dennoch lassen sich dazu einige orientierende Bemerkungen machen (vgl. auch Herrmann/Höfer 1999, S. 34; Burkard 1995, S. 38–39, 44; Anregungen zu analytischen Fragen bei Burkard/Eikenbusch 2000).

Wichtig ist, dass die Feedback-Ergebnisse gemeinsam analysiert und bewertet werden. Nur so können die daraus folgenden Konsequenzen für die Unterrichtsentwicklung zu einer von allen getragenen Sache werden. Zur Vorbereitung der Auswertung ist es möglich, dass Delegierte damit befasst werden und dass von dieser Gruppe auch Interpretationen vorgeschlagen werden. In jedem Fall aber brauchen die Beteiligten einen Einblick in die Entstehung der Ergebnisse und eine gemeinsame Diskussion über deren endgültige Bewertung, damit sie Konsequenzen aus diesen Ergebnissen in eigener Verantwortung festlegen können.

⇨ *Von der maximalen Vielfalt der Perspektiven zu einer maximalen Gemeinsamkeit der Veränderungswünsche: Ein Verfahrensvorschlag*

Schwierig ist die Analyse von Feedback-Ergebnissen auf der Grundlage von offenen Fragen und in der Regel sehr heterogenen Antworten deshalb, weil damit ein sozialer Aushandlungsprozess verbunden ist. Dabei prallen unterschiedliche Interpretationen aufeinander; z.T. werden sie nur in Andeutungen oder in impliziter Form ausgesprochen und ganz oft scheinen sie nicht miteinander vermittelbar zu sein.

Ziel der nun erforderlichen analytischen Gespräche ist, »eine möglichst hohe Übereinstimmung verschiedener Sichtweisen herbeizuführen« (Burkard 1995, S. 38/39). In diesem Prozess bereiten die Beteiligten eine Konsensfindung vor, die wiederum die Basis für die Formulierung von gemeinsam getragenen Konsequenzen ist.

Aufgabe der Analysegespräche ist also, die unterschiedlichen Perspektiven und Äußerungen zu vergleichen und dabei Gemeinsamkeiten und Zusammenhänge herauszufinden.

Wenn es bei der Erhebung der Rückmeldungen also zunächst darum geht, mit Hilfe von Methoden eine *maximale Variation der Perspektiven* zu initiieren, dann ist es Aufgabe der Auswertung, in der methodisch kontrollierten Analyse *ein Maximum an Gemeinsamkeiten* zu identifizieren.

Für die *Suche nach Gemeinsamkeiten* schlagen wir ein Verfahren in fünf Schritten vor:

1. Formulieren Sie alle Rückmeldungen in ganzen Sätzen und halten Sie diese schriftlich und für alle sichtbar fest.
2. Suchen Sie nach übergreifenden Kategorien oder Überschriften und ordnen diesen die Aussagen zu; so bilden Sie Bereiche mit ähnlichen Aussagen.
3. Wenn die Kategorien oder Überschriften für diese Gemeinsamkeiten nicht sofort ins Auge springen, können Sie auch fragen: Auf welche Fragen oder Probleme geben diese Aussagen eine Antwort?
4. Wenn Sie die Aussagen den verschiedenen Kategorien oder Überschriften zugeordnet haben, dann fragen Sie nach Gemeinsamkeiten zwischen diesen inhaltlichen Bereichen. Mit diesem Abstraktionsschritt werden weitere Zusammenhänge sichtbar.
5. Als Ergebnis formulieren Sie schließlich einige wenige Kernaussagen. Wenn Sie prüfen wollen, ob diese Kernaussagen das Zentrum der Rückmeldungen treffen, dann versuchen Sie, diesen Kernaussagen die ursprünglichen Aussagen zuzuordnen, die Ihnen besonders wichtig erscheinen.

In einem solchen Prozess wird die maximale Variation der Perspektiven in eine Struktur von Aussagen überführt, die maximale Gemeinsamkeiten und Zusammenhänge repräsentieren. In einem solchen für alle transparenten Verfahren werden alle Rückmeldungen aufgenommen, ernst genommen und in das Endergebnis integriert.

⇨ *Von der Beobachtung zur Bewertung: Erarbeiten von Qualitätskriterien*

Jede Auswertung ist nicht nur eine Systematisierung von Beobachtungen sondern auch eine Bewertung der Erfahrungen vor dem Hintergrund von Kriterien. Wenn Sie etwa Feedback zur Gruppenarbeit durchführen, werden Fragen nach den Kriterien der Qualität dieser Arbeitsform virulent. Geklärt werden muss dann beispielsweise: Was ist »gute«/»schlechte« Gruppenarbeit, unter welchen Bedingungen gelingt/misslingt Gruppenarbeit? Welche Verhaltensweisen tragen zu einem erfolgreichen Arbeitsprozess in der Gruppe bei, welche behindern ihn?

Solche Fragen gemeinsam zu klären, ist der Weg, Qualitätskriterien zu erarbeiten. Auch hier gilt es, eine Suche nach Gemeinsamkeiten zu initiieren, ein Maximum an Übereinstimmung zu finden. Denn beim Feedback geht es darum, Urteile verschiedener Personen zu integrieren und Bewertungsmonopole – beispielsweise des Lehrers – für einen Verständigungsprozess zu öffnen. Auch nach einem Klärungsprozess kann es Differenzen zwischen diesen Ansichten geben, nur dann sind sie transparent und können meistens in ein Ergänzungsverhältnis gesetzt werden. Erfahrungsgemäß gibt es für jeden Feedback-Gegenstand mehrere Qualitätskriterien.

Qualitätskriterien sind Eigenschaften oder Merkmale, die die Beschaffenheit eines Gegenstandes oder Sachverhaltes aus Sicht der beteiligten Personen ausmachen. Wenn Sie ergebnis- bzw. lösungsorientiert denken, werden Sie nach einer kurzen Analysephase die »schlechten« Eigenschaften bei Seite legen können und die Qualitäts- in Erfolgskriterien Ihrer Feedback-Arbeit umwandeln (vgl. Buhren 2001, S. 39; Burkard/Eikenbusch 2000, S. 93–97). An diesen können Sie die Wirkung des Feedback-Verfahrens ablesen und prüfen.

Sie formulieren also Ergebnisse, die Sie mit dem Feedback-Verfahren anstreben. Wollen Sie mit Hilfe des Feedbacks Gruppenarbeit verbessern, dann können Sie formulieren: Wir haben mit dem Feedback Erfolg gehabt, wenn wir folgende Merkmale guter Gruppenarbeit beobachten können: (a) Jeder hört dem Sprechenden zu, (b) es gibt eine Moderation, (c) zu Beginn der Arbeit wird Sinn und Zweck der Gruppenarbeit geklärt, (d) zu Beginn verständigen sich die Gruppenmitglieder, welches Ergebnis sie am Ende in den Händen halten wollen ...« usw.

4. Methoden zur Gestaltung von Feedback-Arbeit

Vorbemerkung

Die Auswahl der Methoden ist durch zwei Gesichtspunkte geleitet: Sie sollen dialogbasiert sein; ihr Kernelement ist also das gemeinsame Gespräch, und sie sollen möglichst schnell einsetzbar und einfach handhabbar sein.

Komplexere Arrangements, die auch mit statistischen Auswertungsverfahren arbeiten und vor allem auf die Evaluation größerer Zusammenhänge gerichtet sind, finden sich bei Burkard/Eikenbusch 2000, S. 115–138. Dort gibt es u.a. Hinweise auf die Erstellung und Auswertung von Fragebögen, auf strukturierte Gespräche und Interviews sowie auf Beobachtungsmethoden, Sekundär- und Dokumentenanalyse.

Hilfen zur Entwicklung und Auswertung von Leitfadeninterviews als dialogorientiertes Evaluationsinstrument finden Sie bei Langer 2001.

Zur ergänzenden Lektüre mit weiteren methodischen Anregungen, die anhand von Praxisbeispielen geschildert werden und deshalb ausführlicher auf den Verwendungs- und Entwicklungs-Prozess eingehen als es hier möglich ist, empfehlen wir die beiden Themenhefte der Zeitschrift PÄDAGOGIK 2001a; 2001b.

4.1 Methoden für moderierte Gruppengespräche

Gespräche sind das Herzstück aller dialogbasierten Feedback-Verfahren. Die Gestaltung dieser Gespräche ist deshalb für den gesamten Prozess feedback-basierter Unterrichtsentwicklung von besonderer Bedeutung. Wir beginnen die methodischen Hinweise aus diesem Grund mit bewährten Hilfen für die Gesprächsführung.

4.1.1 Kommunikations- und Feedback-Regeln

Dies sind bewährte Regeln, die Sie in jedem Feedback-Gespräch beherzigen sollten.

Kommunikationsregeln
⇨ Wir tragen unsere Anliegen in der Ichform vor.
⇨ Wir reden den Angesprochenen direkt – also in der 2. Person an.
⇨ Wir lassen uns gegenseitig ausreden.
⇨ Wir hören uns gegenseitig zu.
⇨ Wir vermeiden Verallgemeinerungen wie: »Du machst immer/nie ...«.
⇨ Wir vermeiden Killerphrasen wie: »Das ist aber doof ...«.
(Baukloh-Herzig 2000)

Feedback-Regeln
Allgemein
• Jede/r Teilnehmer/in gibt Feedback.
• Feedback ist ein Geschenk, deshalb nicht diskutieren oder rechtfertigen, nur zuhören.
• Feedback hat mit dem Geber genau so viel zu tun wie mit dem Nehmer.
Hilfen für den Geber
• eigenes Erleben beschreiben.
• kurz, auf den Punkt, konkret.
• nur zu Dingen, die veränderbar sind.
• beachten, ob der andere für etwas Spezielles Rückmeldung haben möchte.
Hilfen für den Nehmer
• Fremdwahrnehmung darf vom Selbstbild abweichen.
• Feedback ist eine Möglichkeit, zusätzliche Informationen über sich zu erhalten.
• Feedback ist kein Aufruf zur Veränderung.
• Nehmer entscheidet, wie viel Feedback er will.

4.1.2 Hilfen für moderierte Gruppenarbeit

An dieser Stelle können wir nur einige einleitende Hinweise zur moderierten Gruppenarbeit geben. Für weitere Informationen empfehlen wir einen »Klassiker« und eine auf den Unterricht bezogene Darstellung der Moderationsmethode:

> Klebert, Karin/Schrader, Einhard/Straub, Walter G.: ModerationsMethode. Windmühle, Hamburg 1991.
> Gudjons, Herbert (Hrsg.): Die Moderationsmethode in Schule und Unterricht. Bergmann + Helbig, Hamburg 1998.

(1) Bestimmung und Aufgaben der Moderator/innen

Bestimmen Sie zwei Personen für die Moderation: Eine leitet das Gespräch, die andere notiert die Äußerungen an der Plakatwand/Tafel.

Wenn Sie im Team arbeiten, dann wechseln Sie die Moderator/innenrolle hin und wieder (aber nicht innerhalb einer Sitzung). Dies bietet auch die Möglichkeit, einander zu beraten. Unserer Erfahrung nach ist es für Schüler/innen spannend und für Lehrer/innen interessant und entlastend, wenn auch einmal unbeteiligte Dritte – in unserem Fall waren es Mitglieder der wissenschaftlichen Begleitung – die Moderation einer Feedback-Sitzung übernehmen.

Die Moderator/innen haben folgende Aufgaben

- Sie geben der Arbeitssitzung einen Rahmen: Sie begrüßen die Teilnehmer/innen, leiten den Beginn der Sitzung und sorgen für einen runden Abschluss.
- Sie nehmen eine »feedback-förderliche Haltung« ein (vgl. Kapitel III, Abschnitt 1).

Die gesprächsleitende Moderatorin

- ist verantwortlich für den Gesprächsverlauf. Sie nimmt inhaltlich nicht Stellung – oder kennzeichnet ihre (seltenen) inhaltlichen Stellungnahmen deutlich als solche: »Jetzt möchte ich einen inhaltlichen Beitrag bringen ...«.
- sorgt dafür, dass jedes Gruppenmitglied sich aktiv im Prozess beteiligt und dass die Gruppenmitglieder sich aufeinander beziehen.
- sorgt dafür, dass jede Äußerung für alle Teilnehmer/innen verständlich ist – durch nachfragen und zusammenfassen: »Habe ich Sie jetzt richtig verstanden, wenn ich Ihre Äußerung folgendermaßen zusammenfasse: ...«.
- bewertet und interpretiert die Äußerungen nicht. Das zu tun ist Sache der Gruppe. Wenn die Moderatorin eine Äußerung nicht versteht, fragt sie bei dem entsprechenden Teilnehmer nach. Er erläutert dann den Sinn ihrer/seiner Aussage.

- sorgt dafür, dass die Diskussion beim Thema bleibt, indem Sie die Teilnehmer falls nötig auf den »roten Faden« zurück führt.
- achtet auf die Stimmung in der Gruppe: Sind die Teilnehmer/innen aktiv, angeregt, ›bei der Sache‹ – oder spürt man Missstimmung, Langeweile, Aggression, Resignation? Die Moderatorin sorgt dafür, diese Stimmungen zur Sprache zu bringen und die Gründe dafür zu erkunden.

Die schreibende Moderatorin ist dafür verantwortlich, alle Aussagen der Teilnehmer/innen an einer Plakatwand/Tafel schriftlich festzuhalten. Sie

- spricht nur selten, sondern schreibt, assistiert aber der Gesprächsleiterin, falls nötig.
- fragt nach, wenn Äußerungen unklar bleiben und bittet darum, einen längeren Redebeitrag noch einmal zusammen zu fassen – immer mit dem Ziel, *alles* Gesagte festzuhalten.

(2) Die Dokumentation: Alles an die Wand werfen!

Moderierte Gespräche werden ausnahmslos dokumentiert, und zwar durch das »Visualisieren«, eine Art öffentliches Protokoll, das von der schreibenden Moderatorin erzeugt wird, indem sie die Diskussion begleitend mitschreibt. Verwenden Sie also eine Plakatwand, und schreiben Sie alle Äußerungen aus der Gruppe darauf.

Schreiben Sie *jede* Aussage auf. Jede Aussage ist anfangs gleich wertvoll. Durch das Aufschreiben nehmen Sie als Gruppe die einzelne Aussage ernst. In jeder Aussage steckt ein Sinn, der entdeckt werden will.

Schreiben Sie ganze Sätze an die Wand/auf die Karten. Regel: Ein Argument/eine Aussage pro Karte. Ein Argument besteht aus einem ganzen, sinnvollen Satz. (Sie können einen Satz besser verstehen als ein Stichwort und deshalb auch besser erinnern)

Die Vorteile der Visualisierung sind: Jedem Beteiligten ist jederzeit vor Augen, woran die Gruppe gerade arbeitet bzw. worüber sie gerade spricht. Alle Teilnehmer/innen konzentrieren sich mit Hilfe der Wand auf dasselbe Thema und orientieren sich am aktuellen Diskussionsstand. Alle Teilnehmer/innen sehen, dass jede ihrer Äußerungen von der Gruppe aufgenommen und beachtet wird. Die Wand visualisiert schließlich auch die Komplexität des Themas: Sie können sehen, was alles dazugehört, und überschauen die Zusammenhänge und Alternativen. Sie müssen nicht alles im Kopf behalten, und doch wird nichts vergessen oder unter den Tisch gekehrt.

Die Plakatwand dient zugleich als Protokoll: Als Arbeits- und Ergebnisbericht. Sie dient als Gruppengedächtnis für den Feedback-Prozess. Die herkömmliche Protokollführung wird damit überflüssig.

(3) Regeln für die Diskussionsteilnehmer

Neben den Kommunikations- und Feedback-Regeln, deren Beherzigung auch für moderierte Gespräche wichtig ist, gibt es einige bewährte Regeln für moderierte Gespräche, die aber flexibel gehandhabt werden können:

- Sprechen Sie so, dass Ihre Äußerung an die Wand gebracht werden kann: Konzentrieren Sie sich auf das Wesentliche, auf den Kern ihrer Aussage/Ihres Arguments. Regel: Ein Gedanke pro Äußerung.
- Ein einzelner Redebeitrag dauert höchstens rund zwei Minuten.
- Es redet immer nur eine/r.
- Beziehen Sie sich auf Ihre Vorredner/innen und auf das, was schon an der Wand steht.
- Wenn Sie etwas nicht verstehen, fragen Sie nach, und zwar so lange, bis sie es verstanden haben.

(4) Zwei Hilfen für stockende oder »sich hoch schaukelnde« Diskussionen

Auch moderierte Gespräche können zähflüssig werden, ins Stocken geraten oder emotional »heiß« werden. Diese Phasen mögen als »Störungen« erscheinen; sie bringen jedoch wichtige Erkenntnisse für den Gruppenprozess, wenn es gelingt, diese »Störungen« aufzugreifen und auszusprechen, was »dahinter steckt«. Wenn es nicht gelingt, werden die Teilnehmer/innen später in Form von Rückzug oder Aggression reagieren und es wird dann schwerer sein, die Ursachen zu rekonstruieren. Wenn Sie spüren, dass eine Diskussion misslingt, können Sie zwei Möglichkeiten ergreifen:

- Als Moderator/in können Sie ein kurzes *Blitzlicht anregen;* d.h. sie initiieren eine Runde, in der sich jeder Teilnehmer kurz und knapp zu folgenden Fragen äußert:
  – Was muss sich ändern, damit ich mich in unserer Diskussion wohl fühle?
  – Was wäre eine gute Lösung?
- Als Teilnehmer/in können Sie eine *Auszeit fordern;* d.h. die Gruppendiskussion wird unterbrochen, und Sie schildern
  – was ich eben wahrgenommen habe …
  – was das in mir ausgelöst hat …
  – was ich mir wünsche, um meinen Ärger/Frust auflösen zu können …

In beiden Fällen steht nach den Äußerungen meist klar vor Augen, was die Störung verursacht hat und was getan werden kann.

(5) Ein Phasenmodell zur Strukturierung einer moderierten Sitzung

Dieses Modell hilft zur Strukturierung sowohl des Ablaufs eines einzelnen moderierten Gesprächs als auch beispielsweise eines ganzen Tages. Im nächsten Abschnitt wird eine Feedback-Planungsmethode vorgestellt, die sich an den Schritten 2–5 dieses Rasters orientiert (vgl. 4.25, S. 166 f).

	Funktion (inhaltlich)	Funktion (atmosphärisch)
1. Anwärmen	• Anlass und Ziel der Veranstaltung klären (formal und inhaltlich). • Rolle klären. • Rahmenbedingungen vereinbaren. • Zum Thema hinführen.	• Ankommen. • Vertraut werden mit ... • Erwartungen, Wünsche vereinbaren.
2. Themenorientierung	• Themen, Probleme, Aspekte, Sichtweisen, Perspektiven sammeln, ordnen, verdichten.	• Meinungsvielfalt ermöglichen. • Einsicht und Verständnis für andere Sichtweisen fördern. • Problembewusstsein schaffen. • Interesse wecken.
3. Themenbearbeitung	• Bearbeitungsprioritäten festlegen. • Teilthemen präzisieren. • Ursachen und Hintergründe klären. • Wünsche transparent machen. • Lösungsideen entwickeln. • Entscheidungen vorbereiten.	• Einwände ernst nehmen. • Kreativität und Visionsdenken fördern.
4. Ergebnisintegration	• Konsequezen und Auswirkungen von Lösungsideen durchdenken. • Lösungen auf Realisierbarkeit abwägen. • Entscheidungen treffen.	• Schwierigkeiten, Bedenken gegen Lösungen besprechbar machen. • Konsens herstellen
5. Handlungsorientierung	• Arbeit planen. • Vereinbarungen treffen. • (Folge-)Aktivitäten festlegen (was, wer, mit wem, bis wann). • Weiterarbeit an unfertigen Themen sicherstellen.	• Umsetzung absichern. • Verbindlichkeit erzielen. • Realitätsbewusstsein herstellen.
6. Abschluss	• Abschluss finden. • Qualität des Ergebnisses reflektieren.	• Zufriedenheit und Unbehagen mit dem Ergebnis und dem Verlauf transparent machen. • Verabschieden.

4.2 Feedback-Methoden zum Beginn von Lerneinheiten

4.2.1 Erste Erlebnisse und Erwartungen

Methode 1

Die Schüler/innen äußern sich schriftlich zu ihrem Erleben in der neuen Schule (Klasse, Kurs, Unterrichtsform). Mögliche Fragen sind:

- Welche guten Erlebnisse hast du bisher hier gehabt? Was hat dir gut gefallen?
- Und welche Erlebnisse gefielen dir nicht so gut?
- Was wünschst (erhoffst) du dir von deiner neuen Schule (diesem Kurs, diesem Projekt)?
- Und was möchtest du hier auf keinen Fall erleben?

Werten Sie die Antworten auf diese Fragen im gemeinsamen Klassen- oder Kursgespräch aus. Für die Auswertung solcher offenen Fragen beachten Sie bitte den Abschnitt »Anregungen zur Auswertung von Feedback« in Kap. 3, S. 105 f.

Vorteil:
Gut verwendbar am Beginn eines neuen Einschnitts in der Schülerlaufbahn (z.B. direkt nach der Einschulung). (Anregung: Baukloh-Herzig 2000)

4.2.2 Kopfstandmethode

Methode 2

Am Beginn einer Lerneinheit stellen Sie sich und der Lerngruppe die Frage: Was müssen wir tun, um den Karren (Unterricht) so richtig in den Dreck zu fahren? – Die Antworten (rund drei pro Person) werden auf Karten geschrieben und ausgehängt. – Die Karten werden gemeinsam nach Themenschwerpunkten geordnet. – Zum Schluss »stellen« (wenden) Sie die Aussagen zu jedem Themenschwerpunkt nacheinander »auf den Kopf« (ins Positive) und verabreden dann, worauf sie als Lehrende und Lernende in Zukunft achten wollen. (Anregung eines Projektlehrers)

4.2.3 Kartenabfrage: Was ist guter Unterricht?

Zweck:
Unterschiedliche Auffassungen zur Frage, was guter Unterricht ist (oder zu ähnlichen Themen wie gute Hausaufgaben, gute Schule, gutes Lehrerverhalten) aufdecken, klären und vermitteln sowie Ziele für die zukünftige gemeinsame

Arbeit vereinbaren. – Diese Arbeit eignet sich am Beginn einer neuen Lerneinheit oder Phase.

Vorgehen:
1. Alle Teilnehmer/innen schreiben in Einzelarbeit ihre Antworten zu der Frage »Was macht guten Unterricht aus?« (= Eigenschaften guten Unterrichts) auf Karten.
   Alternative: Es gibt bereits vorentworfene Karten zum Thema. Aus diesen Karten können die Teilnehmer/innen diejenigen auswählen, die am meisten zutreffen und eigene Karten ergänzen.
2. Die Teilnehmer/innen treffen sich in Kleingruppen und kleben ihre Karten so auf ein Plakat, dass ein »Bild des guten Unterrichts« entsteht. Dabei sind grafische Ergänzungen willkommen, damit sichtbar wird, welche Eigenschaften besonders wichtig sind.
   Alternative: Die Kleingruppen ordnen ihre Karten im Gespräch den Feldern zu: (1) in hohem Masse erfüllt; (2) kommt ausreichend vor; (3) wird verletzt; (4) können wir nicht beurteilen.
3. Die Gruppen stellen ihre Plakate einander vor und erläutern sie.
4. In einer moderierten Abschlussdiskussion klären die Teilnehmenden: Wie kommen wir diesem guten Unterricht näher? Was tun wir konkret, um diesem Ziel näher zu kommen?
5. Die geplanten Schritte oder angestrebten Ziele können Sie durch »Punkten« priorisieren oder mit Hilfe einer Prioritätenliste in eine praktikable Rangfolge bringen.

Prioritätenliste			
Diese Ziele wollen wir erreichen	**Was spricht dafür,** dass wir dieses Ziel verfolgen/dieses Thema bearbeiten?	**Was spricht dagegen,** dass wir dieses Ziel verfolgen/dieses Thema bearbeiten?	**Rang**
Ziel a	wichtig, weil … dringlich, weil … Erfolg versprechend, weil … machbar für uns, weil …	unwichtig, weil … nicht dringlich, weil … nicht machbar, weil … nicht Erfolg versprechend, weil …	
Ziel b			
Ziel c			

Vorteile:
Es wird ein breites Spektrum von Antworten zum Thema abgefragt. Durch das begleitende Gespräch wird die Gefahr einer »frivolen« Beurteilung gemindert.

Beachten:
In den Gesprächsphasen gibt es die Gefahr der Dominanz einzelner Gruppenmitglieder, die das Ergebnis einseitig beeinflussen können. Insbesondere das Auswertungsgespräch sollte deshalb moderiert geführt werden.

4.2.4 Die Traumschule

1. Schüler/innen und Lehrer/innen malen in Fünfergruppen die Merkmale ihrer Traumschule auf ein Plakat: »So sieht meine Traumschule aus.«
2. Im Anschluss an die Zeichenphase werden die Ergebnisse präsentiert und erläutert. (Hier geht es um das kennen Lernen der Vorstellungen, nicht um Kritik oder das Für & Wider!)
3. Gemeinsame Diskussion: Was können wir tun, um einen (wenn auch kleinen) Teil der Traumschule Wirklichkeit werden zu lassen?
4. Stellen Sie die wichtigsten Ergebnisse des Gesprächs als Leit-Sätze zusammen. Vielleicht mit vorformulierten Satzanfängen: Unsere Schule ist ... Uns ist wichtig, dass ... Wir sind bereit ... Wir Schüler/innen wünschen/erwarten von der Schule, dass ... Wir sind uns einig, dass ...

Das Thema kann auch der »beste Unterricht der Welt« oder die »Traum-Klasse« sein. (Schratz/Steiner-Löffler 1998)

4.2.5 Planungsmethoden

Wir haben nicht viele Methoden gefunden, die explizit für Feedback-Arbeit zu Beginn von Lernprozessen geeignet erscheinen. Deshalb führen wir an dieser Stelle bewährte Methoden auf, die für die gemeinsame Planung fast aller Themen anwendbar sind. Dies ist insofern systematisch der richtige Ort, weil längerfristig alle durch Rückmeldung strukturierten Lehr-Lern-Prozesse in ein Stadium kommen, wo nach Möglichkeiten einer gemeinsamen Planung am Beginn eines jeden Prozesses gefragt wird. Die dahinter stehende Erfahrung ist, dass jede Gruppe, die kontinuierlich und systematisch darüber nachdenkt, wie das Lernen und Lehren verbessert werden kann, »ganz natürlich« in die Phase kommt, in der gefragt wird: »Wie können wir uns stärker an der Planung des Unterrichts beteiligen?« (vgl. dazu auch das Phasenmodell in Kapitel IV, Abschnitt 7).

Hinweis:
Beachten Sie bei der Anwendung dieser Methoden bitte immer auch die Regeln für moderierte Gespräche.

1. Schritt: Themen sammeln

(a) Kartenabfrage

Zu einer (Feedback)Frage, die auf einer Tafel/Flip-Chart aushängt, schreiben alle Teilnehmer ihre Antworten/Ideen mit dicken Filzstiften auf Moderationskarten. Faustregel: Pro Teilnehmer nicht mehr als fünf Karten. Für die Teilnehmer gilt die Regel: Pro Karte einen Gedanken in einem Satz (nicht Stichwort) aufschreiben. Die Karten werden eingesammelt, vorgelesen und gemeinsam gruppiert. Für jede Kartengruppe (»Cluster«) wird eine Überschrift gefunden.

Wann verwenden?
- Wenn alle Aspekte/Blickwinkel eines Themas gesammelt werden sollen.
- Für komplexe Themen, die individuelles Nachdenken erfordern.
- Wenn Themen schwierig zu besprechen/öffentlich zu machen sind.
- Wenn alle beteiligt werden sollen.
- Wenn die Einzelmeinungen zu einem Gesamtbild geordnet werden sollen.

Vorgehen:
1. Funktion nennen.
2. Die Fragen stellen, zu denen die Karten ausgefüllt werden sollen.
3. Vorgehensweise erklären.
4. In Ruhe schreiben lassen.
5. Karten einsammeln wenn die Teilnehmer fertig sind.
6. Karten vorlesen und gleichzeitig zeigen.
7. Karten in Gruppe ordnen lassen, evtl. nachfragen.

(b) Zuruffrage/Brainstorming

Die Beteiligten sitzen um eine Tafel oder Flip-Chart, auf der die Feedback-Frage steht, und rufen der Moderatorin ihre Ideen oder Antworten zu. Eine Person moderiert, eine Zweite schreibt die Äußerungen auf die Tafel/Flip-Chart. Anschließend gemeinsames Ordnen der Aussagen. Überschriften formulieren wie in Variante (a).

Wann verwenden?
- Sammeln/zusammentragen verschiedener Aspekte.
- Um kreative Prozesse zu fördern.
- Zum Hineinkommen in ein Thema.

Vorgehen:
1. Funktion nennen.
2. Fragen vorstellen.

3. Vorgehen erklären.
4. Alle Beiträge so wörtlich wie möglich mitschreiben.
5. Später: gemeinsam ordnen, Hauptaussagen in »Überschriften« fassen.

2. Schritt: Themen nach Wichtigkeit und Dringlichkeit bewerten

Themenspeicher (Punkten)

Die Ergebnisse der Kartenabfrage (die »Überschriften« der Cluster) bzw. des Brainstormings werden in einen Themenspeicher übertragen und priorisiert. Jede/r Teilnehmer/in erhält Klebepunkte, und zwar doppelt so viele, wie Themen an der Wand stehen. Diese verteilt er/sie frei auf die Themen – je nachdem, wie dringlich er/sie die Themen bearbeiten möchte. Nach Anzahl der Punkte werden Rangplätze vergeben. Das Thema mit den meisten Punkten wird zuerst bearbeitet, alle anderen werden zurück gestellt für spätere Bearbeitung.

Wann verwenden?
- Um einen Überblick über die zu bearbeitenden Themen/Aufgaben zu erhalten.
- Als Grundlage für einen Projektplan.

Thema	Punkte	Rang

3. Schritt: (die wichtigsten und dringlichsten) Themen bearbeiten

Das im vorigen Schritt ausgewählte Thema wird nun eingehend bearbeitet. Dafür eignen sich Bearbeitungsraster. Die Arbeit mit Hilfe der Bearbeitungsraster soll in kleinen Gruppen (5–7 Personen) stattfinden.

Bearbeitungsraster

Wann verwenden?
- Überblick über einzelne Themen gewinnen.
- »Versteckte« Ursachen, Gründe, Bedingungen aufdecken.
- Plenumdiskussion vorstrukturieren.
- Ideen/Lösungsansätze gewinnen.
- Entscheidungen vorbereiten.

Vorgehen:
1. Funktion des Rasters erklären.
2. Fragen für das Raster finden bzw. die vorgeschlagenen Fragen kurz diskutieren.
3. Arbeitsanweisung geben (in Gruppenarbeit, 30 Minuten Zeit).
4. Präsentation der Arbeitsgruppen im Plenum.
5. Vorschläge aus dem Plenum mitschreiben und diskutieren.

(a) SOFT-Analyse als Bearbeitungsraster

Die so genannte SOFT-Analyse ist ein solches Raster, mit dem die Bearbeitung eines Themas strukturiert werden kann. Damit das Verfahren nicht so abstrakt bleibt, können sie sich hilfsweise an dieser Stelle das Thema: »Eigenständiges Arbeiten in der 10 Klasse« vorstellen. Sie schreiben zu der Frage/dem Thema Aussagen zu den Sätzen auf Karten, die Sie in den folgenden vier Feldern finden:

Stärken (Satisfactions**)**	**Chancen (O**pportunities**)**
• Das ist Spitze.	• Dies sind gute Ansätze.
• Das läuft rund.	• Dies sollten wir ausbauen/entwickeln.
• Das befriedigt uns.	• Davon bitte etwas mehr.
• Das beibehalten.	• Diese Gelegenheiten sind in Sicht.
• Dafür Sorge tragen.	• Diese Ressourcen können wir nutzen.
• Damit »wuchern«.	• Hier ist noch nutzbares Brachland.
• Darauf aufbauen.	
Schwächen (Faults**)**	**Gefährdungen (T**hreats**)**
• Das läuft nicht rund.	• Dies sind absehbare bedrohliche Entwicklungen.
• Das ist mangelhaft.	• Dies sind drohende Probleme.
• Das stört uns.	• Dies droht uns, wenn wir nichts unternehmen.
• Das sollten wir ändern/abstellen.	• Dies tritt ein, wenn nicht rasch was geschieht.
• Hier sind Verbesserungen nötig.	• So vermeiden wir das.
	• Diese Lösungen bereiten wir vor.

Die Karten werden nach Ähnlichkeit geordnet und auf Plakate geklebt. Alternative: Sie werden am Boden in die vier Felder gelegt und dort geordnet (»clustern«). Im Plenum stellen Sie anschließend an einer Plakatwand die Ergebnisse zusammen. Die vordringlichen Arbeitsschritte werden damit öffentlich präsentiert.

Methode 5 (Planungsmethoden)

(b) Ein Problemlösungsraster als Variante

Je nach Gegenstand des Feedbacks können Sie die Fragen, die in den folgenden vier Kästchen stehen, anpassen. Vielleicht benötigen Sie auch nur drei Fragen:

---

1) Warum ist das Thema ein Thema?
- Das ist bisher geschehen, so ist es zum jetzigen Zustand gekommen.
- Das sind die Ursachen, Gründe, Bedingungen für den Ist-Zustand.
- Dies sind die Dinge, die uns an diesem Thema unzufrieden machen.

2) So wünschen wir es uns
- Das streben wir an, so soll es am Ende aussehen.
- Das sind unsere Lösungsen/Ideen für die Zukunft.
- Dies sind unsere Ziele.

3) Diese Hindernisse können auftauchen bzw. stehen uns im Weg/auf dem Weg zum Wunsch
- Dies sind Gegenkräfte/»Gegenspieler«.
- Diese Ressourcen/Möglichkeiten fehlen uns noch.
- Damit stehen wir uns selbst im Weg.

(d) Folgende erste Schritte gehen wir nach dieser Analyse
...
......

Im anschließenden Plenumgespräch stellen die Kleingruppen nur die Ergebnisse aus dem Kasten (d) »erste Schritte« vor. Diese werden an einer Plakatwand gesammelt.

4. Schritt: Arbeitsergebnisse präsentieren, diskutieren und nächste Schritte planen

Die im Plenum gesammelten Lösungsschritte werden in einen Aktivitätenkatalog übertragen.

Aktivitätenkatalog

Wann verwenden?
- Nach der Bearbeitungsphase.
- Wenn Verbindlichkeit hergestellt werden soll.
- Wenn Verabredungen getroffen oder Verträge geschlossen werden sollen.

Methode 5 (Planungsmethoden)

Aktivitätenkatalog				
Was	Wer	mit Wem	Art des Ergebnisses	Bis wann

Eine Person erklärt sich verantwortlich, die Einhaltung der Vereinbarungen durch Nachfragen zu überprüfen. Eine zweite Person unterstützt sie dabei.

Eine Person erklärt sich dafür verantwortlich, die zurück gestellten Themen »wieder auf den Tisch« zu bringen, wenn dieses Thema bearbeitet ist.

4.3 Feedback-Methoden zur Begleitung von Lernprozessen

4.3.1 Laufende Klassenevaluation mit Feedback-Journal

Methode 6

Die Lehrperson notiert laufend in ein eigenes Journal die (verbalen und nonverbalen) empfangenen Feedbacks im Alltag: Freude- und Missmutreaktionen, offene Spontan-Feedbacks, Unruhe in der Gruppe, Gespräche im Gang etc. Die Dokumentation dient als Quelle für Klassengespräche.

Variante:
Die Schüler/innen geben regelmäßig (etwa: immer vor den Ferien) schriftlich ein freies Feedback über Fragen zu Klassenklima, Lernerfolg und Lernschwierigkeiten, Lehrerverhalten oder Unterrichtsmethoden. Nach den Ferien analysieren Sie die Ergebnisse gemeinsam und nutzen Sie als Grundlage für die Gestaltung der weiteren Arbeit.

Vorteil:
Die vielen »Nebenbei-Feedbacks« im Alltag gehen nicht verloren, bekommen ihren Wert. Das Verfahren erspart manche aufgesetzte Befragung und eignet sich gut zum Vergleich von Parallelklassen (und damit als Grundlage für gemeinsame Fachgruppen- oder Jahrgangsstufenarbeit). – Geeignet, um Überblick zu bekommen

Beachten:
Die Schüler müssen wissen, wozu die Lehrperson Notizen »in ihr Büchlein« macht. Es empfiehlt sich, periodisch die Aufmerksamkeit bzw. die Einträge auf einzelne Fragestellungen zu konzentrieren. (Burkard 1995)

4.3.2 Blitzlicht/Gesprächsrunde

Methode 7

(Siehe 4.4.1 in der dort aufgeführten *Variante*)

4.3.3 Standbild

Methode 8

Zu einem zentralen Thema bauen eine oder mehrere Gruppen ein Standbild. »Material« für das Standbild sind die beteiligten Gruppenmitglieder. Zunächst erläutern die Zuschauer, was sie sehen, danach die Darsteller, was sie ausdrücken wollten. In gemeinsamer Diskussion werden dann Konsequenzen ins Auge gefasst. – Geeignet zur Vertiefung einzelner Themen. (Eikenbusch 1998)

4.3.4 Drei oder vier Ecken

Vorgehen:
1. In drei oder vier Ecken des Raums hängen unterschiedliche Statements zu jeweils einem Thema, einer Qualität bzw. einer Frage (= 3 oder 4 Meinungen, die man zur Frage einnehmen kann).
2. Die Schüler/innen postieren sich im Raum entsprechend ihrer Nähe zu einer oder mehreren dieser Antwortvarianten. Die nahe beieinander stehenden Schüler diskutieren dann 3–5 Minuten: »Weshalb stehe ich hier?«.
3. Dann wird das oberste Blatt abgelöst und es erscheint eine nächste Serie von Statements zu einem neuen Themenaspekt. Empfehlung: Maximal 3 Runden.
4. Gemeinsames Abschlussgespräch unter dem Motto: Was mir an den Diskussionen wichtig war/was wir aus dieser Arbeit mitnehmen sollten. Diese Diskussion kann an einer Moderationswand mitprotokolliert werden.

Vorteil:
Das Meinungsbild wird sofort sichtbar. Die Schüler/innen können zudem Feinheiten der persönlichen Haltung »auf den Zentimeter genau« ausdrücken. Macht als »bewegte Sache« Spaß. – Geeignet zur Vertiefung einzelner Themen.

Beachten:
Die Methode setzt die Fähigkeit voraus, zu seiner Meinung »zu stehen«. Die Dokumentation der Stellungen erfordert Geschicklichkeit. Eine Dokumentation der Gruppengespräche ist kaum möglich. Das Instrument eignet sich deshalb eher dazu, ein Thema zu öffnen und den »Kopf für neue Ansichten und Gedanken« frei zu machen. (Pädagogische Arbeitsstelle LCH; Keller/Strittmatter 1998)

4.3.5 Erfahrungsbasierte Problemdiagnose

Schüler/innen und Lehrer/innen bearbeiten gemeinsam ein immer wieder auftauchendes, typisches Problem. – Geeignet zur vertiefenden Bearbeitung einzelner Themen.

Vorgehen:
1. In Kleingruppen füllen die Teilnehmer das folgende Bearbeitungsraster aus:
   - Was genau ist das Problem? – Diese Gründe/Ursachen hat das Problem in unseren Augen.
   - Mit diesen Verhaltensweisen haben wir keine guten Erfahrungen gemacht, diese Verhaltensweisen verstärken das Problem –
   - Dies ist unser Vorschlag, das Problem zu lösen (so ist es uns einmal gelungen, ein ähnliches Problem zu lösen, dies sind hilfreiche Verhaltensweisen).

2. Die Kleingruppen stellen ihre Antworten einander vor.
3. In gemeinsamer moderierter Diskussion erstellen die Teilnehmenden einen Aktivitätenkatalog, in dem festgehalten wird, wer was macht, um zur Problemlösung beizutragen.

Aktivitätenkatalog				
Was	Wer	mit Wem	Art des Ergebnisses	bis wann

4.3.6 Typisch Unterricht

Vorgehen:
1. Die Teilnehmer/innen erarbeiten in Kleingruppen typische, charakteristische Unterrichtssituationen und studieren sie für den zweiten Schritt ein.
2. Die Gruppen spielen ihre erarbeiteten Unterrichtssituationen vor. Nach jeder Präsentation gibt es eine kurze Diskussion, die mit den folgenden drei Leitfragen strukturiert wird:
   – Das gefällt mir gut an solchen Situationen.
   – Das missfällt mir an solchen Situationen.
   – Darauf sollten wir bei solchen Situationen in Zukunft achten.
   Alle Äußerungen werden – sortiert nach den Leitfragen – auf eine Plakatwand geschrieben.
3. Die Äußerungen »darauf sollten wir achten« werden in einer gemeinsamen Schlussdiskussion in Verhaltensregeln überführt. Diese werden während des Abschlussgesprächs unter der Überschrift »Was wir tun, um uns im Unterricht wohl zu fühlen und gut arbeiten zu können«, dokumentiert und dann im Klassenraum ausgehängt. Es können für eine begrenzte Zeit wechselnde »Schiedsrichterteams« eingeführt werden, die auf die Einhaltung dieser Regeln achten.

Vorteil:
Gerade in der spielerischen Erarbeitung und der nachfolgenden Präsentation wird den Beteiligten deutlich, was für den Unterricht typisch ist und wie sie selbst dazu beitragen. Denn gerade solche Handlungsformen lassen Handlungsmuster zu Tage treten, die in Gesprächen allein nicht zugänglich sind.

Beachten:
Diese Arbeitsform setzt einiges an Vertrauen zwischen Schüler/innen und Lehrpersonen voraus und die Lehrer/innen sollten bereits eine gewisse kriti-

sche Distanz zur eigenen Arbeitsweise haben. Wichtig für den Erfolg der Konsequenzen ist, dass in der Abschlussdiskussion alle Beteiligten die erarbeiteten Regeln sinnvoll finden und ihnen zustimmen. Regeln, bei denen das nicht der Fall ist, sollten nicht ausgehängt werden.

4.3.7 Mit Bildern sprechen

Den Schüler/innen werden symbolträchtige Bilder (mit beliebigen Sujets) oder Fotos bzw. Zeichnungen von Schulunterrichtssituationen vorgelegt. Die Schüler/innen wählen Bilder, die sie mögen, und solche, die sie nicht mögen und geben dazu Kommentare ab. Bei der Strukturierung und Bearbeitung der Kommentare kann wie bei der Methode 4.3.6 oder anderen voranstehenden Strukturierungsmethoden verfahren werden.

Vorteil:
Bilder bringen auch Menschen zum Reden, die sonst mit sprachlichen Auskünften Mühe haben.

Beachten:
Diese Methode ist eher für Feedback-Erfahrene geeignet. Sie nutzt sich bei mehrmaligem Gebrauch allerdings schnell ab. (Pädagogische Arbeitsstelle LCH; Keller/Strittmatter 1998)

4.3.8 Schüler/innen gestalten Unterricht/präsentieren Gruppenarbeiten

Eine Gruppe von Schüler/innen gestaltet selbstständig eine Unterrichtseinheit: Sie erarbeitet sich zu einem Thema genügend Sachkompetenz, gestaltet eine Unterrichtsphase oder Präsentation mit Aufgaben für die Mitschüler und verwendet dabei anregende Methoden. Die Lehrperson unterstützt die Schülern/innen bei Bedarf, hat allerdings keinen unmittelbaren Einfluss auf die Gestaltung der Lerneinheit. Im Anschluss an die Einheit geben Kurs/Klasse und Lehrer/in der Gestaltungsgruppe Feedback.

Vorteil:
Schüler/innen bekommen (a) ein Verständnis für die Sichtweise des Lehrenden auf Unterricht und absolvieren (b) eine sehr gute Übung in »Schlüsselqualifikationen«.

Beachten:
(1) Die in den von Schüler/innen gestalteten Einheiten gehen, ebenso wie »Lehrerstunden« in die Leistungsüberprüfung der Klasse ein. (2) Es handelt

sich hier um ein indirektes Feedback über Unterricht – die Schüler/innen machen Verbesserungsvorschläge und geben Anregungen, indem sie selbst vormachen, wie sie sich Unterricht vorstellen. (3) Die Aufgabe »Schüler als Lehrende« stellt hohe Ansprüche an die Fähigkeit der Lehrperson zur Begleitung – und an die Fähigkeit der Schüler/innen zur Planung, Arbeitsorganisation etc. (s. dazu im Kasten auf S. 127 den Bericht eines Schülers: Sarrazin 2000; weitere Methoden und Beispiele dazu in PÄDAGOGIK, Heft 11/97 zum Thema »Schüler als Lehrende«)

Mitbestimmung der Schüler führt zu einem besseren Unterricht – Ein Schülerbericht

Ausgangslage
Der Leistungskurs Deutsch S1 des Heisenberg-Gymnasiums hat sein erstes Thema »Kommunikation« beendet. In dem Kurs und bei der Lehrkraft herrscht Unzufriedenheit über das Gelernte und besonders über den Unterrichtsablauf. Schüler und Lehrer würden sich im Unterricht und in den inhaltlichen Diskussionen gegenseitig wiederholen, man würde inhaltlich nicht vorankommen. Bei den Schülern besteht der Eindruck, man müsse »irgendetwas sagen« um auf eine zufrieden stellende Note in der heiß geliebten »mündlichen Kursarbeit« zu kommen. Den Kursteilnehmer/innen ist nicht deutlich, was sie in der Lerneinheit gelernt haben.

Einführung in Beteiligung
Die Einführung in die Gestaltung des Unterrichts durch die Schüler geschieht durch die schrittweise Weiterentwicklung von Referaten. Diese unterliegen von Beginn an gesteigerten Ansprüchen. Gefordert sind Fähigkeiten wie das freie Sprechen, das Einleiten einer Klassendiskussion, das gemeinsame Erarbeiten und die mediale Darstellung des Themas. Also Anforderungen, die auch an Präsentationen gestellt werden. Diese Gestaltungsansprüche werden von Referat zu Referat differenzierter.

Schüler machen Unterricht
Im nächsten Schritt übernehmen die Schüler komplette Einzelthemen. Dabei gibt es einen Themenpool mit klar umrissenen Themen für Präsentationen von Einzelpersonen und einen Katalog zur Unterrichtsvorbereitung durch die Schüler. Teilweise wird der Unterricht anhand dieses Kataloges von der Lehrerin geleitet, teilweise übernehmen aber auch Gruppen von Schülern die Leitung in der Klasse.
Insgesamt lässt sich sagen, dass dieses neue Unterrichtsprinzip zu einer ungemein effizienten Arbeit geführt hat, von der andere Kurse nur träumen können und gleichzeitig hat sich bei den Schülern ein besonders gutes Verständnis für die Inhalte entwickelt. Die Mitgestaltung von Schülern im Unterricht führte in diesem Kurs weg von den Schülerstatements à la »was will der Lehrer wissen«. Beim Feedback sind sich der Kurs und die Lehrerin einig über weitere Vorteile eines Modells, wie dem der Präsentationsarbeiten. Eckpunkte hierbei sind nach Meinung der Schüler,
- »nicht für den Lehrer, sondern für den Kurs zu arbeiten«,
- »es liegt uns daran, den Mitschülern etwas zu verdeutlichen«,
- »jeder muss besser zuhören«, tut dieses aber auch, da »sowohl das Vortragen, als auch das Lernen Spaß macht«
- und es ist eigentlich jedem möglich, sein Thema spannend zu präsentieren, da »der ganze Kurs mit jedem Referat mehr und mehr das Präsentieren gelernt hat«.

Methode 13

Fazit
Unterrichtsgestaltung durch Schüler ist kein beispielloser Wunschtraum. Die Einführung einer »Unterrichtsgestaltung durch Schüler« verbessert den Unterricht stetig. Präsentationsarbeiten fördern und fordern das selbstständige Arbeiten und vor allem das Präsentieren, das Zusammenarbeiten, das miteinander Reden, aber auch die Moderation. Dies bringt die Lehrerin des Kurses auf den Punkt: »Ich habe es zu meiner Schulzeit in der Schule nicht gelernt, frei sprechend einen größeren Zusammenhang darzustellen. Dies zu schaffen ist eine große Leistung.« (Aus: Sarazin 2000)

4.3.9 Kräftefeld-Analyse

Die Kräftefeld-Analyse stellt eine Hilfe bei der Analyse von Pro- und Kontra-Argumenten dar. Sie lässt sich für unterschiedliche thematische Schwerpunkte verwenden.

Vorgehen:
1. Zu einer Frage zeichnen und beschriften die Schüler/innen in Form von stärker oder weniger stark gewichteten Pfeilen die stützenden (positiven) und hinderlichen (negativen) Kräfte des Feedback-Gegenstands. Beispielsweise zu den Sätzen:
   – Was mich beim Lernen unterstützt ...
   – Was mich am Lernen hindert ...
   – Was ich sonst noch sagen möchte ...
   Oder alternativ zu den Fragen:
   – Was hindert mich, dass ich aktiv am Unterricht teilnehme?
   – Was befördert mich, dass ich aktiv am Unterricht teilnehme?
   Dies kann als Einzel- oder Gruppenarbeit geschehen.
2. Die Auswertung erfolgt zunächst durch die Schülerinnen und Schüler selbst. In Kleingruppen oder in Partnerarbeit vergleichen sie ihre Ergebnisse. Folgende Fragen können dabei hilfreich sein:
   – Was gibt es für Gemeinsamkeiten zwischen unseren »Kräften«?
   – Wo sind Unterschiede?
   – Welche Möglichkeiten sehen wir, um die Hindernisse beim Lernen aus dem Weg zu räumen?
3. Die einzelnen Gruppen berichten über die Erkenntnisse aus der Gruppenarbeit. Die förderlichen und hemmenden Aspekte werden gesammelt.
4. Abschließend wird ermittelt, wie die Situation verbessert werden kann; was zur Verstärkung der stützenden Kräfte und zur Abschwächung der hinderlichen Kräfte getan werden kann. Dafür werden in einem Klassengespräch nach den inzwischen schon bekannten Fragen Konsequenzen formuliert und vereinbart: Was sollte die Lehrerin bzw. der Lehrer berücksichtigen? Was können die Schüler/innen tun, um besser zu lernen? Eventuell kann sich daraus auch ein Thema für die Weiterarbeit ergeben, zum Beispiel das gezielte Training bestimmter Lerntechniken.

Methode 14

Beachten:
Das Instrument braucht viel Zeit; sein Einsatz lohnt sich aber bei Themen bzw. Problemen, die nicht leicht durchsichtig sind und an deren Lösung ein von der Mehrzahl der Beteiligten artikuliertes Interesse besteht.
(Burkard/Eikenbusch 2000, S. 82; Baukloh-Herzig 2000)

4.3.10 Lerntagebuch/Lernjournal

Das Lerntagebuch ist eine Reflexionshilfe und ein Entwicklungsinstrument zur Förderung der Lernkompetenz. Herrmann/Höfer bestimmen dieses Rückmeldeinstrument mit dem folgenden Satz: »Das Lerntagebuch ist ein Instrument, das Schülerinnen und Schülern Gelegenheit geben soll, ihren eigenen Lernprozess systematisch zu reflektieren und das ihnen damit eine Hilfestellung bieten kann in der Entwicklung der Fähigkeit zur eigenverantwortlichen Selbststeuerung ihres Lernens.« (1999, S. 82)

Erfahrungsberichte zum Umgang mit Lerntagebüchern finden Sie bei Nádas/Nietzschmann 2001 und Ziegler/Herrmann 2001, beide in: PÄDAGOGIK 5/2001. Einen Erfahrungsbericht über die Arbeit mit Lerntagebüchern in Kombination mit dem Instrument der Zielscheibe (s. Kapitel III, Abschnitt 4.9) als Grundlage von systematischen Gesprächen über Unterricht finden Sie bei Fritz/Vilaumi 2002 in PÄDAGOGIK 3/2002.

Methode 15

Vorgehen:
Die Schüler/innen führen ein Lerntagebuch. Dort tragen sie freie oder strukturierte Kommentare ein. Voraussetzung ist, dass jede/r Schüler/in ein Tagebuch besitzt und es selbst aufbewahrt.

- Lehrer/in und Klasse besprechen gemeinsam die Einführung des Lerntagebuches. Dabei soll allen Beteiligten transparent werden, welche Ziele mit dem Tagebuch verfolgt werden und welche nicht.
- Vereinbaren Sie, wie die Eintragungen ausgewertet werden können. In welcher Form soll das geschehen, wann, wie häufig ungefähr?
- Legen Sie gemeinsam fest, wann Sie die Eintragungen vornehmen wollen (nach jeder Stunde/Unterrichtseinheit/Woche? Im Unterricht/danach/zu Hause?)
- Das Tagebuch kann eine Seite Null enthalten, die die Schüler/innen an Sinn und Zweck des Tagebuches erinnert, und daran, wie Sie mit diesem Tagebuch umgehen können.

> **Beispiel: Seite null eines Lerntagebuchs**
>
> *Ich schreibe das Lerntagebuch in erster Linie für mich selbst! Es wird nicht benotet, es wird nicht angestrichen und nicht verbessert. Was ich denke, kann nur ich beschreiben. Es ist immer richtig, weil es einfach das ist, was ich denke.*
>
> Ich kann mit diesem Lerntagebuch aber etwas über mich in Erfahrung bringen, ich kann erkennen, wie Lernen bei mir am besten klappt. Wenn ich es regelmäßig benutze, kann ich immer wieder zurückblättern, kann ich Dinge nachlesen, ich kann sehen, ob sich etwas verändert hat, ob ich besser, schlechter geworden bin, ob ich anders lerne als vorher — ich kann schauen, was ich lerne, wie ich lerne, und was und wie ich lieber lernen will.
> Ich kann auch mit meinem Lehrer/meiner Lehrerin über mein Lerntagebuch sprechen. Ich brauche keine Angst zu haben, dass ich blöd da stehe. Denn vielleicht kann auch mein Lehrer, meine Lehrerin etwas von mir lernen, was mir leicht und was mir schwer fällt, was mich noch interessiert.
> Ich kann aber auch mit meinen Klassenkameraden und -kameradinnen über mein Lerntagebuch sprechen. Vielleicht ist es interessant, wie andere lernen, was anderen leicht und schwer fällt. Vielleicht können wir dadurch auch mehr voneinander lernen.
> (Aus: Herrmann/Höfer 1999, S. 84)

- Die Eintragungen können frei und formlos vorgenommen oder in ein vorgefertigtes Formular eingetragen werden. Mögliche Fragen eines Formulars für Schüleraufzeichnungen wären:
  - Datum
  - Was habe ich gerne getan/nicht gerne getan?
  - Bin ich gelobt worden? Wofür?
  - Was habe ich heute gelernt?
  - Was würde mich jetzt noch interessieren?
  - Heute bin ich mit mir zufrieden/nicht zufrieden, weil ich ...

  (nach: Fritz/Vilaumi 2002)

  Oder: Die Lehrperson kann zur Eintragzeit mündlich darauf hinweisen, dass die Schüler/innen eintragen können, (a) was ihnen in Erinnerung geblieben ist, (b) was sie gut fanden, (c) was sie schlecht fanden und (d) was sie heute gelernt haben.
- Die Auswertung erfolgt wie abgesprochen. Folgende Varianten sind praktikabel:
  - In größeren Abständen nehmen die Schüler/innen eine Selbstauswertung vor. In kleineren Gruppen stellen sie einander ihre Eintragungen vor und erläutern sie. Die Ergebnisse dieser Vorstellung schreiben sie auf Karten, die dann ausgehängt werden. In gemeinsamer Diskussion ordnet die Klasse/der Kurs zusammen mit der Lehrkraft die Karten und vereinbart, welche Konsequenzen aus den Rückmeldungen gezogen werden sollen.

- Beauftragte sammeln von Zeit zu Zeit die Journale ein, werten die Feedbacks aus, präsentieren die Ergebnisse und alle besprechen diese gemeinsam.
- Die Eintragungen werden nach einer oder zwei Wochen in eine individuelle Zielscheibe mit den gleichen Kategorien übertragen. Danach überträgt jeder Schüler seine Punkte auf eine Klassenzielscheibe. Die Punkte werden dann in Kleingruppen interpretiert und die Interpretationen präsentiert (vgl. Fritz/Vilaumi 2002; zum Umgang mit der Zielscheibe vgl. Methode 26, S. 137).

Vorteil:
Die Selbstreflexionen werden kontinuierlich aufgezeichnet. Dadurch ergibt sich eine enge Verbindung mit dem eigenen Lernerlebnis. Lerntagebücher sind deshalb für regelmäßigen, über längere Zeiträume begleitenden Einsatz geeignet. Die Schüler/innen können im gegenseitigen Austausch entdecken, dass Dinge, die ihnen schwer fallen, anderen keine Probleme machen und umgekehrt. Mit solchen Verfahren bereiten die Schüler/innen Formen gegenseitiger Lernberatung vor.

Beachten:
- Das Lerntagebuch »ist keine Grundlage für Bewertungen, es wird nicht abgegeben und es wird nicht korrigiert« (Herrmann/Höfer 1999, S. 82).
- »Änderungen von Fragestellungen, Präzisierungen usw. sind ›unterwegs‹ genauso sinnvoll und möglich wie der Wechsel von einer zu Beginn durch feste vorgegebene Fragen eher ›gebundenen‹ Form zu einer offenen, freieren.« (Herrmann/Höfer 1999, S. 84/85)
- Das Lerntagebuch »braucht eine gewisse Routine, eine Selbstverständlichkeit im Unterrichtsalltag einer Klasse« (ebd., S. 85).

Variante: Spickzettel-Tagebücher

Wer einen guten Spickzettel erstellen kann, der muss begriffen haben, was er aufschreibt. Warum also sollten Eintragungen in das Lerntagebuch nicht als Spickzettel gestaltet werden? Das Muster dafür kann folgendermaßen aussehen. Die Spickzettel werden als Tagebuchseiten gesammelt und dokumentiert.

1. Welche Arbeitsschritte habe ich vollzogen?
2. Bei welchen Arbeitsschritten hatte ich Schwierigkeiten?
3. Woran könnte das gelegen haben?
4. Was könnte ich anders machen?
5. Sonstige Bemerkungen (Ideen, Kommentare, u.a.)

Methode 15

Vorteile:

(1) »Auf eine solche Art und Weise wird nicht nur durch die Erstellung des »Spickers« das Thema erneut gedanklich durchdrungen, sondern auch die Vorgehensweise reflektiert. Was muss ich tun, wenn ich einen guten Spickzettel schreiben will? Hierdurch wird methodisches Vorgehen reflektiert und zugleich immer wieder eingeübt.« (2) »Ein Überblick über die in einem längeren Zeitraum gesammelten Spickzettel bietet auch eine tiefere und differenziertere Erkenntnis hinsichtlich der konkreten Lernfortschritte und Lernschwierigkeiten einzelner Schülerinnen und Schüler.« (Herrmann/Höfer 1999, S. 90)

Variante: Lerntagebücher in der Grundschule

> Lehrer/in und Schüler/innen haben vereinbar, dass in der Gestaltung der Arbeitshefte eine bestimmte Ordnung eingehalten und auf bestimmte Regeln der Textgestaltung geachtet werden soll. Dafür haben sie Kriterien und Regeln erarbeitet. Mit dem Lerntagebuch erhalten sie eine gute Gelegenheit, sich selbst zu überprüfen. Im Folgenden ein Raster für das Thema »Heftseite gestalten«, verwendbar in den Klassen 2 bis 4.

Darauf habe ich geachtet:

1. Ich habe schön geschrieben!
2. Ich habe den Rand beachtet!
3. Ich habe an den Zeilenanfang gedacht!
4. Ich habe ein passendes Bild gemalt!
5. Ich habe Absätze gemacht! (ab Klasse 3)
6. Ich hatte Schwierigkeiten   ja   ☐   nein   ☐
   Wenn ja: Warum _____

4.3.11 Lernrad

Methode 16

Mit diesem Instrument lassen sich individuelle Lernprobleme identifizieren. Im Unterricht ist in der Regel zu wenig Zeit für die individuellen Lernprobleme der Schüler/innen. Das Lernrad kann helfen, individuelle Lernprobleme im Unterricht zu analysieren und gezielt an Hilfestellungen zu arbeiten. Das Lernrad ähnelt dem Instrument der Zielscheibe, das in diesem Kapitel, Abschnitt 4.4.9 vorgestellt wird.

Vorgehen:

1. Das Lernrad wird den Schüler/innen am Beginn eines Schultags ausgeteilt und erklärt. Es besteht aus zwei Fragen: »Was ich zum Verstehen brauche« (außen am Rad); »Was ich nicht verstanden habe« (innen am Rad). Zwischen zwei Speichen des Rades befindet sich je eine Unterrichtsstunde.

Methode 16

2. Am Ende jeder Unterrichtsstunde erhalten die Schüler/innen 5 Minuten Zeit, um ihre Eintragungen in das Lernrad zu machen.
3. Nach der letzten Unterrichtsstunde des Tages werden die ausgefüllten Lernräder eingesammelt. Die Auswertung erfolgt zunächst durch die Lehrer/innen, deren Unterrichtsstunden am ausgewählten Tag betroffen sind; diese entwickeln auch individuelle Konsequenzen. (Die Auswertung lässt sich auch im Sinne der voranstehenden Methoden gemeinsam gestalten.)
4. Zur weiteren Entwicklung ist eine fachübergreifende Diskussion der Ergebnisse anzustreben, in der die Probleme der Schüler/innen über die Fachgrenzen hinweg analysiert und besprochen werden. Daraus lassen sich entsprechende Konsequenzen ableiten und Maßnahmen zur gezielten Förderung entwickeln. (Nach: Lernende Schule 5/99)

4.3.12 Offene Fragen für jugendliche Schüler/innen zur Beobachtung ihres Lernprozesses

Methode 17

- Wie erleben Sie den Unterricht?
- Wo haben Sie Verständnisprobleme, und wo verstehen Sie besonders gut?
- Welche Ereignisse, Tätigkeiten, Methoden, Handlungen empfinden Sie im Unterricht als förderlich, welche als hemmend?
- Was haben Sie aus Ihrer Sicht im x-Unterricht der letzten zwei Wochen/gestern gelernt?
- Wieweit sind Sie im Unterricht aus Ihrer Sicht unter- bzw. überfordert?
- Welche Anregungen von außerhalb der Schule unterstützen, und welche hindern Sie beim Erwerb von Wissen, Fähigkeiten und Fertigkeiten?

Sammeln Sie Ihre Antworten auf diese Fragen,

- um Ihren Lernprozess mit der Zeit besser zu erkennen.
- um die Beobachtungen in zusammengefasster Form den Lehrer/innen mitzuteilen.
- um mit Ihren Mitschüler/innen zu vergleichen, welche Ähnlichkeiten und Unterschiede es gibt. (Nach: Schratz 1999)

4.4 Feedback-Methoden zum Ende von Lerneinheiten

Vorbemerkung

Die Überschrift für diesen Abschnitt markiert zwar den Ort des Feedbacks im Lernprozess richtig, dennoch kann sie – insbesondere vor dem Hintergrund gängiger Praxis – missverständlich sein. Wenn Feedback zu Konsequenzen führen soll, die auf den weiteren Lernprozess Einfluss haben sollen, dann kann mit dem Ende von Lerneinheiten immer nur eine Zäsur gemeint sein, ein Zeitpunkt innerhalb eines größeren Prozesses, an dem Fragen geklärt werden, um Konsequenzen für folgende Lernprozesse dieser Lerngruppe zu formulieren. Insofern ist Feedback-Arbeit am Ende von Lerneinheiten immer gleichzeitig eine Rückmeldung für folgende Lerneinheiten.

Feedback am Ende von Lernprozessen, nach denen sich keiner der Beteiligten wieder sieht, einzuholen, ist eine Merkwürdigkeit und dennoch nicht selten die einzige Form, in der Feedback erfahren wird. Noch heute lernen angehende Lehrer/innen Feedback« nur als so genannte »Seminarkritik« in der Universität kennen; als Ventil, das geöffnet wird, um Frust »abzulassen« oder unverbindliche Freundlichkeiten zu verbreiten. Dass diese Arbeitsform etwas mit Konsequenzen und mit der Übernahme von gemeinsamer Verantwortung für den Prozess zu tun haben soll, bleibt vor dem Hintergrund dieser Erfahrungen mit Feedback am Ende von Lerneinheiten im Dunkeln. Vielleicht ist dies ja auch ein Grund dafür, dass man als Lehrender nicht so gerne in eine solche Situation kommen möchte.

4.4.1 Blitzlicht/Gesprächsrunde

Methode 18

Das Blitzlicht ist sicher die bekannteste Form des Feedbacks. Es findet – z.B. im Klassenrat, im Morgenkreis, nach einer Arbeitsphase – als eine freie oder mit ein bis zwei Leitfragen strukturierte Aussprache statt. Die Rückmeldungen werden zuerst als Blitzlicht reihum abgefragt; dann kann ein Gespräch über Konsequenzen zu einem oder einigen wichtigen Punkten folgen. Eine Variante für Jüngere/Ungeübte: Es spricht, wer das »Mikrofon«/den Ball/das Gruppenmaskottchen hat. Hilfreich sind folgende strukturierende Fragen (alternativ):

- So ist es mir heute in der Gruppe/bei der Arbeit/... ergangen.
- Das hat mir heute nicht so gut gefallen, damit habe ich mich unwohl gefühlt.
  Oder: Das hat mir heute gut gefallen, dabei habe ich mich wohl gefühlt.
- Das hat heute meine Mitarbeit befördert.
  Oder: Das hat mich bei der Mitarbeit behindert.
- Das war heute wichtig für mich, das nehme ich mit.
  Oder: Das möchte ich euch zum Abschluss des heutigen Tages sagen.
- Das hat mir beim Lernen geholfen, das hat mir nicht geholfen.

Variante:
Bei regelmäßiger Durchführung eignet sich diese Methode auch sehr gut als begleitendes Feedback-Verfahren. Die Äußerungen können auf Wandzeitungen festgehalten werden, sodass man den Verlauf einer Lernphase/eines Halbjahrs etc. schriftlich vor Augen hat und in einem Abschlussgespräch gut rekapitulieren kann.

Vorteil:
Erlaubt Nuancen einzubringen, welche bei schriftlichen Verfahren eher nicht genannt wurden. (Pädagogische Arbeitsstelle LCH; Keller/Strittmatter 1998; Baukloh-Herzig 2000)

4.4.2 Fragebogen-Evaluation

Dieses Verfahren funktioniert ähnlich wie Methode 18, wird aber schriftlich durchgeführt.

Vorgehen:
1. Folgenden Bogen füllen die Schüler/innen am Ende eines Tages aus und geben ihn an die Personen, die mit der Auswertung beauftragt sind.

> **Moment mal! Was war heute eigentlich los?**
>
> - Besonders interessant war für mich:
> - Folgende Dinge sind mir klar geworden:
> - Unklar geblieben ist mir:
> - Ich habe noch folgende Fragen zu diesem Thema:
> - Nicht gefallen hat mir:
> - Ich will versuchen, Folgendes in der nächsten Zeit auszuprobieren:

2. Die Auswertenden gruppieren die Antworten nach Gemeinsamkeiten und Themenschwerpunkten. Dann stellen sie die Ergebnisse der Klasse/der Gruppe/dem Kurs vor.
3. Anschließend gemeinsame Diskussion mit den Schwerpunkten: (a) Das war gut, sollten wir wieder so machen/beibehalten; (b) Folgendes werden wir verändern/verbessern, und zwar indem wir ... (Herrmann/Höfer 1999, S. 57)

4.4.3 Symbole überreichen

Vorgehen:
1. Die Schüler/innen werden eingeladen, der Lehrperson einen Symbolgegenstand zu überreichen. Dazu soll ein Kommentar über die Person bzw. den erlebten Nachmittag, Tag, Block usw. abgegeben werden.
2. Aus den Gegenständen ein Gebilde zusammenstellen und gemeinsam kommentieren. Kommentare an Wandzeitung/Flip-Chart festhalten.
3. Endprodukt fotografieren.

Vorteil:
Spontanes Medium, gibt non-verbalem Ausdruck eine Chance.

Beachten:
Nicht auf Begründungen drängen, wenn sie nicht spontan kommen. Feedback-Regeln beachten!

Kritischer Hinweis:
Ein offensichtlich lehrerzentriertes Verfahren, die der hier intendierte Tendenz einer gemeinsamen Verantwortung in unterschiedlichen Rollen zumindest nicht fördert. (Schratz/Steiner-Löffler 1998)

4.4.4 Drei Mal plus, drei Mal minus

Diese Methode eignet sich gut für die Evaluation kurzer Lerneinheiten.

Vorgehen:
1. Die Schüler/innen schreiben auf einen in der Mitte geteilten Zettel je Hälfte maximal 3 positive und 3 kritische Bemerkungen zum erlebten Fach/Block/Projekt.
2. Die Karten werden an einer Wand gesammelt; unklare Formulierungen werden geklärt.
3. Schüler/innen und Lehrer/in einigen sich auf die Konsequenzen, die sie aus diesem Feedback ziehen wollen. (Pädagogische Arbeitsstelle LCH; Keller/Strittmatter 1998)

4.4.5 Spontan-Feedback

Feedbacks zu Arbeitsblättern, Prüfungen etc. direkt auf das Blatt schreiben lassen (»War zu schwierig« – »Hat mir Spaß gemacht« – »Aufgabe war zu wenig erklärt«).

4.4.6 Stimmungskurve

Vorgehen:
1. Auf eine lange Plakatrolle wird von bzw. mit den Schüler/innen eine Art Geschichtsfries über eine ganze Unterrichtseinheit (Woche, Phase, Semester) gezeichnet. Dieses Verfahren ermöglicht gleichzeitig eine inhaltliche Repetition der Einheit. Die Gruppe bestimmt (mit Datum), welches die markanten Ereignisse sein sollen.
2. Nun zeichnet jede/r Schüler/in mit Filzschreiber seine/ihre »Fieberkurve« ins Fries; Dabei werden Hochs und Tiefs markiert.
3. Danach erfolgt ein Auswertungsgespräch vor allem über markante Stimmungsausschläge.

Vorteil:
Die Methode eignet sich für die abschließende Evaluation einer ganzen Phase. Sie gibt nicht nur der Lehrperson Rückmeldungen, sondern schärft auch die Reflexion der Lernenden über die Vor- und Nachteile bestimmter didaktischer Arrangements. Schritt (1) gibt eine Rückmeldung darüber, inwieweit die Lernphase überhaupt noch im Gedächtnis ist. (Pädagogische Arbeitsstelle LCH; Keller/Strittmatter 1998)

4.4.7 Offenes Feedback zu einer Lerneinheit

Stellen Sie sich folgende offene Fragen:

- Was habe ich aus der Stunde/Einheit an wichtigem Wissen mitgenommen?
- Mit welchem Stoff habe ich nach wie vor Probleme?
- Was war gut an dieser Unterrichtsphase?
- Was war nicht so toll an dieser Unterrichtsphase?
- Wie kann man meiner Meinung nach diese Unterrichtsphase besser gestalten, bzw. was kann der/die Lehrer/in besser machen?

Mögliche Leitfragen zur Auswertung:

- Stimmt das gelernte Wissen mit den vom Lehrenden formulierten Zielen überein?
- Was können die Schüler/innen tun, um die Schwierigkeiten abzubauen?
- Welche Erklärungen haben wir für die geäußerte Negativ-Kritik?
- Welche der Veränderungen werden wir in Angriff nehmen? Wie?

4.4.8 Offenes Projekt-Feedback

Methode 25

Systematische Auswertung von Erfahrungen mit Schul- oder Unterrichtsprojekten. Diese Form der Erfahrungssicherung und Dokumentation kann bei der Weiterentwicklung dieser Unterrichtsform helfen.

- Was ist mir wichtig in diesem Projekt?
- Was habe ich/haben wir bis jetzt erreicht?
- Welche Aufgaben/Probleme des Projekts sind noch offen?
- Wobei habe ich mich wohl gefühlt?
- Was hat sich bewährt und sollte ich/sollten wir beibehalten/wiederholen?
- Wobei habe ich mich unwohl gefühlt?
- Was sollte man/möchte ich beim nächsten mal anders machen? (Burkard 1995)

4.4.9 Evaluationszielscheibe (hier zum Unterrichts- und Schulklima)

Methode 26

Es geht hier um die Gestaltung einer pädagogisch wirksamen Schul- und Lernkultur, in der die Entfaltung von Verstand, Gefühl und Intuition im Unterrichtsprozess ermöglicht wird. Das Instrument der Zielscheibe ist selbstverständlich darüber hinaus für nahezu alle Feedback-Themen einsetzbar (die Erfahrungen mit Feedback-Arbeit in den Klassen 5 und 6 [Fall 1] und in der gymnasialen Oberstufe [Fall 3] im Kapitel II) zeigen interessante Varianten und Differenzierungen).

1. Nachdem (z.B. in einer Klassenkonferenz) die Durchführung einer Erhebung von Aussagen zum Klima in der Klasse und an der Schule beschlossen worden ist, werden die Schülerinnen und Schüler über das Interesse der Lehrerinnen und Lehrer sowie die Zielsetzung dieser Erhebung informiert.
2. Die Schülerinnen und Schüler der betreffenden Klasse erhalten jeder eine vorbereitete Zielscheibe. Vor dem Ausfüllen wird die Form der Markierung auf der Zielscheibe besprochen (innen/5 = trifft voll zu, außen/1 = trifft nicht zu). Dies kann mit einem Filzstift oder mit Klebepunkten geschehen.
3. Die individuellen Zielscheiben der SchülerInnen sollten möglichst sofort ausgewertet werden. Am besten liest eine Person die einzelnen Schülerergebnisse vor, und eine Zweite trägt diese in eine leere vorbereitete Klassen-Zielscheibe ein.
4. Die Präsentation die Ergebnisse schafft genug Anlässe zur Diskussion. In das Gespräch sollten möglichst alle Lehrpersonen dieser Klasse einbezogen werden, wenn es um das Verstehen der Äußerungen zum Schul- und Unterrichtsklimas der betreffenden Gruppe geht.

Vorteil:
Sowohl positive Verhältnisse als auch Kritikpunkte sind sofort sichtbar.

Beachten:
Bei der Auswertung alle »Punkte« ernst nehmen. Dabei sollte Zeit sein, die Platzierung der Punkte zu erläutern oder – wenn Anonymität gewahrt werden soll, öffentlich darüber nachzudenken, warum die Verteilung der Punkte so vorgenommen wurde. Besonders die Diskussion über »Ausreißer« kann fruchtbar sein. (Eikenbusch 1998)

In den Fällen 1 und 4 finden sich Differenzierungen zum Umgang mit den Ergebnissen. Insbesondere die Vorbereitung der Interpretation in Kleingruppen und die Konzentration auf einzelne Segmente der Zielscheibe (»Tortenstücke«) hat den eigenständigen und konzentrierten Umgang mit den Ergebnissen befördert. Dabei wird auch erkennbar, wie diese Methode bei einem kontinuierlichen Einsatz gut als prozessbegleitendes Instrument genutzt werden kann.

4. Methoden zur Gestaltung von Feedback-Arbeit **139**

Klasse: _____   Datum: _____

Die Zielscheibe

Bitte markiere in jedem der acht Kreissegmente den für dich zutreffenden Treffer mit einem ✗ (5 = trifft voll zu)!

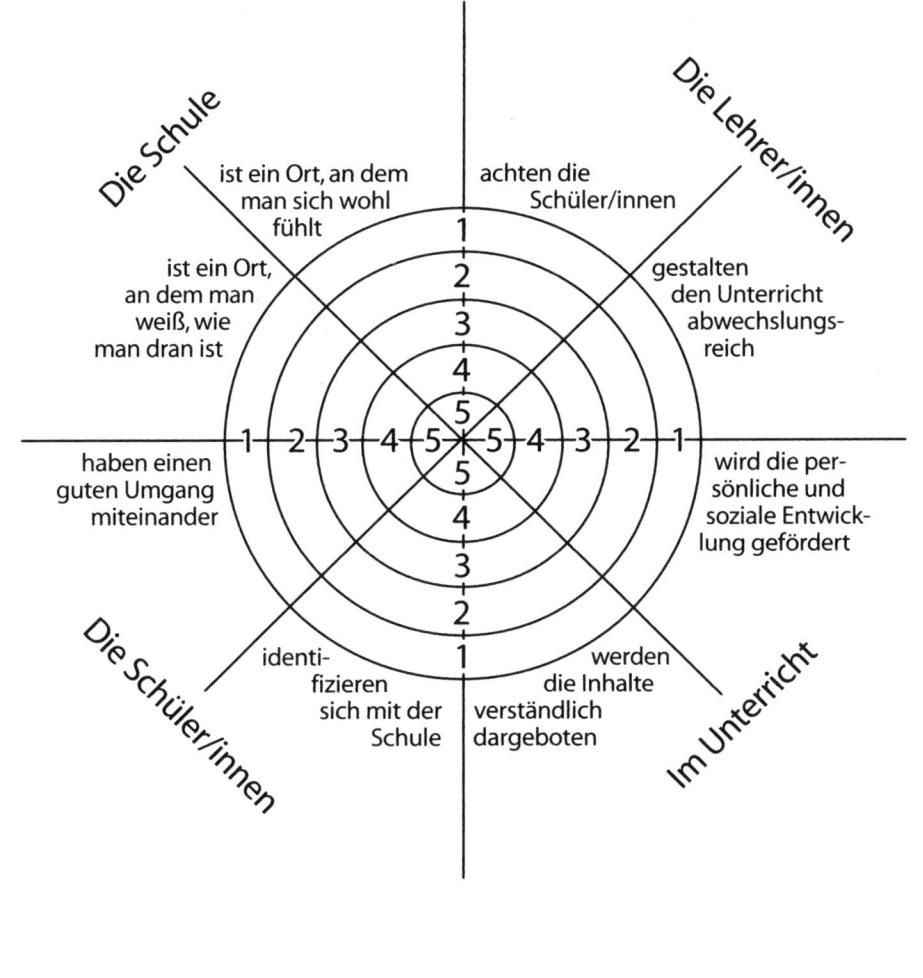

Aus: Schratz u. a.: Qualitätsentwicklung, 2000.

4.5 Feedback-Methoden zur Förderung der Arbeit in der Lerngruppe

4.5.1 Feedback zum Guttun (Verbesserung des Klassenklimas)

Methode 27

- Vor den Sommerferien bekommt jede/r, auch die Klassenlehrer/innen, einen leeren Din-A3-Bogen auf den Rücken geklebt und den Auftrag, im Klassenraum herumzugehen und jedem/r etwas Positives auf diesen Zettel zu schreiben. – Sie können folgende Formulierungshilfen an die Tafel schreiben: Mir gefällt an dir, dass du …/Du kannst gut ..../Ich finde gut, dass du … (»Da gab es vor Freude strahlende Augen.«)
- Beim ersten Julklapp/Wichteln in der 5. Klasse machen sich die Kinder nicht nur gegenseitig kleine Geschenke, sondern schreiben ihrer/m durch Zufall ermittelten Partner/in einen Brief mit kleinen Nettigkeiten. Wer damit Schwierigkeiten hat – denn die meisten können besser kritisieren als loben – kann positive Adjektive zum Namen der Partnerin schreiben. (Baukloh-Herzig 2000)

4.5.2 Rollenverhandlung: Wie du mich/uns unterstützen kannst

Methode 28

Sinn dieser Methode ist, durch Rückmeldungen die Zusammenarbeit mit dem Lehrer bzw. der Lehrerin und/oder mit den Schüler/innen zu verbessern.

(1) Karten schreiben

Variante: Feedback an die Lehrperson.
Die Schüler/innen formulieren, welche Verhaltensweisen der Lehrperson (a) hilfreich und beizubehalten sind, (b) sie sich häufiger wünschen und (c) sie nicht mögen. Diese Arbeit ist als »Wandzeitung« oder individuell als »Brief« möglich.

- Mit folgendem Verhalten helfen Sie mir oft, gut zu lernen und mich in der Gruppe wohl zu fühlen. Bitte behalten Sie das bei.
- Folgendes Verhalten vermisse ich bei Ihnen. Könnten Sie versuchen, es auch mal bzw. ein bisschen öfter zu zeigen?
- Folgendes Verhalten erlebe ich als hinderlich für mein Lernen bzw. Wohlbefinden in der Gruppe. Könnten Sie es ein wenig seltener zeigen oder ganz darauf verzichten?

Die Schüler/innen geben die Karten an die Lehrperson.

Variante: Feedback an die Partner der Gruppenarbeit.
Die Schüler/innen erhalten nach einer Gruppenarbeit Karten in drei Farben. Für jedes andere Gruppenmitglied schreiben sie auf die Karten:

- Grün: Mit diesen Verhaltensweisen hast du mir/uns bei der Gruppenarbeit geholfen, und ich möchte, dass du sie beibehältst:
- Rot: Du würdest mir/uns helfen, besser zusammenzuarbeiten, wenn du Folgendes mehr oder besser/weniger oder nicht mehr machst:
- Blau: Zum Ausgleich biete ich dir an, mein Verhalten folgendermaßen zu ändern:

Variante: Feedback über das Klassenklima.
Für ein Feedback zur Zusammenarbeit in der Klasse werden die Schüler/innen nach dem Zufallsprinzip in Fünfergruppen aufgeteilt. Die Formulierungshilfen können lauten »Durch ... trägst du dazu bei, dass ich mich in der Klasse (im Kurs, im Projekt, in der Schule) wohl fühle«; »Du könntest helfen, dass wir in der Klasse noch besser miteinander klar kommen, wenn ...«.
Die Schüler/innen geben einander die Feedback-Karten.

(2) **Einwirken lassen, verstehen und über Lösungen nachdenken**

Die Teilnehmenden nehmen die Karten, die sie erhalten haben, mit nach Hause. Dort lesen sie in Ruhe und allein *alle* Karten, die Sie bekommen haben, unter den Fragestellungen: Verstehe ich, welches Verhalten meine Partner/innen an mir gut finden? Verstehe ich, welche Änderungswünsche sie an mein Verhalten haben?

Zu Hause überlegt sich jeder, inwieweit er den Wünschen der Gruppenmitglieder entgegenkommen will und kann und was er genau dafür tun möchte. Außerdem überlegt sich jeder, wie und von wem er konkret dabei unterstützt werden könnte. Diese Angebote schreibt er auf und bringt sie zur zweiten Sitzung mit.

(3) **Verständnisfragen klären und Vereinbarungen treffen**

In der zweiten Sitzung können alle Teilnehmer/innen Verständnisfragen stellen (Variante Lehrperson: Die Lehrperson kann darüber hinaus eine Stellungnahme abgeben). Danach hängen sie (hängt die Lehrperson) ihre Angebote und Wünsche aus: »Das will ich tun, um euren Wünschen zu entsprechen – und diese Unterstützung wünsche ich mir dabei«.

Beachten:
Botschaften konkret und verständlich schreiben. Realistische Angebote machen. Die zweite Sitzung unbedingt direkt am folgenden Tag durchführen. Zwischen beiden Sitzungen sollte möglichst keine andere Unterrichtsstunde liegen.

(4) Gruppenvertrag schließen

Der/die Moderator/in hält die Ergebnisse und Vereinbarungen, die Sie in diesem Gespräch entwickeln, in einem Gruppenvertrag fest: *Gruppenvertrag (mit Beispiel)*

Name	Das tue ich, um euren Wünschen entgegenzukommen	Dafür erhalte ich folgende Unterstützung ... von ...	Daran kann ich erkennen, dass ich erfolgreich etwas geändert habe
Lehrer/in	Werde öfters nachfragen, ob ich euch »zulaber«.	Alle geben mir Stopp-Signale, besonders Murat	In einem Monat (am xx.xx.) gibt es eine Rückmeldung der Klasse dazu.
Daja	Melde mich bei jedem Treffen zwei Mal zu Wort, notfalls auch wenn ich noch nicht formulieren kann, was ich meine.	Alle: die Gruppe gibt mir Zeit zu formulieren. Katarina fragt nach und ermutigt mich	Wenn ihr findet, dass ich gut mitrede und nicht mehr ständig schweige.
Murat	Sorge dafür, dass immer einer von uns die Gesprächsleitung übernimmt.	Daja denkt auch dran.	Jede Sitzung wird von einem von uns geleitet, abwechselnd.
...			
In zwei Monaten machen wir eine Sitzung zur Überprüfung. Verantwortlich für Stattfinden und Ablauf dieser Sitzung sind Otto, Iris.			

(5) Kurze Abschlussrunde

- Das war heute wichtig für mich, das nehme ich mit.
- Das möchte ich der Gruppe zum Abschluss des heutigen Tages sagen.

Vorteile:
Die Teilnehmer geben und bekommen differenzierte Anerkennung für das, was sie tun, und Kritik an Verhaltensweisen, die nicht so hilfreich für die Gruppenmitglieder sind. Zugleich entwickeln Sie gemeinsam Lösungen und Änderungsmöglichkeiten für problematische Verhaltensweisen.

Beachten:
Diese Arbeit berührt sensible Bereiche, eine ruhige und wohl wollende Grundstimmung ist nötig, um sie durchführen zu können. Nehmen Sie sich Zeit! Un-

bedingt den Verhandlungsteil anschließen (Sagen, was bei mir angekommen ist und was ich damit zu machen gedenke).

Formular für ein Rollen-Feedback

An:

Von:

Mit folgendem Verhalten helfen Sie mir oft, gut zu lernen und mich in der Gruppe wohl zu fühlen. Bitte behalten Sie das bei:

_____
_____
_____

Folgendes Verhalten vermisse ich bei Ihnen. Könnten Sie versuchen, es auch mal bzw. ein bisschen öfters zu zeigen?

_____
_____
_____

Folgendes Verhalten erlebe ich als hinderlich für mein Lernen bzw. Wohlbefinden in der Gruppe. Könnten Sie es ein wenig seltener zeigen oder ganz darauf verzichten?

_____
_____
_____

(Bearbeitet nach: Schratz/Steiner-Löffler 1998)

4.5.3 Teamtest

Alle Mitglieder einer Gruppe füllen *nach* ihrer Gruppenarbeit *gemeinsam* ein Plakat mit folgenden Fragen aus:

- Was hat jedes Teammitglied Neues gelernt?
- Was hat jedes Teammitglied zum Gelingen des Ergebnisses beigetragen?
- Wie wurden die Rollen für die Teamarbeit verteilt?
- Wie wurde mit Fehlern umgegangen und wie wurden Schwierigkeiten überwunden?

- Was haben wir für die nächste Teamarbeit gelernt? Was werden wir beim nächsten Mal genauso, was werden wir anders machen?

Bei Nicht-Übereinstimmungen sollen die unterschiedlichen Meinungen nebeneinander aufgeführt werden. (Lernende Schule 5/99)

4.5.4 Fragebogen zur Gruppenarbeit

Mit folgenden Fragen:

- Worum ging es in der heutigen Stunde?
- Was hat mir Spaß gemacht?
- Was hat mir keinen Spaß gemacht?
- Wobei habe ich am meisten gelernt?
  Wenn dies keine offene Frage sein soll, dann sind dies mögliche Antwortvorgaben:
  – als ich allein arbeitete.
  – als ich im Tandem arbeitete.
  – als ich in der Gruppe arbeitete.
  – als der Lehrer der Klasse das Wesentliche erklärte.
- Wer hat mir am meisten geholfen?
  – andere Schüler/innen.
  – die Lehrerin/der Lehrer.
  – die Arbeitsgruppe.
  – niemand.
- Habe ich anderen geholfen?
- Wie habe ich im Unterricht mitgearbeitet?
- Wie habe ich in der Arbeitsgruppe mitgearbeitet?

Auch hier empfiehlt sich eine vorbereitete gemeinsame Auswertung. (Herrmann/Höfer 1999)

4.6 Feedback-Methoden zur Förderung der Leistungsentwicklung: Kompetenzraster

von Petra Merziger und Jochen Schnack

Kompetenzraster, Leistungstransparenz und Leistungsentwicklung

Die aktuelle Diskussion über Leistung und Leistungsverbesserung ist auch eine Diskussion darüber, wie Schülerinnen und Schüler lernen können, ihre eigene Leistungsfähigkeit genauer zu bestimmen und gezielt zu verbessern. Dazu brauchen sie möglichst konkrete Rückmeldungen über ihre Lernentwicklung.

Das Problem der traditionellen Leistungsrückmeldung in Form von Noten ist, dass sie nur wenig konkrete Hinweise darüber enthalten, was zu tun ist, um die Leistungen zu verbessern. Mit Feedback-Arbeit sollen die am Unterricht Beteiligten dazu angeregt werden, sich über Lernprozesse so auszutauschen, dass diese von allen Beteiligten besser verstanden werden. Dahinter steht die Annahme, dass ein besseres Verständnis der Gelingensbedingungen von Lernprozessen die Möglichkeit bietet, sowohl die Lernprozesse als auch die Lehrprozesse besser – und das heißt auf Seiten der Schülerinnen und Schüler vor allem selbstständiger – zu gestalten. Zu einer solchen eigenständigen Gestaltung der Lernprozesse gehört in besonderer Weise die Fähigkeit, die eigenen Leistungen und Kompetenzen selbst einschätzen zu können.

In der aktuellen Diskussion über Dimensionen von Schülerleistungen werden Sach-, Methoden-, Sozial- und Selbstkompetenzen unterschieden. Damit Schülerinnen und Schüler lernen, die eigene Kompetenzentwicklung bewusst und eigenständig zu steuern, ist ein Prozess erforderlich, der die folgenden Elemente beinhaltet:

- Schülerinnen und Schüler müssen die Möglichkeit bekommen, die Kriterien für die Bewertung ihrer Leistungen und die damit verbundenen Anforderungen kennen zu lernen.
- Schülerinnen und Schüler müssen die Möglichkeit bekommen, die eigenen Leistungen zu vorgegebenen Anforderungen in Beziehung zu setzen und realistisch einzuschätzen.
- Schülerinnen und Schüler müssen die Möglichkeit bekommen, die nächst bessere Leistungsstufe zu erkennen, um die Entwicklung der Leistung konkret antizipieren und eigenständig planen zu können.

Sind diese Prozessmerkmale in Feedback-Arbeit eingebunden, dann wird die individuelle Selbsteinschätzung der Schülerinnen und Schüler durch Beurteilungen von Mitschülerinnen und Mitschülern oder von dem Lehrer bzw. der Lehrerin kriterienbezogen ergänzt. Ein solcher Prozess unterstützt durch eine Gegenüberstellung von Selbst- und Fremdeinschätzung die Möglichkeiten der Orientierung und damit der eigenständigen Steuerung der Kompetenzentwicklung.

Kompetenzraster als Feedback-Instrumente (vgl. dazu die Methoden 31–33 in diesem Abschnitt) ermöglichen Schülerinnen und Schülern den beschriebenen Dreischritt aus

- Erkennen von Leistungskriterien,
- Selbsteinschätzung in Bezug auf vorgegebene Kriterien und
- Erschließen von Entwicklungsperspektiven.

Zur Konstruktion von Kompetenzrastern

Kompetenzraster lassen sich zur Einschätzung von unterschiedlichen Bereichen des Unterrichts einsetzen: Zur Einschätzung des Arbeitsverhaltens, des fachlichen Lernens und der methodischen Gestaltung von beispielsweise Vorträgen und Präsentationen der Schülerinnen und Schüler. Darüber hinaus können Kompetenzraster auch eingesetzt werden, um den Schülerinnen und Schüler eine Rückmeldung zu den lehrergesteuerten Anteilen des Unterrichts zu ermöglichen. In allen Anwendungsbereichen bleibt jedoch die Grundkonstruktion von Kompetenzrastern gleich (vgl. auch Schrempf 2002).
Ein Kompetenzraster

- benennt in der Vertikalen zentrale Kriterien für die Leistungen, die in dem jeweiligen Bereich erwartet werden;
- legt in der Horizontalen für jedes dieser Kriterien eine bestimmte Zahl von Kompetenzstufen fest – in der Regel drei oder vier;
- beschreibt die einzelnen Kompetenzstufen durch beobachtbares Verhalten auf unterschiedlichen Niveaus.

Kompetenzkriterien – wie beispielsweise in den folgenden Rastern zu Präsentation, Laufender Kursarbeit und der Arbeit im Fach Englisch (vgl. Methoden 31–33) – sind vom jeweiligen Gegenstand ausgehend zu formulieren; dies schafft sowohl dem Lehrenden als auch dem Lernenden Klarheit über die sachbezogenen Anforderungen und entspricht der Tradition von Kriterienentwicklung im Rahmen von Leistungsbewertung.
  Bei der Beschreibung der Kompetenzstufen ist die klare Operationalisierung der einzelnen Stufen von zentraler Bedeutung. Vergleichsweise leicht sind dreistufige Kompetenzraster zu erstellen; bei sechs Stufen, also einer zunächst nahe liegenden Orientierung an unserer Notenskala, wird schon auf der sprachlichen Ebene die genaue Unterscheidung der einzelnen Kompetenzstufen recht schwierig.
  Wer sich an diese Regeln hält, der kann Kompetenzraster für unterschiedliche Bereiche selbst konstruieren. Wer auf bestehende Sammlungen im Internet zurückgreifen will, der muss diese in der Regel den eigenen Verwendungszwecken anpassen. Eine Fundstelle ist zum Beispiel: www.institut-beatenberg.ch/lernjobs; Kompetenz-

raster lassen sich aber auch finden durch die Eingabe des englischen Stichworts
»rubrics« in die gängigen Suchmaschinen.

Verschiedene Formen von Kompetenzrastern

In Folgenden stellen wir drei verschiedene Formen von Kompetenzrastern vor. Die ersten beiden sind für den Unterricht in der Oberstufe entwickelt und dort über einen längeren Zeitraum erprobt worden. Sie stehen für zwei Varianten der Rückmeldung im Unterricht: Für die Rückmeldung von Schülerinnen und Schülern an Schülerinnen und Schüler sowie für die Rückmeldung der Lehrer an die Schülerinnen und Schüler auf der Basis von Selbsteinschätzungen.

- Für die Schüler-Schüler-Rückmeldung steht das Kompetenzraster »Präsentation«.
- Für die Lehrer-Schüler-Rückmeldung auf der Basis von Selbsteinschätzung steht das Kompetenzraster »Laufende Kursarbeit«.
- Ebenfalls für die Lehrer-Schüler-Rückmeldung steht das dritte Beispiel, ein Kompetenzraster aus einer Schweizer Privatschule (vgl. Müller 2004), mit dem das fachliche Lernen in den Blick genommen wird.

4.6.1 Schüler-Schüler-Rückmeldungen zu Präsentationen

Methode 31

In jedem Unterricht gibt es Standardsituationen wie Hausaufgaben, Präsentationen oder Protokolle, für die der Lehrer bestimmte formale und inhaltliche Vorgaben macht. Diese Vorgaben lassen sich gut in Form eines Kompetenzrasters ausdrücken und so zur Grundlage von Schüler-Schüler-Rückmeldungen machen.

So haben wir beispielsweise ein Kompetenzraster für die in unserem Unterricht häufig wiederkehrende Situation der »Präsentation« erstellt. Darunter verstehen wir die Vorstellung von Arbeitsergebnissen aus Einzel- oder Gruppenarbeitsphasen in der Gesamtgruppe. Das dafür entwickelte Kompetenzraster (vgl. Methode 30) enthält vier Hauptkriterien, die jeweils in mehrere Unterkriterien aufgeteilt sind. Anregungen für die Formulierung der Kriterien haben wir der Literatur zum Thema Präsentationen entnommen. Dieses Kompetenzraster wird den Schülerinnen und Schülern zu Beginn der ersten präsentationsorientierten Unterrichtseinheit vorgestellt. Damit erfahren sie, worauf bei der Präsentation geachtet wird, und können sich dementsprechend vorbereiten.

Vor der Präsentation erhalten dann einzelne Schülerinnen und Schüler Beobachtungsaufgaben, die sich an den Qualitätskriterien des Kompetenzrasters orientieren. An die Präsentation schließt zunächst eine Phase an, in der Sach-

Methode 31

Rubric »Präsentation«

Kriterium	Stufe 1	Stufe 2	Stufe 3	Stufe 4
Aufbau				
Einstieg	Kein Einstieg erkennbar	Führt in das Thema ein	Erregt Aufmerksamkeit	Spannend und Neugier erregend
Übergänge zwischen den Teilen	Keine Übergänge erkennbar	Verbindung mit Worten	Verbindung über Ideen	Spannender Übergang über Ideen
Schluss	Kein Schluss erkennbar	Wenig spannender Schluss	Anknüpfung an Einstieg	Kraftvoll und Aufmerksamkeit erregend
Inhalt				
Richtigkeit	Drei oder mehr inhaltliche Fehler	Zwei inhaltliche Fehler	Ein inhaltlicher Fehler	Alle Informationen sind korrekt
Dokumentation	Keine Quellen genannt	Eine Quelle genannt	Zwei Quellen genannt	Drei oder mehr Quellen genannt
Zitate	Keine Zitate	Ein Zitat, um die Sache zu unterstützen	Zwei Zitate, um die Sache zu unterstützen	Drei oder mehr Zitate, um die Sache zu unterstützen
Vortrag				
Augenkontakt	Der Vortrag wird abgelesen	Gelegentlicher Augenkontakt zum Publikum	Ständiger Augenkontakt zu manchen Leuten	Ständiger Augenkontakt zum gesamten Publikum
Stimme	Kaum zu hören	Nur vom Publikum in den ersten Reihen zu hören	Von fast allen Zuhörern zu hören	Laut und deutlich von allen Zuhörern zu hören
Gesten	Keine vorhanden	Wenige Gesten vorhanden	Benutzt gelegentlich Gesten, um den Inhalt deutlicher zu machen	Benutzt häufig Gesten, um den Inhalt deutlicher zu machen
Visualisierungen				
Bilder und Graphiken	Keine vorhanden	Nur wenige Bilder und Graphiken eingesetzt	Einige Bilder und Graphiken angemessen eingesetzt	Bilder und Graphiken kreativ eingesetzt, um den Vortrag zu stützen
Optische Wirkung	Keine vorhanden	Nur wenig optische Wirkung vorhanden	Erregt Aufmerksamkeit	Optische Stimulierung des Publikums
Beziehung zum Thema	Keine vorhanden	Nur wenig Beziehung zum Thema erkennbar	Deutliche Beziehung zum Thema	Klare Beziehung zum Thema, stützt den Vortrag

Kompetenzraster: Präsentation

fragen gestellt und diskutiert werden können. Zum Abschluss werden dann die Schülerinnen und Schüler mit den Beobachtungsaufgaben gebeten, der präsentierenden Gruppe eine Rückmeldung zu geben. Da die Kriterien für diese Rückmeldung allen Schülerinnen und Schülern in Form des Kompetenzrasters vorliegen, verläuft diese Rückmeldung zumeist sehr zügig und die präsentierenden Schülerinnen und Schüler erhalten konkrete Verbesserungsvorschläge. Darüber hinaus haben wir die Erfahrung gemacht, dass Schülerinnen und Schüler nach einer Präsentationsphase die Kriterien des Kompetenzrasters so verinnerlicht haben, dass sie diese auch in anderen Phasen des Unterrichts selbstständig einbringen. So nimmt beispielsweise die Scheu ab, den Mitschülerinnen und -schülern eine Rückmeldung zu ihrem Verhalten in der Gruppe zu geben. Dies ist für uns ein Hinweis auf die langfristige Wirkung von Kompetenzrastern für eine kontinuierliche Verbesserung der Unterrichtsqualität.

4.6.2 Lehrer-Schüler-Rückmeldung und Selbsteinschätzung zur laufenden Kursarbeit

Dass Lehrende den Lernenden Rückmeldungen über ihre Leistung geben, ist Alltag; ein Problem dieser Rückmeldung ist oft die Transparenz der Kriterien. Bei der Note für die »Laufende Kursarbeit« in der Oberstufe beispielsweise ist den Schülerinnen und Schülern oft nicht klar, worauf diese basiert, obwohl sie in Hamburg mindestens 50 Prozent der Gesamtnote ausmacht. Sie setzt sich zusammen aus Teilnoten, erzeugt durch die rechnerische Ermittlung der Gesamtnote eine Scheinobjektivität, hat aber tatsächlich nur wenig Aussagekraft, weil die dahinter liegenden Stärken und Schwächen nicht transparent sind und die Hinweise für mögliche Verbesserungen des Arbeitsverhaltens nur vage bleiben.

An dieser Stelle setzt das Kompetenzraster »Laufende Kursarbeit« an (siehe Methode 32), indem es für die Bewertung der laufenden Kursarbeit Kriterien vorgibt. Diese Kriterien haben wir teilweise aus vorhandenen Kompetenzrastern (»rubrics«) aus dem englischsprachigen Raum übernommen und dann um eigene Kriterien ergänzt.

Das Kompetenzraster stellen wir den Schülerinnen und Schülern zu Beginn eines Kurses mit dem Hinweis zur Verfügung, dass es Grundlage für die obligatorischen Notenbesprechungen vor den Zeugniskonferenzen sein wird. Wir konnten beobachten, dass viele Schülerinnen und Schüler sich das Raster daraufhin so abheften, dass sie schnell darauf zurückgreifen können – es wird also offenbar zur Orientierung genutzt.

Vor den Zeugniskonferenzen erhält dann jeder Schüler und jede Schülerin ein Exemplar des Kompetenzrasters und die Aufgabe, die eigenen Leistungen in den genannten Bereichen einzuschätzen und eine entsprechende Markierung vorzunehmen. Der Lehrer nimmt ebenfalls eine Einschätzung für jeden einzelnen Schüler und jede Schülerin vor, sodass bei dem Rückmeldungsgespräch so-

Methode 32

Kriterium	Stufe 1	Stufe 2	Stufe 3	Stufe 4
Pünktlichkeit	Kommt häufig zu spät	Pünktlich	Kommt pünktlich und hat seine Unterlagen auf dem Tisch	Kommt pünktlich und ist arbeitsbereit
Aufmerksamkeit und Beteiligung	oft unaufmerksam; nimmt nie unaufgefordert am Unterrichtsgespräch teil	gelegentlich unaufmerksam; nimmt selten am Unterrichtsgespräch teil	zumeist aufmerksam; nimmt regelmäßig am Unterrichtsgespräch teil	immer aufmerksam; nimmt regelmäßig am Unterrichtsgespräch teil; hat gute Ideen; zeigt Eigeninitiative
Qualität der Beiträge	geht nicht auf andere ein; keine Argumentation erkennbar	geht gelegentlich auf andere ein; benennt ein Argument, aber Begründung nur im Ansatz erkennbar	geht in der Regel auf andere ein; entwickelt Argumente und Begründungen dafür	geht aktiv auf andere ein; entwickelt Argumente und bezieht sie aufeinander; ist in der Lage, Standpunkte zu begründen
Eigeninitiative und Selbständigkeit	Hat Schwierigkeiten, mit der Arbeit zu beginnen; fragt nicht um Hilfe; holt Rückstand nach Abwesenheit nicht selbständig auf	arbeitet nur auf Aufforderung; fragt nur selten um Hilfe	beginnt nach Aufforderung umgehend mit der Arbeit; arbeitet die meiste Zeit ernsthaft; fragt, wenn es notwendig ist	Bleibt ohne Ermahnung ausdauernd bei der Arbeit; fragt nach; hilft anderen; weiß, was zu tun ist und tut es
Hausaufgaben	Hausaufgaben meistens unvollständig	Hausaufgaben meistens vollständig	Hausaufgaben normalerweise vollständig	Hausaufgaben immer vollständig und gelegentlich weitere Arbeiten zu Hause erledigt
Arbeitsorganisation	Arbeitsmaterialien oft nicht vollständig dabei und/oder in ungeordnetem Zustand	Arbeitsmaterial normalerweise vorhanden, aber nicht sofort nutzbar	Arbeitsunterlagen in der Regel vorhanden und schnell nutzbar	Arbeitsmaterialien vorhanden und sofort nutzbar
Gruppenarbeit	Hält andere oft von der Arbeit ab; schwieriger Partner in Gruppenarbeiten	Bringt sich nur wenig ein; stört andere aber nicht	Arbeitet kooperativ und folgt bereitwillig anderen	Kooperativ und respektvoll; übernimmt Führungsrolle in der Gruppenarbeit

Kompetenzraster: Laufende Kursarbeit

wohl eine Selbst- als auch eine Fremdeinschätzung der Schülerleistungen vorliegen, die miteinander verglichen werden können. Aus den Übereinstimmungen, mehr noch aber aus den Differenzen ergeben sich dann Gesprächsanlässe, die auf konkretes, beobachtbares Verhalten im Unterricht Bezug nehmen und aus denen sich konkrete Veränderungsvorschläge entwickeln lassen. Am Ende bitten wir den Schüler bzw. die Schülerin dann um einen an den Kriterien und der Diskussion orientierten Notenvorschlag, der dann gemeinsam reflektiert wird.

Aus Befragungen von Schülerinnen und Schülern wissen wir, dass dieses Verfahren einer kriterienorientierten Selbst- und Fremdeinschätzung und der darauf basierenden Notenfindung sehr geschätzt wird, weil es eine hohe Transparenz der Leistungsbewertung und konkrete Vorschläge für die Verbesserung der Leistung erkennen lässt. Diese Form der Rückmeldung birgt allerdings auch zwei Probleme:

Zum einen ist diese Arbeit recht zeitaufwändig. Für ein Rückmeldungsgespräch müssen ca. fünf Minuten angesetzt werden; das macht bei 25 Schülerinnen und Schülern rund zwei Zeitstunden. Dieser Zeitaufwand hat aber auch einen Ertrag, nämlich eine klare Orientierung aller Schülerinnen und Schüler über Stärken, Schwächen und Entwicklungspotenziale.

Das zweite Problem ist gravierender: Das Kompetenzraster in der vorliegenden Form berücksichtigt den Bereich des fachlichen Lernens nicht, sondern beschränkt sich auf Kompetenzen im Bereich des Arbeitsverhaltens. Deshalb bedarf es eines zusätzlichen Kompetenzrasters, das Kriterien für das fachliche Lernen entwickelt und transparent macht. Die Erarbeitung eines solchen Kompetenzrasters ist jedoch viel aufwändiger, weil es für jedes einzelne Semester neu erstellt werden müsste. Eine solche Aufgabe ist wohl nur dann zu bewältigen, wenn sie von einem ganzen Kollegium übernommen wird. Ein Beispiel hierfür stellen wir in Abschnitt 4.6.3 als Methode 33 vor.

Im Anschluss an die Rückmeldungsgespräche haben wir in einem Gruppengespräch noch einmal das Kompetenzraster selbst in den Blick genommen. Dabei haben die Schülerinnen und Schüler auf der Grundlage ihrer Erfahrungen konkrete Vorschläge für die Veränderung der einzelnen Kriterien und veränderte Formulierungen bei den Qualitätsstufen gemacht, die bei einer Überarbeitung berücksichtigt worden sind. Findet eine solche gemeinsame Reflexion des Instruments statt, dann sind die Kriterien für Schülerleistungen bei der Arbeit mit Kompetenzrastern nicht nur transparent, sondern – in Grenzen – auch veränderbar.

4.6.3 Kompetenzraster zum fachlichen Lernen

Die Erstellung von Kompetenzrastern in diesem Bereich ist besonders aufwändig, weil die Lehrziele für die einzelnen Fächer nahezu beliebig kleinteilig formuliert werden können. Aus diesem Grund ist es ratsam, sich bei der Suche

Methode 33

institut beatenberg — alpen internat

Kompetenzraster Englisch

Name:

		A1	A2	B1	B2	C1	C2
VERSTEHEN	**Hören**	Ich kann vertraute Wörter und ganz einfache Sätze verstehen, die sich auf mich selbst, meine Familie oder auf die Schule beziehen, vorausgesetzt, es wird langsam und deutlich gesprochen.	Ich kann einzelne Sätze und die gebräuchlichsten Wörter verstehen, wenn es um für mich wichtige Dinge geht (z.B. sehr einfache Informationen zur Person und zur Familie, zu meiner näheren Umgebung). Ich verstehe das Wesentliche von kurzen, klaren und einfachen Mitteilungen und Durchsagen.	Ich kann die Hauptpunkte verstehen, wenn klare Sprache verwendet wird und wenn es um vertraute Dinge geht. Ich kann in vielen Radio- oder Fernsehsendungen über aktuelle Ereignisse und über Themen aus meinem Berufs- oder Interessengebieten die Hauptinformation entnehmen, wenn relativ langsam und deutlich gesprochen wird.	Ich kann längere Redebeiträge und Vorträge verstehen und auch komplexer Argumentation folgen, wenn mir das Thema einigermaßen vertraut ist. Ich kann verstehen, was mir gezeigt wird.	Ich kann längeren Redebeiträgen folgen, auch wenn diese nicht klar strukturiert sind und wenn Zusammenhänge nicht explizit ausgedrückt sind. Ich kann ohne allzu große Mühe Medienbeiträge verstehen.	Ich habe keinerlei Schwierigkeit, gesprochene Sprache zu verstehen, gleich ob auch, wenn schnell gesprochen wird. Ich brauche nur für etwas Zeit, mich an einen besonderen Akzent zu gewöhnen.
	Lesen	Ich kann einzelne vertraute Namen, Wörter und ganz einfache Sätze verstehen.	Ich kann ganz kurze, einfache Texte lesen. Ich kann in einfachen Alltagstexten konkrete, vorhersehbare Informationen auffinden und ich kann kurze, einfache Texte verstehen.	Ich kann Texte verstehen, in denen vor allem sehr gebräuchliche Sprache vorkommt. Ich kann Texte verstehen, in denen von Ereignissen, Gefühlen und Wünschen berichtet wird.	Ich kann Artikel und Berichte über Probleme der Gegenwart lesen und verstehen, in denen die Schreibenden eine bestimmte Haltung oder einen bestimmten Standpunkt vertreten. Ich kann literarische Prosatexte verstehen.	Ich kann lange, komplexe Sachtexte und literarische wahrnehmen. Ich kann Fachartikel und längere technische Anleitungen verstehen.	Ich kann praktisch jede Art von geschriebenen Texten mühelos lesen, auch wenn sie abstrakt oder inhaltlich und sprachlich komplex sind.
SPRECHEN	**An Gesprächen teilnehmen**	Ich kann mich auf einfache Art verständigen, wenn mein Gesprächspartner bereit ist, etwas langsamer zu wiederholen oder anders zu sagen, und mir dabei hilft zu formulieren, was ich zu sagen versuche. Ich kann einfache Fragen stellen und beantworten, sofern es sich um sehr vertraute Themen und um Dinge des unmittelbaren Bedürfnisse handelt.	Ich kann mich in einfachen, routinemäßigen Situationen verständigen, in denen es um einen einfachen, direkten Austausch von Informationen und um vertraute Themen und Tätigkeiten geht. Ich kann ein sehr kurzes Gespräch führen, verstehe aber normalerweise nicht genug, um selbst das Gespräch in Gang zu halten.	Ich kann die meisten Situationen bewältigen, denen man in Sprachgebiet begegnet. Ich kann ohne Vorbereitung an Gesprächen über Themen teilnehmen, die mir vertraut sind oder die mich persönlich interessieren.	Ich kann mich so spontan und fließend verständigen, dass ein normales Gespräch mit einem Muttersprachler recht gut möglich ist. Ich kann mich in vertrauten Situationen aktiv an einer Diskussion beteiligen und meine Ansichten begründen und verteidigen.	Ich kann mich spontan und fließend ausdrücken, ohne deutlich erkennbar nach Worten suchen zu müssen. Ich kann die Sprache in meinem gesamten wirksam und flexibel gebrauchen. Ich kann meine Gedanken und Meinungen präzise ausdrücken und meine eigenen Beiträge geschickt mit denen anderer verknüpfen.	Ich kann mich mühelos an allen Gesprächen beteiligen und bin auch mit Redewendungen und umgangssprachlichen Wendungen gut vertraut. Ich kann fließend sprechen und auch feinere Bedeutungsnuancen genau ausdrücken. Bei Ausdrucksschwierigkeiten kann ich reibungslos wieder ansetzen und umformulieren, dass man es kaum merkt.
	Zusammenhängendes Sprechen	Ich kann einfache Wendungen und Sätze gebrauchen, um Leute, die ich kenne, zu beschreiben und um zu beschreiben, wo ich wohne.	Ich kann mit einer Reihe von Sätzen und mit einfachen Mitteln Menschen, Gruppen, Situationen und meine Tätigkeiten beschreiben.	Ich kann in einfachen zusammenhängenden Sätzen sprechen, um Erfahrungen oder Ereignisse oder meine Träume, Hoffnungen und Ziele zu beschreiben. Ich kann kurz meine Meinungen und Pläne erklären und begründen sowie Sachverhalte erklären. Ich kann Geschichten erzählen und meine Reaktionen beschreiben.	Ich kann zu vielen Themen aus meinen Interessengebieten eine klare und detaillierte Darstellung geben. Ich kann einen Standpunkt zu einer aktuellen Frage erläutern und Vor- und Nachteile verschiedener Möglichkeiten angeben.	Ich kann komplexe Sachverhalte ausführlich darstellen und dabei Themenpunkte miteinander verbinden, bestimmte Aspekte besonders ausführen und meinen Beitrag angemessen abschließen.	Ich kann Sachverhalte klar, flüssig und im Stil der jeweiligen Situation angemessen darstellen und erörtern; ich kann meine Darstellung logisch aufbauen und es so den Zuhörern erleichtern, wichtige Punkte zu erkennen und sich diese zu merken.
SCHREIBEN	**Schreiben**	Ich kann kurze, einfache Sätze schreiben. Ich kann einfache Formulare ausfüllen.	Ich kann kurze, einfache Notizen und Mitteilungen schreiben. Ich kann einen ganz einfachen Brief schreiben.	Ich kann über Themen, die mir vertraut sind oder mich persönlich interessieren, einfache zusammenhängende Texte schreiben. Ich kann Briefe schreiben und darin von Erfahrungen und Eindrücken berichten.	Ich kann über eine Vielzahl von Themen, die mich interessieren, klare und detaillierte Texte schreiben. Ich kann in einem Text Informationen wiedergeben oder gegen einen bestimmten Standpunkt darlegen. Ich kann die persönliche Bedeutung von Ereignissen und Erfahrungen deutlich machen.	Ich kann mich schriftlich klar und strukturiert ausdrücken und meine Ansicht ausführlich darstellen. Ich kann über komplexe Sachverhalte schreiben und die für mich wesentlichen Aspekte hervorheben. Ich kann in meinen schriftlichen Texten den Stil wählen, der für die jeweiligen Leser angemessen ist.	Ich kann klar, flüssig und stilistisch dem jeweiligen Zweck angemessen schreiben. Ich kann anspruchsvolle und komplexe Texte verfassen, die einen Sachverhalt gut strukturiert darstellen und so dem Leser helfen, wichtige Punkte zu erkennen und sich diese zu merken. Ich kann anspruchsvolle und komplexe Werke schriftlich zusammenfassen und besprechen.

Kompetenzraster zum fachlichen Lernen – Beispiel Englisch. Quelle: Andreas Müller, 2004

nach Kriterien für das Kompetenzraster auf die Kernkompetenzen für das jeweilige Fach zu beschränken. Diesen Weg hat die Internatsschule »Institut Beatenberg« in der Nähe von Interlaken/Schweiz beschritten, die ihre Kompetenzraster im Internet zur Verfügung stellt (www.institut-beatenberg.ch/lernjobs, vgl. auch Müller 2004).

Das Kompetenzraster für den Englischunterricht, das wir hier vorstellen möchten, ist in eine umfassende Lernkultur eingebettet, in der Leistung und Lernerfolg anerkannt werden und für Schülerinnen und Schüler erstrebenswert erscheinen. Im Institut Beatenberg gibt es Kompetenzraster für alle Fach- und Lernbereiche quer durch alle Altersstufen, d.h. die Schülerinnen und Schüler kennen die wesentlichen Inhalte und Anforderungen sämtlicher Disziplinen.

Wie sehen diese Kompetenzraster konkret aus? Die Raster folgen dem gleichen Muster wie die bereits vorgestellten: In der Vertikalen sind die Kriterien formuliert, die ein Fachgebiet inhaltlich bestimmen (was?), in der Horizontalen werden verschiedene Niveaustufen möglichst genau beschrieben (wie gut?). Jedes Feld des Rasters enthält präzise »Ich-kann«-Formulierungen. Dabei hat bei dem hier vorgestellten Kompetenzraster das »Raster zur Selbstbeurteilung« des Europäischen Sprachenportfolios als Orientierung gedient (vgl. Schneider 2001).

Wie kommen die Formulierungen in den einzelnen Feldern zu Stande? Müller (2004) beschreibt die Gestaltung der Kompetenzraster als eine synoptische Darstellung der Lehrpläne. Die Kompetenzraster stecken für die Schülerinnen und Schüler einen Entwicklungshorizont ab, indem sie den Weg von einfachen Grundkenntnissen bis hin zu komplexen Fähigkeiten beschreiben. Damit enthält das Kompetenzraster die eingangs beschriebenen notwendigen Elemente für eine selbstständige Kompetenzentwicklung: Durch das Raster kennen sie die fachbezogenen Anforderungen, können sich an ihnen orientieren und ihre Leistungen zu den formulierten Kompetenzen in Beziehung setzen.

Im Unterricht ist das Kompetenzraster den Schülerinnen und Schüler stets gegenwärtig. Zunächst einmal haben sie die Kompetenzraster aller Fach- und Lernbereiche an ihrem Arbeitsplatz vor Augen. Wenn sie ihre Arbeiten bzw. Lernergebnisse der Lehrperson präsentieren, schlagen sie selbst eine Zuordnung zu einem Feld des Kompetenzrasters vor. Auf diese Weise setzen sie sich mit den Referenzwerten auseinander. Erkennt die Lehrperson die Leistung an, verteilt sie zwei Klebepunkte; einer wird in das entsprechende Feld des Rasters, der andere auf die präsentierte Arbeit geklebt. So wird für die Schülerinnen und Schüler sichtbar, welchen Kriterien und Qualitätsmerkmalen eine Leistung entspricht. Die Nummerierung der Klebepunkte ermöglicht die Zuordnung von beschriebener Leistung und Arbeit. Auf diese Weise entsteht ein individuelles und differenziertes Kompetenzprofil der einzelnen Schülerinnen und Schüler in einem Fach.

Für die Mitarbeiter am Institut Beatenberg ist diese Arbeit mit den Kompetenzrastern in einem weiteren Punkt von Bedeutung: Die Schülerinnen und Schüler können ihr eigenes Kompetenzprofil mit den Anforderungsprofilen weiterführender Ausbildungen vergleichen. Die sich aus diesem Vergleich ergebenden Differenzen verweisen auf einen Handlungsbedarf, der den Schülerinnen und Schülern einsichtig vor Augen geführt wird.

Die Arbeit mit den Kompetenzrastern spiegelt sich auch in der Lernumgebung der Schule wider. Am Institut Beatenberg stehen den Schülerinnen und Schülern zu jedem Rasterfeld unterschiedliche Aufgaben zur Verfügung, d.h. jedes Rasterfeld gibt den Blick frei auf eine vielfältige Lernlandschaft, die aus Hinweisen auf Lehrmittel, aus Arbeitsmaterialien und computergestützten Lernprogrammen besteht (Müller 2004). Entscheidend ist, dass die Schülerinnen und Schüler sich mit Hilfe der Kompetenzraster ein realistisches Bild davon machen, was man können könnte.

Ergänzend dazu stellen die Schülerinnen und Schüler individuelle Wochenpläne auf, d.h. sie planen und gestalten ihr Lernen größtenteils selbstständig; dieses Instrument wird »Layout« genannt. Zudem sollen sie am Ende jeder Woche mindestens drei Situationen aufschreiben, in denen sie das Gefühl hatten, erfolgreich zu sein. Betrachtet man all diese Instrumente – eingebettet in eine entsprechende Lernkultur – so lässt sich sagen, dass den Schülerinnen und Schülern die Möglichkeit gegeben wird, sich den Erfolg selbst zu organisieren (Müller 2004). Während die Kompetenzraster in differenzierter Weise Auskunft über den aktuellen Leistungsstand in den verschiedenen Fach- und Lernbereichen sowie über die nächsten Lernziele geben, bietet das Layout die Möglichkeit, auf dieser Basis ein individuelles Lernprogramm zu gestalten. Dazu stellt das Layout jene Fragen, die sich die Lernenden mit der Zeit selber stellen sollten.

Fazit

In der Diskussion um pädagogische Diagnostik und die Einführung von Feedback-Methoden stellen die Kompetenzraster einen Ansatz dar, der sowohl von einzelnen Kolleginnen und Kollegen als auch von ganzen Kollegien genutzt werden kann. Die Arbeit mit Kompetenzrastern ist zu Beginn aufwändig, weil solche Raster erstellt und eingeführt werden müssen. Dieser Aufwand kann jedoch durch ein arbeitsteiliges Vorgehen erheblich reduziert werden. Sind die Raster erst einmal vorhanden und als Feedbackinstrumente eingeführt, so machen sie die Standards einer Schule für alle Beteiligten auf eine Weise transparent und konkret, die – so lässt sich auf Grund unserer Beobachtungen sagen – mit Feedback zur Qualitätsentwicklung des Unterrichts und zur Leistungsentwicklung beiträgt.

Kapitel IV:
Feedback als Methode zur Veränderung von Unterricht und Schule

Von der Rückmeldung zur Selbstorganisation

Entwicklung von Schüler-Feedback – ein Phasenmodell

Dieses Kapitel gibt einen Überblick über die Gemeinsamkeiten des Entwicklungsprozesses, wie sie sich aus der weiteren strukturellen Analyse der vier Einzelfallstudien ergeben haben. Eine solche empirisch begründete Prozessstruktur ermöglicht es der Praxis, über die Anregungen der Einzelfälle hinaus die eigenen Bemühungen zu reflektieren. Dabei kann die Zuordnung zu einer entsprechenden Phase sowohl der Klärung des Entwicklungsstandes als auch der Anregung zur Weiterentwicklung innerhalb einer spezifischen Phase dienen.

Die Prozessstruktur der Entwicklung von Schüler-Feedback stellen wir in Form eines Modells dar, das sich in acht Phasen untergliedern lässt. Zusammengefasst sieht es wie folgt aus:

1. Zu Beginn des Entwicklungsprozesses legen die Lehrer/innen (noch nicht die Schüler/innen) Ziele, Inhalte und Verfahren von Schülerrückmeldung fest.
2. Die Feedback-Verfahren werden in den Unterricht eingeführt und erprobt.
3. Die Feedback-Aussagen werden zunächst mit geregelten Verfahren erhoben.
4. Die Rückmeldungen werden zunächst in methodisch schwach strukturierten Gesprächen ausgewertet.
5. Es werden Versuche unternommen, über eine intensivere Analyse der Rückmeldedaten zu aussagekräftigeren Ergebnissen zu kommen.
6. Die Beteiligten erfahren, dass nicht alles, was zur Sprache kommt, auch veränderbar ist. Dies kann zu einer Krise führen.
7. Es zeigt sich, ob die Krise überwunden werden kann, indem die Beteiligten ihre Ziele, Gegenstände und Verfahren des Feedbacks neu klären.
8. Als Perspektive wird erkennbar, wie Feedback schrittweise zu einem Instrument der Selbststeuerung von Lernprozessen werden kann.

1. Die Klärung des Rahmens: Ziele, Inhalte, Vorgehensweise

Am Anfang feedback-basierter Unterrichtsentwicklung steht die Klärung der Ziele, die die Beteiligten mit Feedback erreichen möchten, die Klärung des Gegenstandes, der durch Feedback bearbeitet werden soll und die Klärung der Vorgehensweise, mit der dieses Ziel erreicht werden soll.

Dass in dieser Phase eine systematische Entwicklungsarbeit beginnt und keine Festlegungen auf Dauer vorgenommen werden, zeigt sich darin, dass in allen Fällen

Ziele, Gegenstand und Vorgehensweise im Prozess verändert und weiter entwickelt werden.

Zielformulierung als Antwort auf wahrgenommene Problemlagen

Sowohl in der Anfangsphase als auch für die Begleitung des Gesamtprozesses erweisen sich Schulprojektgruppen als hilfreich. In zwei Fällen ist es gegen Ende des ersten Erprobungsjahres gelungen, über die Beteiligung von Lehrerinnen und Lehrern hinaus wenigstens sporadisch Schüler/innen in die Arbeit der Schulprojektgruppen einzubeziehen.

Die Ziele, die die Gruppen bei ihrer Konstituierung formulieren, reagieren zunächst auf spezifische Herausforderungen, die Lehrerinnen und Lehrer im Unterricht bzw. an der Schule wahrgenommen werden. Die Zielformulierungen für den Anfang lauten in den hier zu Grunde liegenden Fällen:

- *Feedback soll systematisch zur Verbesserung des laufenden Unterrichts genutzt werden, indem es frühzeitig eingeführt, kontinuierlich angewendet und mit angemessenen Methoden unterstützt wird.*
  Dahinter stehen Erfahrungen mit sporadischen Feedback-Versuchen, die oft am Ende von Prozessen stehen oder bei Konflikten eingeführt werden. Dabei – so berichten die Lehrer/innen – erfahren sie zwar interessante Sichtweisen der Schüler/innen, bekommen aber häufig auch recht negative Einschätzungen zu hören. Von einem früh einsetzenden, kontinuierlichen und methodengestützten Feedback erwarten die Lehrer/innen eine Versachlichung der Rückmeldungen.
  Ein weiterer Hintergrund dieser Zielsetzung ist, dass Schülervertretungen zur Verbesserung des Unterrichts die Einführung von Feedback fordern und die Lehrer/innen diese Forderung aufnehmen wollen.
- *Feedback soll dazu beitragen, die Lernkompetenz der Schüler/innen zu entwickeln und die Verständigung sowohl untereinander als auch zwischen Lehrern und Schülern zu verbessern.*
  Dahinter steht das Interesse von Lehrerinnen und Lehrern, die Schüler/innen dazu anzuregen, ihr Arbeits- und Lernverhalten genauer zu beobachten und dadurch zu lernen, ihre Lernprozesse eigenverantwortlich zu steuern und zu beurteilen.
  In den Fällen der Gewerbeschule und der Gesamtschule legen die Lehrer/innen zusätzlich und explizit Wert auf die Entwicklung von Teamfähigkeit als Element von Lernkompetenz. Dahinter stehen Erfahrungen mit den Anforderungen eines Unterrichts, der phasenweise projektförmig organisiert ist und die Teamfähigkeit erfordert.
  Erwartet wird auch, dass regelmäßiges Feedback unterschiedliche Leistungsstände und Erwartungen der Schüler/innen bearbeitbar macht und Schwierigkeiten in der Verständigung zwischen Lehrer/innen und Schüler/innen entspannt.

- *Feedback-Projekt und Feedback-Arbeit sollen als Gelegenheit genutzt werden, systematischer über Verbesserungen der Lehrerarbeit nachzudenken.*
  Dahinter steht die Erfahrung, Schüler-Feedback bislang eher intuitiv und mit geringen methodischen Kenntnissen durchgeführt zu haben. Das Interesse bezieht sich deshalb zunächst auf Anregungen im Bereich der Feedback-Instrumente aber auch darauf, Hilfen zur Auswertung von Feedback zu bekommen.

Auswahl der Methoden und Zuschneiden auf die besondere Situation

Die Lehrer/innen wählen eine, höchstens zwei Feedback-Methoden für den Einsatz in ihrem Unterricht aus und schneiden sie auf die Erfordernisse ihrer Situation zu. Als Unterstützung dafür steht ein projektinterner Methodenreader zur Verfügung, der sich in überarbeiteter Form in Kapitel III dieses Buches findet.

Konkret durchgeführt werden Auswahl und Anpassung der Instrumente auf einem ersten Workshop. Das Modifizieren der Methoden für die eigene Situation ist ein wichtiger – wenn auch ungewohnter – Schritt gerade zu Beginn der Entwicklungsarbeit, weil es zu Schwierigkeiten führen kann, wenn Methoden unverändert übernommen werden. Darauf weisen u.a. auch Herrmann/Höfer (1999) auf Grund von Erfahrungen hin.

Zuschneiden auf die eigene Situation – das heißt in allen Fällen vor allem Zuschneiden auf Ziele, die Lehrerinnen und Lehrer erreichen wollen; denn alle Feedback-Verfahren werden ohne Absprache mit den Schüler/innen ausgewählt und modifiziert. Dahinter steht die Annahme, dass Schüler/innen zunächst Erfahrungen mit Feedback machen müssen, bevor sie in den Entwicklungsprozess einbezogen werden können.

Das Interesse an Feedback besteht in drei von vier Fällen vor allem darin, die Schüler/innen zum Nachdenken über ihre eigenen Lern- und Arbeitsprozesse anzuregen. Deshalb wählen die Lehrer/innen in diesen Fällen Feedback-Methoden, die ein Feedback der Schüler/innen untereinander – ein Schüler-Schüler-Feedback anregen.

Die Variante des Schüler-Lehrer-Feedbacks wählt nur ein Lehrer im Fall der gymnasialen Oberstufe. Sein Ziel ist eine Beurteilung seines Unterrichts durch die Schüler/innen. Dieser Lehrer bezieht die Schüler/innen von Beginn an zwar nicht in die Wahl, aber in die Ausgestaltung der Feedback-Methode ein.

Bei der Auswahl der Instrumente spielt bei allen Lehrer/innen das Zeitargument eine wichtige Rolle. Sie achten deshalb darauf, dass Feedback-Verfahren ohne großen Aufwand einsetzbar sind und schnell sichtbare und leicht interpretierbare Ergebnisse liefern, um eine weitere Belastung des ohnehin zeitlich angespannten Unterrichtsalltags zu vermeiden.

Das zu Beginn ausgewählte Instrument besteht in allen Fällen aus zwei miteinander kombinierten Teilen: Einer Methode zur *Erhebung* von Feedback-Äußerungen in einem strukturierten und formalisierten Verfahren, sowie einer zu Beginn noch schwach formalisierten und strukturierten Methode zur *Auswertung* der Feedback-Äußerungen (zu den Methoden vgl. Kapitel III).

2. Die Einführung von Feedback: Erfahrungen zwischen Neugier und Skepsis

Die Einführung der Schülerrückmeldung gelingt dort vergleichsweise gut, wo der Lehrer eine klare Vorstellung vom Gesamtkonzept hat, wo den Schüler/innen das Konzept verständlich erläutert wird und wo diese recht früh in die Gestaltung des Instruments einbezogen werden.

Im Fall der gymnasialen Oberstufe sieht das Einführungsmuster wie folgt aus: Es soll Rückmeldung über Unterricht stattfinden, um diesen zu verbessern; dafür sollen zwei Mal im Halbjahr die Sichtweisen der Schüler/innen mit der Methode der »Zielscheibe« erhoben werden, die Kriterien für die Bewertung sollen gemeinsam entwickelt werden, das Ergebnis soll gemeinsam diskutiert werden und die Konsequenzen sollen vom Lehrer gezogen werden.

Schwierigkeiten im Prozess lassen sich im Fall der Gesamtschule auch auf Schwierigkeiten in der Anfangsphase beziehen. Hier wirkt sich ein Anfangsdilemma aller Entwicklungsprozesse aus. Die Beteiligten kennen noch keine Verfahren, mit denen sie ihre unterschiedlichen Ausgangsperspektiven vermitteln könnten; sie wissen nicht, wie man Ziele, Gegenstände und Vorgehensweisen gemeinsam klärt und beginnen deshalb einfach »aus dem Stand«. Dies kann sich – wie wir sehen werden – auf die Identifikation der Schüler/innen mit Feedback belastend auswirken.

Der Beginn ist lehrerzentriert und kann Neugier und Skepsis auslösen

Die Einführung des Schüler-Feedbacks folgt in den meisten Fällen zunächst einem lehrerzentrierten Arrangement. Die Erwartung, dass Feedback auf ein ungeteiltes Interesse bei Schüler/innen stößt, stellt sich nicht ohne Weiteres ein.

Nicht die beteiligten Schüler/innen fordern Feedback, konstruieren Methoden und fordern die Lehrer/innen zur Zusammenarbeit auf, sondern die Lehrer/innen wählen die Methoden aus, formen sie nach ihren Vorstellungen und Zielen und stellen sie dann den Schüler/innen vor. Bei der Einführung erleben die Lehrer/innen eine erste Überraschung: Sie ernten durchaus nicht in allen Fällen nachdrückliche Zustimmung; Die Schüler/innen der im Projekt beteiligten Kurse und Klassen drängen keineswegs darauf, endlich Feedback einzuführen.

Vielmehr erscheint Schülerrückmeldung in den Augen der Schüler/innen zunächst nur als eine weitere Lehrer-Initiative, die sich von vielen anderen Aktivitäten und Vorschlägen kaum unterscheidet.

Die zumindest latente Anfangserwartung der Lehrer/innen, durch Feedback von den Schüler/innen zu erfahren, wie aus ihrer Sicht Unterricht »ankommt« und

Lernprozesse zu verbessern wären, erfährt also nicht in allen Fällen die erwartete Resonanz.

Viele Schüler/innen begreifen die Möglichkeit des Eingriffs in ihren Unterricht vor dem Hintergrund ihrer bisherigen Erfahrungen nicht sofort als sinnvollen Lerngegenstand. Sie haben vor allem dann das Gefühl, etwas gelernt zu haben, wenn sie fachliches Wissen aufgenommen haben.

Die eigene Arbeit und die eigenen Lernformen gemeinsam zu reflektieren, um sie zu verbessern bzw. besser nutzen zu können, das ist in den Augen der Schüler/innen zunächst kein »richtiges« Lernen.

Einige – oft tonangebende – Schüler/innen in den oberen Klassen der Sekundarstufe I bzw. in der Sekundarstufe II tendieren dazu, Feedback für eine Spielerei zu halten oder darin gar den Nachweis dafür zu sehen, dass die Lehrer/innen ihren »Job« jetzt auf die Schüler/innen »abwälzen« wollen. Viele begegnen dem neuen Verfahren zunächst mit Skepsis.

Vor allem in der Oberstufe haben Schüler/innen sich inzwischen darauf eingestellt, was die Schule von ihnen will. Sie wollen deshalb vor allem prüfungsrelevanten Unterrichtsstoff bearbeiten und erfahren, was sie tun müssen, um gute Noten zu bekommen (»Wir tun was von uns verlangt wird, mehr kann man nicht von uns verlangen«).

Auch Schüler/innen, die meinen, dass sie gut mit ihren Lehrer/innen reden können, weil die Lehrer/innen gut auf ihre Wünsche und Kritik eingehen und auch Veränderungen daraus ableiten, sehen den Nutzen von aufwändigen und zunächst etwas »künstlich« wirkenden Feedback-Verfahren nicht sofort ein.

Die Erfahrung von Feedback als Bruch mit dem Unterrichtsalltag wird dadurch noch verstärkt, dass die Rückmeldungsverfahren in der Regel nicht in den sonstigen Unterrichtsalltag eingebunden sind. Denn nur wenige Lehrer/innen betreiben in wenigen Stunden Feedback. Die Schüler/innen haben also weiterhin ungleich mehr mit feedback-freiem Unterricht als mit Feedback im Unterricht zu tun.

Systematisches Feedback und Rückmeldungen im Alltag

Bekannt sind die ständigen und spontanen Rückmeldungen in der Interaktion zwischen Schüler/innen und Lehrer/innen. Methodengestütztes Feedback wirkt deshalb zunächst künstlich, weil damit eine Alltagstätigkeit (»das machen wir doch sowieso«) besonders herausgehoben wird, ohne dass der Sinn dieser Systematisierung sofort erfahrbar ist.

Die Vielfalt der Alltagsrückmeldungen reicht von der Art, wie Schüler/innen sitzen und stehen, wie sie sich mimisch äußern, in welchem Tonfall sie sprechen, was sie in Abiturzeitungen schreiben, in Pausen und auf dem Schulweg reden oder wie sie sich der Lehrperson gegenüber verhalten.

Da diese Signale nicht systematisch zwischen Feedback-Gebern und -Nehmern vermitteln, können sie in dieser naturwüchsigen Form auch nur begrenzt als Hinweise zur gezielten Gestaltung von Arbeitsprozessen und -beziehungen genutzt werden. Unterricht in seiner gegenwärtigen Gestalt ist also in diesem Sinne eines systematischen Feedbacks rückmeldearm. Schüler/innen und Lehrer/innen sind fast ausschließlich auf ihre zufälligen und individuellen Wahrnehmungen und Interpretationen verwiesen.

Die Erfahrungen mit Feedback werden deshalb als besondere Erfahrung wahrgenommen, weil Schüler/innen *überhaupt* miteinander und mit den Lehrer/innen in ein Gespräch kommen, das einerseits am Alltag anknüpft und sich andererseits vom Alltagsgespräch unterscheidet. Denn Feedback-Verfahren nutzen das Alltagspotenzial auf regelgeleitete und reflektierte Weise. Aber genau diese vergleichsweise strenge Regelung von Tätigkeiten, die sonst »frei fließen« wirkt befremdlich, sie ist nicht nur in Schulen ungewöhnlich.

3. Die Erhebung der Rückmeldungen: Erprobung geregelter Verfahren

Auch wenn die Einführung von Rückmeldeverfahren bei Schüler/innen zunächst auf Skepsis stoßen kann, die Erhebung und Präsentation der Feedback-Aussagen wird von Schüler/innen *und* Lehrer/innen als interessant erlebt. Interessant ist für die Beteiligten neben dem Nachdenken über die eigene Stellungnahme vor allem der Moment, an dem alle Feedback-Äußerungen veröffentlicht werden.

In diesem Moment wird die Rückmeldung jedes Beteiligten erkennbar und bleibt doch anonym. Jeder kann seine eigene Einschätzung mit der des gesamten Kurses bzw. der Klasse vergleichen, weil er ja in dieser Phase einen Überblick über das Gesamtbild aller Einschätzungen bekommt.

Die Erhebungsphase verläuft in allen Fällen ohne Schwierigkeiten. Welche Erfahrungen lassen sich verallgemeinern?

Formale Regeln bieten Schutz vor Grenzüberschreitung

Typisch für diese Phase ist zunächst einmal das formalisierte Vorgehen: Das Verschriftlichen und Visualisieren von Feedback-Äußerungen zum Beispiel durch Beschreiben von Karten, Ankreuzen von Kriterienskalen, Kleben von Bewertungspunkten ...

Die Formalisierung erlaubt jedem Beteiligten unabhängig von der Durchsetzungsfähigkeit zu Wort zu kommen, ohne sofort mit der Rückmeldung identifiziert zu werden. Die Rückmeldungen bleiben anonym, auch wenn sie veröffentlicht werden. Dies kommt dem Wunsch der Schüler/innen entgegen, sich frei von sozialem Druck der Mitschüler/innen und ohne Angst vor Konsequenzen von Seiten der Lehrer/innen äußern zu können.

Die Formalisierung und Verschriftlichung erleichtert auch die Verarbeitung negativ bewertender Äußerungen; denn alle Beteiligten haben gegenüber der spontanen Äußerung eine längere Verarbeitungszeit, bevor sie reagieren müssen. Die Formalisierung schiebt sich gewissermaßen zwischen die Personen und kann als Schutz bei zu »persönlichen«, heiklen oder verletzenden Äußerungen dienen.

Die Erfahrung mit der Erhebungsphase von Feedback-Sitzungen deutet darauf hin, dass der Einsatz von starken Regeln und die Verschriftlichung der Rückmeldung die Einführung eines ungewöhnlichen Verfahrens erleichtert.

Der Einsatz von Methoden – und das meint ja: von geregeltem Vorgehen – erleichtert generell die Aushandlung zwischen Personen, die mit unterschiedlichen Graden an institutionalisierter Macht ausgestattet sind. Denn auf die Einhaltung vereinbarter Regeln und Rituale können sich alle Personen mit gleichem Recht berufen.

Rückmeldungen verändern Erwartungen

Für Lehrer/innen wie für Schüler/innen ist es interessant zu erfahren, was »die anderen« über das jeweils zur Diskussion stehende Thema denken.

Wenn die Einschätzungen aufgeschrieben sind und für alle sichtbar aushängen, dann steht allen vergleichbar vor Augen, was ansonsten im Verborgenen bleibt: Jeder erfährt, wie die anderen denken und emotional reagieren, auch die sonst stillen Schülerinnen und Schüler.

Veröffentlichte und auf diese Weise dokumentierte Rückmeldungen können nicht mehr rückgängig gemacht werden; sie haben ein anderes Gewicht als spontane Bemerkungen am Rande des Geschehens.

Hat man sich auf systematisches Feedback eingelassen, dann wird man mit den Ergebnissen umgehen müssen, egal wie sie ausfallen. Ein Aussteigen oder Verdrängen wird schwer, denn die Ergebnisse sind bekannt und etwaige Defizite oder Erwartungen damit auch.

Die Erwartung der Beteiligten ändert sich und mit dieser geänderten Erwartungshaltung erzeugen die Beteiligten einen gewissen Druck auf einander bzw. auf sich selbst, mit diesen Informationen konstruktiv weiter zu arbeiten.

4. Die Auswertung der Rückmeldungen: Das Abreißen geregelter Verfahren

Die Bedeutung geregelter Verfahren – nicht nur in der die Einführungsphase, sondern für die gesamte Feedback-Arbeit – wird gerade bei der Beobachtung der Auswertungsphase deutlich. Zunächst ist festzustellen, dass in der Erhebungsphase angemessene Instrumente eingesetzt werden, während in der Auswertungsphase methodische Regelungen fast völlig fehlen. Statt dessen dominiert das freie Auswertungsgespräch. Dahinter könnte die Erwartung der Lehrerinnen und Lehrer stehen, dass die Erhebung der Rückmeldungen das eigentlich Neue ist und deshalb auch neuer Verfahren bedarf. Ein Grund dafür, dass Gespräche über die Rückmeldungen nicht mit Hilfe von geregelten Verfahren angegangen werden, könnte darin liegen, dass die damit verbundenen Anforderungen wegen der äußerlichen Ähnlichkeit mit gewöhnlichen Klassengesprächen unterschätzt werden.

Das freie Auswertungsgespräch – ein Flickenteppich, der ratlos macht

Die Auswertung der Rückmeldungen wird in der Regel in Form von typischen Klassengesprächen zwischen Lehrenden und Lernenden ohne eine für diese Phase spezifische methodische Unterstützung durchgeführt.

Schwierig verlaufen diese Gespräche, wenn Ziel und Verfahren nicht explizit geklärt werden. Wenn beispielsweise eine Fragestellung und eine Methode fehlt, unter der die Feedback-Aussagen analysiert und ausgewertet werden sollen.

Das von den Lehrenden intuitiv gewählte Verfahren ist die Übernahme der Gesprächsführung und eine »freihändige« Steuerung der Debatte. Im Fall der Oberstufe bemerkt der Lehrer, dass er als Moderator und Betroffener in einer widersprüchlichen Doppelrolle ist.

Das Ergebnis ist in allen Fällen zu Anfang eine problematische Kommunikationsfigur: Die Schüler/innen halten kleine Monologe, die sich inhaltlich nur wenig aufeinander beziehen. So springen sie von einem zum anderen Thema ohne dass ein roter Faden erkennbar wird.

Die Erwartung der Lehrer/innen und der Schüler/innen, etwas zur Verbesserung von Unterricht und Lernen tun zu können, wird nicht greifbar, weil die Situation unübersichtlich bleibt; Anknüpfungspunkte für relevante Konsequenzen sind nur schwer zu identifizieren.

Schwach strukturierte Auswertungsgespräche führen auch dann zu Schwierigkeiten, wenn es keine Erinnerungshilfe gibt, die den Beteiligten den Prozess wieder vor Augen führt. Probleme können sich unter anderem darin zeigen, dass solche Gespräche

- weniger zur Thematisierung von Unterricht als zur Diskussion von Beziehungen und Personen tendieren,
- sich vorwiegend auf Ereignisse der gerade erlebten Unterrichtsstunden oder -tage beziehen, sowie
- eine Erinnerung von Geschichten, von – oft emotional aufgeladenen – positiven oder negativen Situationen befördern.

Phasenweise wirken die Anfänge einer schwach strukturierten Auswertung auch so, als würde das Bewertungsmonopol der Lehrer/innen für eine Stunde einfach umgekehrt, als könnten die Schüler/innen nun endlich einmal die Lehrer/innen beurteilen.

In diesen noch ungewohnten Gesprächen prüfen die Schüler/innen, wie weit sie gehen können: Was darf man hier sagen? Was vertragen die Schüler/innen, was der

Lehrer? Diese Prüfung der Verträglichkeit von Rückmeldungen beginnt nicht selten mit Zurückhaltung, kann aber auch zu Grenzüberschreitungen führen.

In der Tendenz eher positiv fallen die Rückmeldungen der Schüler/innen zum Unterricht nach unseren Beobachtungen dann aus, wenn die Lehrer/innen schon vorher als gesprächsbereit, selbstkritisch und aufmerksam erfahren werden.

Am Ende der ersten Auswertungsgespräche steht dann oft ein Bild, das einem Flickenteppich ähnelt: Unterschiedliche und nur kurz angerissene Themen ergeben eine Sammlung verschiedener, teils gegensätzlicher Standpunkte.

Hier zeigt sich zum ersten Mal ein Sachverhalt, der während des gesamten Feedback-Prozesses ein Kernproblem der Entwicklungsarbeit ist: *Die Feedback-Aussagen differieren*. Manche versteht man nicht. Einige findet man »verrückt« von anderen fühlt man sich unangenehm berührt oder angegriffen, wieder andere signalisieren Bestärkung und Anerkennung.

Dabei wird erfahrbar, wie verschieden andere Personen einen Gegenstand oder eine Verhaltensweise wahrnehmen und beurteilen. Dies wirkt auf alle Beteiligten verwirrend. Typisch dafür ist dann die Frage: »Jetzt steht das alles da, was machen wir damit?« Möglich ist aber auch, dass diese Verwirrung nicht öffentlich ausgesprochen und gemeinsam bearbeitet wird. Das aber heißt: Schüler/innen und Lehrer/innen bleiben auf ihren Emotionen sitzen, bis sie eventuell zu einem späteren Zeitpunkt »heraus platzen«.

Diese Verwirrung durch die Vielfalt der Rückmeldungen und die darauf folgende Ratlosigkeit hängt nach unseren Beobachtungen auch damit zusammen, dass die Alleinverantwortlichkeit der Lehrer/innen für den Unterricht so internalisiert ist, dass kaum einer auf die Idee kommt, gemeinsam zu überlegen, wie man von den Rückmeldungen zu Konsequenzen kommt und wer dafür wie Verantwortung übernehmen kann. In der Regel übernehmen deshalb die Lehrer/innen die Aufgabe, Konsequenzen aus den Feedback-Ergebnissen und deren Diskussion zu ziehen (»Wir speichern das und nehmen es mit ins Team. Wir schlagen dann Konsequenzen vor.«). Das tun sie in der Regel nicht methodisch kontrolliert und meist ohne Einbeziehung der Schüler/innen.

Für die Schüler/innen ist damit deutlich, dass mit der Abgabe der Rückmeldungen und einer kurzen Kommentierung ihre Arbeit getan ist. Verantwortung für die Erarbeitung und die Übernahme von Konsequenzen wird ihnen nicht übertragen. Später werden sie dann mit Konsequenzen der Lehrer/innen überrascht, an deren Entwicklung sie nicht beteiligt waren.

Das Anfangsdilemma der Entwicklungsarbeit

Die Schwierigkeiten der Auswertungsphase sind Ausdruck eines typischen Entwicklungsdilemmas; denn Lehrer/innen und Schüler/innen arbeiten an der Entwicklung der Kompetenzen, die eigentlich schon vorhanden sein müssten, um Feedback erfolgreich betreiben zu können.

Erst im Laufe der Feedback-Arbeit erwerben die Beteiligten – u.a. durch die Erfahrung von Schwierigkeiten – die nötigen Kompetenzen; erst im Prozess des Feedback-Gebens und -Nehmens werden die Voraussetzungen geschaffen, die gelingendes Feedback ermöglichen.

In der »ersten Versuchsrunde« lassen sich deshalb Anforderungen vor allem für die Lehrer/innen beobachten, die deshalb ungewöhnlich sind, weil hier nicht nur die berufliche Rolle, sondern die »ganze Person« tangiert zu sein scheint. Deshalb beschreiben Personen, die sich an Rückmeldeprozesse heranwagen, dies generell als eine »heiße Sache«: Erwartet werden Despektierlichkeiten, Fehldeutungen und Missverständnisse in den Rückmeldungen und manchmal auch Attacken auf die Person.

So empfinden es einige Lehrer/innen als schwierig, dass sie sich »ganz schön weit aufmachen« und dann Äußerungen hören, die hin und wieder »schwer zu schlucken« seien; denn die für die Rückmeldung nötige Achtsamkeit stellt sich nicht sofort ein.

Stellen sich Lehrer/innen nun in für schulische Verhältnisse noch ungewohnter Weise der direkten Rückmeldung (bei Feedback zum Unterricht) oder der indirekten Rückmeldung (bei Schüler-Schüler-Feedback), dann fehlen zunächst Regelungs- und »Auffang«-Methoden, die es ihnen erleichtern, professionell, d. h. emotional kontrolliert und reflektiert zu reagieren.

Strukturell gesehen lässt sich dieses Dilemma zu Beginn der Feedback-Arbeit so formulieren: Lehrer/innen und Schüler/innen fordern sich selbst und einander zu etwas auf, was sie noch nicht können und geben sich und einander einen Vertrauensvorschuss für eine Kompetenz, die sie durch ihre Tätigkeit erst erwerben: Die Fähigkeit, kooperativ an der Gestaltung ihrer Arbeitspraktiken und -beziehungen zu arbeiten.

Moderation der Feedback-Gespräche lernen

Die Folgerung aus den beiden voran stehenden Abschnitten lautet: Feedback-basierte Unterrichtsentwicklung steht und fällt mit der Güte ihres Herzstücks: Der Qualität der Feedback-Gespräche. Mit zunehmender Erfahrung zeigt sich deshalb, dass in der Gestaltung der Auswertungsgespräche das Zentrum der Entwicklung der Feedback-Arbeit liegt.

Hier zeigt sich, ob die Rückmeldungen gemeinsam interpretiert werden können, ob die klassenöffentliche Aushandlung qualitativ verbessert werden kann, ob gemeinsame Handlungsperspektiven erarbeitet werden können.

Die oben genannten Schwierigkeiten zeigen, dass Auswertungsgespräche ohne spezifische methodische Unterstützung für feedback-basierte Unterrichtsentwicklung nicht geeignet sind. Sie gelingen nicht in der routinierten Fortführung unterrichtlicher Sachgespräche.

Deshalb ist es eine zentrale Entwicklungsaufgabe, eine verständigungsorientierte und dabei themenzentrierte Gesprächsführung zu lernen, um die Äußerung von

Erwartungen, Anforderungen und Bedürfnissen zu unterstützen und diese in gemeinsame Ziele, Regeln und Standards zu überführen.

Hilfreich können an dieser Stelle auch andere Kommunikationsformen sein. So zum Beispiel Ausdrucksspiele, Aufstellungen, Skulpturen oder andere Formen des darstellenden Spiels. Insbesondere jüngere Schüler/innen probieren szenische Ausdrucksformen gern aus und können sich darüber zuweilen treffender äußern als mit Worten.

Prioritäten setzen als Hilfe beim Umgang mit Unübersichtlichkeit

Alle am Projekt teilnehmenden Lehrer/innen bringen Erfahrungen mit punktuellen Feedbacks mit – Erfahrungen, in denen auch alle die bisher beschriebenen Schwierigkeiten erfahren wurden. Im Projekt können sie sich erstmals systematisch mit den Schwierigkeiten auseinander setzen.

Die Lehrer/innen können nun die Ursachen der Schwierigkeiten genauer bestimmen und erste Konsequenzen ziehen. Zunächst ermuntern sie die Schüler/innen, aus den Rückmeldedaten bestimmte Aspekte auszuwählen; dann entdecken sie, dass es besser ist, die Teilaspekte zunächst in Gruppen zu interpretieren, bevor die Ergebnisse ins Plenum gebracht werden.

Dem Auswertungsgespräch im Plenum wird also eine thematische Prioritätensetzung und eine Interpretation der Aussagen in kleineren Gruppen vorgeschaltet. Der Erfolg ist eine geregelte und konzentrierte Diskussion ausgewählter Aspekte der Rückmeldungen im Plenum. Um die Unübersichtlichkeit der unterschiedlichsten Rückmeldungen zu reduzieren, wählen die Lehrer/innen – oft gemeinsam mit den Schüler/innen – aus, welche der angesprochenen Aspekte einer genaueren Analyse unterzogen werden sollen. Wo eine solche Prioritätensetzung nicht erfolgt, verlaufen Feedback-Gespräche in der beschriebenen unergiebigen Form.

Lehrer/innen sind während des gesamten Projekts neben der thematischen Unübersichtlichkeit mit dem Problem der Zeitknappheit konfrontiert. Feedback-Arbeit wird zunächst als zusätzlich zur »eigentlichen« Unterrichtsarbeit erfahren, als eine weitere Schwierigkeit bei der Bewältigung des Stoffpensums.

Unter dem allgegenwärtigen Zeitdruck scheint sich der zusätzliche Arbeitsaufwand für »Zeit raubende« Feedback-Prozesse geradezu zu verbieten, in jedem Fall erfordert es nach Auskunft der Projektlehrer/innen eine beträchtliche Selbstdisziplin, am »Feedback-Ball« zu bleiben.

Genaueres Hinschauen während der Workshops ergibt nun, dass Personen Arbeitszeit auf die Tätigkeiten bzw. Aufgaben verwenden, denen sie, aus welchen Gründen auch immer, Priorität zumessen. Zeitprobleme sind also Probleme der Prioritätensetzung bzw. Wertzumessung.

Auch hier deutet sich wieder ein Dilemma an: Die Erfahrung eines erfolgreichen Feedbacks erfordert Zeit. Die Bereitschaft, dem Feedback Priorität unter den Bedingungen von Zeitknappheit zu geben, wächst aber mit der Erfahrung des Erfolgs.

Im Laufe des Projekts wird für die Lehrer/innen immer deutlicher: Feedback-basierte Unterrichtsentwicklung benötigt Zeit und Energie um gründlich zu planen, auszuwerten und die Erfahrungen produktiv zu verarbeiten.

Auch die Schüler/innen benötigen Zeit, um zu erfahren, dass sie wirklich gefragt sind, dass Unterricht tatsächlich besprechbar ist; Zeit, um den sich erst entwickelnden konstruktiven Haltungen und Fähigkeiten der Lehrpersonen und der Mitschüler/innen zu vertrauen.

Die Lehrer/innen nehmen schließlich individuelle Prioritätensetzungen vor. Sie stellen andere Aktivitäten zu Gunsten der Feedback-Arbeit zurück und schneiden ihre Feedback-Verfahren so zu, dass sie in die frei geräumten Zeitlücken passen – was zum Teil Abstriche an der Qualität der Arbeit mit sich bringt. Ein Ergebnis der gemeinsamen Arbeit ist, dass die gemeinsame Reflexion und Umgestaltung schulischer Arbeitsbeziehungen viel Zeit braucht. Diese Einsicht zu akzeptieren ist eine wichtige Voraussetzung für einen langfristigen Erfolg von Feedback-Arbeit.

5. Vertiefende Analyse der Rückmeldungen: Bearbeitung in Schülerteams

Dieser Umgang mit der Unübersichtlichkeit von Rückmeldungen erleichtert das weitere Vorgehen. Denn der Eindruck von Unüberschaubarkeit und Widersprüchlichkeit der Rückmeldungen erklärt sich auch daraus, dass sich diese auf unterschiedliche Themen(aspekte) beziehen. Aber auch in den nun zur vertiefenden Bearbeitung ausgewählten Teilthemen finden sich noch genügend Ungereimtheiten.

Zu beachten ist, dass die Schüler/innen und Lehrer/innen die Differenzen ihrer Einschätzungen und Erwartungen zum ersten Mal in dieser Deutlichkeit vor Augen haben und dass sie den Umgang damit erstmals als Gegenstand gemeinsamer Arbeit gewählt haben. Wie also soll man diese unterschiedlichen Sichtweisen in von allen akzeptierte Konsequenzen überführen?

Die Aufgabe einer Überführung der jetzt sichtbar gemachten unterschiedlichen Sichtweisen in gemeinsame Vereinbarungen kristallisiert sich im Verlauf der Feedback-Arbeit als eine zentrale Herausforderung feedback-basierter Unterrichtsentwicklung heraus.

Geregelte Teamarbeit erhöht die Qualität der Rückmeldungen

Die Lehrer/innen entdecken für diese Phase der vertieften Bearbeitung von Rückmeldungen die Arbeit in Gruppen. Kleine Teams übernehmen in einem Prozess gemeinsamer Auseinandersetzung eine erste Analyse der Rückmeldungen.

Dabei zeigt sich: Wenn Schüler/innen zunächst in Kleingruppen miteinander über einen Feedback-Gegenstand sprechen, steigert dies die Qualität der Rückmeldungen, die dann im Plenum geäußert werden. Die Kleingruppe übt hier eine Vorklärungsfunktion für die Äußerungen der einzelnen Personen aus.

Im Laufe des Prozesses wird der Austausch im Team von den Schüler/innen als Bereicherung der eigenen Ansichten und Ideen empfonden: Sie erfahren die Außenperspektiven als anregend und sehen, wie sich der Blick auf das zur Rede stehende Thema verändern, erweitern und schärfen kann.

Die herkömmliche Kontrolle dagegen wird bei dieser Form der vertieften Bearbeitung von Rückmeldungen außer Kraft gesetzt. Dadurch eröffnen sich Freiräume, in denen ungewöhnliche Gedanken, Ideen und Lösungswege entwickelt werden können. Hilfreiche methodische Unterstützungen in dieser Phase sind

- die Strukturierung der Kleingruppenarbeit durch einige Leitfragen – diese helfen den Schüler/innen, einen »roten Faden« zu halten und Ergebnisse zu erzielen;
- die Beachtung der Feedback-Regeln und die Moderation der Gruppen durch die Schüler/innen – das trägt zur Entwicklung einer Gesprächskultur bei – auch im Plenum;
- die schriftliche Fixierung der Ergebnisse und deren Präsentation im Plenum – das hilft, die Gruppenergebnisse als Teil einer Gemeinschaftsarbeit zu sehen und Konsequenzen zu formulieren.

Die Lehrer/innen äußern sich nach Einführung der Teamarbeit positiv überrascht über die kommunikativen und kooperativen Fähigkeiten der Schüler/innen im Zusammenhang mit Feedback-Arbeit: »Das hätte ich nicht gedacht, dass die so verständig mit einander umgehen können«.

Die Kompetenzentwicklung der Schüler/innen wird beschreibbar

In allen vier Fällen ergibt die Auswertung der Rückmeldegespräche mit den Lehrer/innen, dass sie in dieser Phase schon recht gut beschreiben können, welche Kompetenzen die Schüler/innen durch die Intensivierung der Feedback-Arbeit erwerben und ausbauen. Beschrieben werden die folgenden Beobachtungen:

- Die Schüler/innen verbessern Ihre Wahrnehmungsfähigkeit; sie beobachten einander und sich selbst genauer; sie lernen, die eigene Wahrnehmung kritischer einzuschätzen und differenzierter zu urteilen. Ihre Fähigkeit, Rückmeldungen auf konkrete Ereignisse und Situationen zu beziehen, nimmt zu.
- Die Schüler/innen verbessern ihre Fähigkeit zuzuhören, einanderzuverstehen und sich so mitzuteilen, dass sie gehört und auch verstanden werden. Dabei nimmt die Tendenz zu überzogenen und verletzenden Äußerungen ab, und sie fühlen sich auch nicht mehr so schnell angegriffen.
- Die Schüler/innen lernen, dass es zu einem Thema unterschiedliche Ansichten und Standpunkte geben darf und sie lernen, sich interessierter und ruhiger mit diesen Differenzen auseinander zu setzen.

Die Lehrer gewinnen Zeit für die Beratung der Schüler/innen

In der Phase der vertiefenden Bearbeitung der Rückmeldungen in Teams übernehmen die Lehrer/innen eine besondere Rolle. Sie beginnen, die Arbeit der Teams genau zu beobachten, Kontakt zu halten und die Schüler/innen wo nötig zu unterstützen. Aus den Beobachtungen und Gesprächen mit den Schüler/innen über das »Wie« des Arbeitens und Lernens entwickelt sich mit der Zeit ein Arrangement, das man als unterrichtsbegleitende Beratungsgespräche für Arbeitsgruppen und einzelne Schüler/innen bezeichnen kann.

Diese Gespräche konzentrieren sich auf die Reflexion des aktuellen Arbeitsgeschehens. Exemplarisch dafür sind Fragen wie: Was hat sich gerade abgespielt? Was lief gut/was lief schief? Was hättest du/ihr stattdessen machen/brauchen können? Was war hilfreich, wie habt ihr dieses Problem gelöst, wer hat dazu was beigetragen? Welches Ziel habt ihr, seid ihr da noch dran oder müsst ihr das Ziel verändern? Was wäre der nächste Schritt, was könnt ihr konkret tun?

In diesen Reflexions- und Beratungsphasen lernen Lehrer/innen die Schüler/innen und ihre Arbeitsprozesse, Arbeitsweisen und ihre Formen der Zusammenarbeit genauer kennen. Das hilft ihnen u.a. dabei, Kriterien für gelungene Lern- oder Arbeitsprozesse gemeinsam mit den Schüler/innen zu formulieren.

Prozessorientiertes Moderieren und Beraten ist der Kern der sich neu herausbildenden Rollen- und Tätigkeitsverständnis. Es orientiert sich konsequent daran, die Unterstützung der Lernprozesse der Schüler/innen zu optimieren.

Die Lehrer/innen berichten in diesem Zusammenhang von Entlastungserfahrungen, weil nicht mehr nur sie alleine Sorge tragen für das Gelingen des Unterrichts. Ihre Arbeit erfährt mehr Rückmeldungen und daraus ergibt sich mehr Sicherheit über deren Wirkung; aber es wächst auch der Anteil der Schüler/innenarbeit – sie arbeiten mehr mit.

Wenn die Schüler/innen den Nutzen der Beratungsgespräche für die Verbesserung ihrer Arbeit und für ihr Selbstwertgefühl erfahren können, wirken diese Gespräche vertrauensbildend.

Das Bedürfnis nach Aufmerksamkeit und Gesprächsbereitschaft

Spätestens in der Phase der vertiefenden Bearbeitung der Rückmeldungen beobachten die Schüler/innen die Lehrer/innen sehr genau. Aus Befragungen der Schüler/innen wissen wir, dass der Grad an Dialogbereitschaft und Ansprechbarkeit der Lehrer/innen für die feedback-basierte Unterrichtsentwicklung eine große Bedeutung hat. Beobachtet wird dabei,

- ob die Lehrer/innen Kontakt zu den Schüler/innen haben und registrieren, was bei Ihnen »passiert«, ob sie also etwa nachfragen, wie die Schüler/innen mit den Anforderungen klar kommen und was sie bewältigen können;

- ob die Lehrpersonen in der Lage sind, sich in die Perspektive der SchülerIn hinein zu versetzen und vor allem, ob sie zeigen, dass sie sich über die Bedürfnisse und Interessen der Schüler/innen Gedanken machen;
- ob sie mit den Schüler/innen Lösungen für Probleme entwickeln und wie sehr sie dabei auch bereit sind, über Veränderungen nachzudenken und den Unterricht so zu verbessern, dass er beim Lernen hilft.

Die Schüler deuten Aufmerksamkeit und Dialogbereitschaft des Lehrers als Interesse an ihnen. Eine solche Begleitung wünschen sie sich in hohem Maße. Das ethische Prinzip, die Schüler/innen ernst zu nehmen und ihnen gerecht zu werden, kann im Rückmeldegespräch praktisch und konkret werden.

Dass auch die Lehrer/innen ein Bedürfnis nach Aufmerksamkeit und Dialogbereitschaft haben, zeigt sich anlässlich von Rückmeldungen, die die wissenschaftliche Begleitung den Projektlehrer/innen in der »Halbzeit« und nach Abschluss der Praxisphase zu kommen lässt. Auch Lehrer/innen erleben es als Anregung und Zuwendung, wenn sie ihre Erfahrungen mit Hilfe einer qualifizierten Außensicht reflektieren können.

Der Schulalltag bietet dazu kaum Gelegenheit. Systematische, durch institutionalisierte – also in den Tagesablauf fest eingeplante – Teamarbeit gestützte kollegiale Kooperation und Reflexion über die alltägliche Unterrichtsarbeit ist selten. Dies stellt für feedback-basierte Unterrichtsentwicklung ein Hindernis dar; denn Lehrer/innen, die selbst kaum über Erfahrungen mit Feedback und Teamarbeit verfügen, erkennen die Vorzüge und Nachteile dieser Verfahren nur undeutlich.

Ansätze einer positiven Wirkung kollegialer Kooperation zeigen sich in unserem Projekt in den Schulprojektgruppen und während der Workshops. Andere Arbeiten können viel deutlicher auf Erfahrungen mit institutionalisierter Stützung der Entwicklungsarbeit durch Team- und Beratungsstrukturen als Schubkraft für Unterrichts- und Schulentwicklung verweisen (vgl. Burkard 1995, S. 50; Strittmatter 2000; Herrmann 2001; Bastian/Rolff 2002).

6. Die Krise des Feedbacks: Strukturelle Widersprüche werden erfahrbar

Erfahrbarer Nutzen ist ein Motor der Entwicklungsarbeit

Spätestens in der Phase der vertiefenden Bearbeitung von Rückmeldungen in Teamarbeit erfahren Lehrer/innen und Schüler/innen, dass sie aus den Ergebnissen ihrer Feedback-Sitzungen Konsequenzen ziehen können, die zu Verbesserungen des Unterrichts und der Lernbedingungen führen.

Die Zusammenarbeit wird erkennbar vertrauensvoller. Konkrete Änderungen, wie zum Beispiel ausführlichere Vor- und Nachbereitungen von Klausuren, ausgewogenere Verteilung der Redebeiträge im Unterricht oder Neugewichtung der Zensurenberechnung werden vorgenommen.

Wenn Schüler/innen und Lehrer/innen binnen kurzer Zeit erleben, dass gemeinsam angestrebte Veränderungen auch tatsächlich eintreten, wenn sie den konkreten Nutzen dadurch erfahren, dass sie in das Geschehen im Unterricht gestaltend und verbessernd eingreifen können, dann zeigen Lehrer/innen wie Schüler/innen Befriedigung, zuweilen auch Stolz.

Doch nach dieser Phase spürbaren Nutzens – so erfahren wir in den Befragungen der Lehrer/innen und der Schüler/innen – passiert etwas Paradoxes: Mit der Überwindung der Anfangsschwierigkeiten und der Zunahme der Fähigkeiten zur gemeinsamen Reflexion von Lernen und Unterrichten stellen sich neue Schwierigkeiten ein – denn die Erwartungen steigen.

Desinteresse bei den Schüler/innen, Enttäuschung bei den Lehrer/innen

Die Entwicklung des systematischen Dialogs führt nicht wie selbstverständlich zu einer Routinisierung und einer damit verbundenen kontinuierlichen Verbesserung. Denn offensichtlich stoßen Schüler/innen und Lehrer/innen im fortgeschrittenen Stadium auf Probleme, die nicht so leicht zu bearbeiten sind. In den Schulen lassen sich solche Probleme in folgenden Erscheinungsformen beobachten:

- Im Fall der Gewerbeschule zeigt sich, dass Versuche einer Anpassung der Rückmeldemethoden an veränderte Situationen nicht auf Interesse bei den Schüler/innen stoßen. Es scheint so, als verlören sie jedes Interesse an Rückmeldung über Unterricht.
- Im Fall der Mittelstufe der Gesamtschule zeigt sich ein allmählicher Rückzug des Lehrers von seinen Ansprüchen, nachdem seine Erwartungen sich nicht erfüllen. Den Schülern gelingt es nicht, einander über Arbeitsmethoden und Kooperationsformen Feedback zu geben.
- Im Fall der gymnasialen Unterstufe fragt das Lehrerteam, ob die Schüler/innen sich wirklich offen und ehrlich äußern oder eine »Schere im Kopf haben«: sie empfinden die Rückmeldungen nach wie vor sehr verhalten und tendenziell »zu positiv«.
- Im Fall der gymnasialen Oberstufe fragt sich der Lehrer, ob er eigentlich die richtigen Konsequenzen aus den Feedback-Ergebnissen zieht; er ist unsicher, ob er hierzu von den Schüler/innen die richtige Auskunft bekommt.

Beobachtbar sind also auf Seiten der Schüler/innen Äußerungen von Desinteresse und Distanz sowie unklare Reaktionen, auf der Lehrer/innenseite enttäuschte Erwartungen, Skepsis gegenüber der Ernsthaftigkeit der Rückmeldungen und Unsicherheit bei den Konsequenzen.

Dass sich Feedback-Arbeit nicht als eine Art »Selbstgänger« entwickelt, löst Unverständnis, Unmut und im fortgeschrittenen Stadium ein Gefühl der Krise aus. Ging es nicht um die Möglichkeit zur Mitgestaltung, um das Äußern von Interessen, um Einfluss? Warum nutzen Schüler/innen diese Gelegenheit nicht mit freudigem und kontinuierlichem Engagement?

Interpretationen, die wir in diesem Zusammenhang von den Lehrer/innen hören, thematisieren eher strukturelle Probleme der Schule. Geäußert werden Vermutungen wie:

- Schüler/innen wollen durch das Erfüllen der (Lehrer-)ansprüche an Feedback ihre Lehrer/innen gnädig stimmen.
- Die instrumentelle Haltung der Schüler/innen zur Schule führt dazu, dass sie lediglich noch an Punkten und guten Zensuren interessiert sind. Auch Feedback wird zu diesem Zweck genutzt: »Die machen alles, was man ihnen sagt, um eine eins zu bekommen«.
- Gestaltende Einflussnahme ist für Schüler/innen in diesem Alter kein Anliegen; sie verfügen auf Grund ihrer schulischen Vorerfahrungen über keine Motivation oder Hoffnung, Unterricht und Schule in ihrem Sinne verbessern zu können.

An diesem Punkt der Entwicklung zeigen die Lehrer/innen Ratlosigkeit und Frustration. Die Lehrer der Gewerbeschule überlegen einen Moment, ob sie die Feedback-Arbeit einstellen sollen. Die Lehrer der gymnasialen Unterstufe stellen sich die Frage, welchen Sinn Feedback hat, wenn die Schüler/innen es vorwiegend als »Lehrerding« wahrnehmen. Der Lehrer der Gesamtschule verabschiedete sich allmählich von einigen seiner ursprünglichen Ziele. Kurz: Die Entwicklung kommt in dieser Phase nur noch schleppend voran.

Hintergrund der Krise: Unterschiedliche Erwartungen und strukturelle Differenzen

Auch wenn die Erscheinungsformen der Krise recht unterschiedlich aussehen, so lässt sich auf Grund der Interpretationen der Fälle doch eine Gemeinsamkeit erkennen, die dabei helfen kann, die Krise besser zu verstehen. Zunächst einmal sehen wir in den Fällen, dass die Beteiligten trotz einiger Erfolge in der Feedback-Arbeit an eine Grenze der Verständigung kommen.

Das heißt: Gerade wenn Lehrer/innen beginnen, sich auf einen Dialog mit den Schüler/innen einzulassen, wenn sie danach fragen, wie Schüler/innen zu erreichen sind, dann erfahren sie in aller Deutlichkeit, dass sie phasenweise aneinander vorbei agieren.

Im Zuge der Krisenerfahrung werden unterschwellige und daher unauffällig wirksame Strukturen bemerkbar, die ohne regelmäßige Feedback-Arbeit verborgen bleiben. In den Schulen lassen sich die Hintergründe der Verständigungsprobleme wie folgt interpretieren:

- In den Fällen der Gesamtschule und der Gewerbeschule gibt es unterschiedliche und nicht leicht zugängliche Vorstellungen von gerechter Leistungsbewertung

und angemessener Betreuung der Schüler-Arbeitsgruppen. Sehr unterschiedlich sind auch die unausgesprochenen Erwartungen an die Aufgaben und Leistungen, die die jeweils andere Seite zu erbringen hat.
- Im Fall der Unterstufe des Gymnasiums gibt es jeweils unterschiedliche und auch unterschwellige Erwartungen der einen an die Schule und der anderen an die Schüler/innen: Für die Schüler/innen der 5. Klasse ist Feedback kein »Lernen« sie sehen etwa ein halbes Jahr lang keinen richtigen Sinn darin, während die Lehrer/innen davon einen grundlegenden Wandel im Verhältnis zum Lernen erwarten.
- Im Fall der Gewerbeschule zeigt sich über das oben genannte Verständigungsproblem hinaus das nicht klar definierte Verhältnis der Aufgaben von Betrieben und Schule als strukturelles Missverständnis.

Die Unterschiedlichkeit der Erwartungen äußert sich in den Fällen von Gesamtschule und Gewerbeschule in Form von Konflikten zwischen Lehrer/innen und Schüler/innen. Im Fall der gymnasialen Unterstufe kommen die Unterschiede durch Interviews mit den Schüler/innen ans Tageslicht.

Vorher waren die hier zu Tage tretenden Unterschiede in den Erwartungen von Schüler/innen und Lehrer/innen latent; dennoch aber wirkten sie sich – wie zu beobachten war – hemmend auf die Entwicklung der Feedback-Arbeit aus, und vermutlich nicht nur auf diese.

Warum nun stößt systematische Feedback-Arbeit nach einiger Zeit zu solchen latenten Differenzen vor? Wenn Feedback-Äußerungen sich bewertend zu Arbeitspraktiken und Arbeitsbeziehungen äußern, dann geben sie immer auch Auskunft sowohl über dahinter liegende Erwartungshaltungen als auch über die Struktur der Arbeitsbeziehungen.

Lehrer/innen und Schüler/innen legen also im Feedback allmählich auch strukturelle Probleme frei, die sonst verborgen bleiben. Gleichzeitig aber sehen wir, dass die zu Tage tretenden Probleme nicht sofort als solche erkannt werden und erst recht nicht bearbeitet und modifiziert werden können – selbst wenn die Lehrer/innen ansprechbar und veränderungsbereit sind.

Strukturmomente sind beispielsweise Arbeitsbeziehungen, Arbeitspraktiken, Regeln und Erwartungen. Der größere Teil dieser Strukturmomente ist implizit, also wenig bewusst, der kleinere Teil ist in Regeln und Vereinbarungen gefasst. Werden nun Teile der bislang verborgenen Strukturmomente explizit, dann erscheinen sie zunächst als unveränderliche Momente, die das Verhältnis der Personen zueinander und ihre Arbeitspraktiken prägen. Im Zuge von Feedback-Arbeit aber zeigt sich, dass sie reflektiert, diskutiert und verändert werden oder aber bewusst beibehalten werden können. Damit werden vormals implizite Strukturmomente beispielsweise in Vereinbarungen, Regeln, Ziele, und Bewertungsmaßstäbe transformiert, die zugänglich sind.

Hintergrund der Krise: Wachsende Ansprüche der Schüler/innen an Feedback

Mit der Erweiterung von Feedback-Erfahrung verändern die Schüler/innen ihre Erwartungen an die Leistungen der Rückmeldeverfahren. Je versierter sie werden, desto eher möchten sie offen sprechen bzw. schreiben, nicht bloß Punkte kleben oder Kategorien ankreuzen, desto eher wünschen sie den offenen Dialog mit gesprächsbereiten und aufmerksamen Partnern. Insbesondere die Feedback-Arbeit in Kleingruppen trägt nach unseren Beobachtungen dazu bei, dass Schüler/innen ihre Interessen genauer formulieren. In dieser Phase artikulieren Schüler/innen immer deutlicher ein Bedürfnis nach Klärung. In vielen Fällen wollen sie erfahren, was im Unterricht gefordert ist und was von ihnen erwartet wird. Gleichzeitig geraten sie mit den Lehrer/innen in ernsthafte Aushandlungen über ihre Auffassungen und Urteile. Die anfänglich wichtige Bedeutung der Anonymität schwindet.

Mit der Erweiterung der Feedback-Erfahrungen steigt das Interesse der Schüler/innen, genauer zu verstehen, warum die Lehrer/innen ihren Unterricht so gestalten, wie sie es tun, und daran, an der Unterrichtsplanung beteiligt zu werden. Sie wollen eigene Vorschläge zu Inhalt und Gestaltung des Unterrichts mit den Lehrer/innen beraten und anschließend vereinbaren, welche Vorschläge umgesetzt werden und was verändert bzw. beibehalten werden soll.

An dieser Stelle beginnen Schüler/innen auch, sich Interaktionen mit Lehrer/innen zu wünschen, die von einem kooperativen Verhältnis getragen sind. Sie möchten den aufmerksamen und dialogbereiten Lehrer/innen mit Rückmeldungen »wirklich weiter helfen«. Diese Hilfe sehen die Schüler/innen dann nicht mehr als Almosen an eine »noch nicht fertige« Lehrkraft, sondern als einen Tipp aus ihrer Perspektive »auf gleicher Augenhöhe«. Die Schüler schätzen sich nun selbst als kompetente Rückmelder ein.

Das Bedürfnis der Schüler/innen nach einer Erweiterung der Leistungen des Feedbacks kommt somit erst nach guten Erfahrungen mit Feedback zum Tragen: Erst mit einem Bewusstsein davon, welche Rolle der Unterricht für das eigene Leben spielen kann, entwickelt Feedback sich zu einem Bedürfnis nach expliziter Mitgestaltung des Unterrichts weiter.

So stellt sich im Rahmen von Feedback-Arbeit eine scheinbar paradoxe Situation ein: Gerade wenn Schüler/innen dezidiert den Freiraum erhalten, durch Feedback ihre Erfahrungen mit Unterricht, Arbeitsverhalten und Lernbedingungen zu äußern, formulieren sie zunächst die »herkömmliche« Lage, in der ihre Erfahrungen nicht gefragt sind; dabei artikulieren sie durchaus auch pauschalen »Schulfrust«.

Das heißt aber auch, dass die Lehrer/innen, die diesen Freiraum einräumen, in solchen Situationen »ab bekommen« was sie vermutlich am wenigsten verursachen, und was andere Lehrer/innen, die »sich nichts sagen lassen« in der Regel nie zu hören bekommen.

Es ist zwar zu beobachten, dass Schüler/innen relativ schnell von diesen aggressiven Rückmeldungen ablassen, wenn sie erfahren, dass ihre Einlassungen aufgenommen werden. Aber auf dieser Stufe der Entwicklungsarbeit – nach etwa einem halben Jahr mit erwachendem Selbst- und Arbeitsbewusstsein – neigen Schüler/innen und Lehrer/innen dazu, für die tatsächliche Veränderung des Unterrichts die Lehrer/innen allein verantwortlich zu machen.

Wie im Folgenden zu sehen sein wird, entscheidet der Grad der Einbeziehung der Schüler/innen in die Planung und Bewertung von Unterricht darüber, wie die Krise überwunden wird.

7. Auf dem Weg zur kooperativen Gestaltung von Unterricht und Lernen

Die Aufgabe, Konsequenzen aus den Auswertungsgesprächen abzuleiten, Veränderungen zu formulieren und Umsetzungsvorschläge zu machen, übernehmen in allen vier Fällen die Lehrkräfte. In Gesamtschule und gymnasialen Unterstufe formulieren die Lehrer/innen auch die Bewertungskriterien, nach denen die Schüler/innen ihre Gruppenarbeit bzw. ihre Lernprozesse evaluieren sollen.

Die Schüler/innen sind also über längere Zeit nicht einbezogen in die Entwicklung von Bewertungskriterien und Konsequenzen. Das hat zur Folge, dass Schüler/innen sich feedback-basierte Neuerungen in drei Fällen nur zäh aneignen und die Bewertungskriterien auch nach einem halben Jahr durchgängig noch nicht eigenständig verwenden.

Im Fall der gymnasialen Oberstufe allerdings bezieht der Lehrer die Schüler/innen von Anfang an in die Entwicklungsarbeit ein. Der konkrete Nutzen wird schnell erfahrbar, da der Lehrer sofort Konsequenzen aus den Hinweisen zieht. Diese Konsequenzen spricht er im Verlaufe des Prozesses genauer mit den Schüler/innen ab, sodass sie eigene Vorschläge einbringen können.

Auch wird in diesem Fall keine Teamarbeit zur vertieften Bearbeitung der Rückmeldungen eingesetzt; der Lehrer sieht sich als der eigentlich Verantwortliche für das Umsetzen der Rückmeldungen. Da auf beiden Seiten Zufriedenheit mit dem Verfahren besteht, gibt es hier nach Datenlage keine Krisenphase, aber auch keine Thematisierung struktureller Probleme.

Die Schüler/innen der Oberstufe verstehen Sinn, Nutzen und Grenzen des Verfahrens sehr gut und teilen dieses gemeinsam erarbeitete Verständnis mit dem Lehrer. Sie wissen genauer als die Schüler/innen aus den anderen Fällen, wozu ihr Verfahren nützlich ist, unter welchen Bedingungen man es verwenden kann, wo seine Besonderheiten und Grenzen liegen.

Die Folgerung lautet: Eine wichtige Entwicklungsaufgabe im Rahmen von Feedback-Arbeit ist, dass sich Schüler/innen und Lehrer/innen auf einen gemeinsamen Sinn der Feedback-Maßnahmen verständigen. Dies kann nur über die Einbeziehung der Schüler/innen in die Konstruktion, laufende Anpassung und Evaluation des Feedback-Instruments gelingen.

Wenn Lehrer/innen und Schüler/innen in methodisch gestützten Gesprächen einen gemeinsamen Sinn entwickeln, den sie mit Feedback verbinden, dann ist am ehesten Gewähr leistet, dass sie mit einem gemeinsamen Ziel an einer gemeinsamen Sache arbeiten.

Das Projekt zeigt deutlich, dass vor allem die wiederholte praktische Erfahrung mit Feedback-Arbeit die beteiligten Personen dazu in die Lage versetzen kann, im Prozess ein gemeinsames Verständnis vom Sinn und Nutzen der Feedback-Verfahren zu entwickeln.

Aber zu diesem Zeitpunkt geht es nicht mehr allein um den Sinn von Feedback, sondern um die Klärung weiterer meist unterschiedlicher Erwartungen an und Bewertungen von Arbeitspraktiken und -beziehungen: Was fordern Lehrer von den Schülern, welche Ziele verfolgen sie im Unterricht, und welche Unterstützung sind sie bereit zu geben? Was erwarten die Schüler/innen von der Schule, welche Ziele wollen sie im Unterricht verfolgen?

Dies auszuhandeln und über flexible Vereinbarungen in gemeinsame Ziele, Erwartungen und Maßstäbe umzuwandeln, zeichnet sich als Kernstück feedbackbasierter Unterrichtsentwicklung ab.

Auseinandersetzung mit strukturellen Problemen als Entwicklungssprung

Die Schulprojektgruppen schlagen im Zuge der Bearbeitung der Krise des Feedbacks tatsächlich einen Weg ein, der auf »mehr Kooperativität in der Unterrichtsgestaltung« setzt.

Sie gehen erste Schritte einer Umstellung des Unterrichts von einem stoff- und lehrerzentrierten zu einem feedback-basierten und kooperativen Modell. Sie erproben Beratungsformen und moderierte Unterrichtsgespräche und veränderten die Rollen: Die Schüler/innen versuchen sich als aktive Mitgestalter des Lernprozesses und die Lehrer/innen erproben sich als Berater in diesem Entwicklungsprozess. In den einzelnen Fällen zeigt sich dies in folgenden Schritten:

- Die Lehrer/innen entwickeln das Feedback-Konzept im Sinne eines Verfahrens zur kooperativen Unterrichtsplanung und -auswertung weiter. (Gewerbeschule und gymnasiale Unterstufe; bei der gymnasialen Oberstufe war das Verfahren von vornherein darauf angelegt.)
- Die unterschiedlichen Erwartungen werden systematisch weiter bearbeitet, d.h. gemeinsam analysiert, vermittelt und in Vereinbarungen überführt. (Gewerbeschule; im Fall der gymnasialen Oberstufe war dies von Beginn an geschehen)
- Schüler/innen und Lehrer/innen arbeiten gemeinsam an der Optimierung der Feedback-Verfahren (Gymnasiale Unterstufe; bei der Oberstufe geschah dies – allerdings in einem eng gesteckten methodischen Rahmen – von vornherein)

An diesen Veränderungen zeigt sich, dass die Konfrontation mit Problemen, die zunächst kaum lösbar scheinen, Entwicklungspotenziale beinhaltet, dass die durch Feedback ausgelöste Auseinandersetzung mit herkömmlichen, eingeschliffenen Erwartungen und Praktiken Gelegenheit zur Entwicklung neuer Formen der Kooperation eröffnet und dass sich dabei neue Erwartungen und Routinen herausbilden, die für die Beteiligten funktionaler, angenehmer und effizienter werden können.

An dieser Stelle wird erkennbar, dass positive Überraschungen und Enttäuschungen die Bewegungsmomente auch dieser Entwicklungsarbeit sind – jedenfalls dann, wenn die Erfahrungen in der Feedback-Krise nicht in Resignation umschlagen.

Es lohnt sich deshalb, noch einmal der Frage nachzugehen, welche Kräfte die Lehrer/innen dazu bewegt haben, trotz zeitweiliger Rückschläge ihre Arbeit am Feedback-Projekt nicht einzustellen.

Wie können Enttäuschungen fruchtbar gemacht werden?

Als typische Bedingungen für eine produktive Balancierung von Erfolgen und Misserfolgen in der Krise der Feedback-Arbeit lässt sich die Ausprägung von drei Faktoren beobachten.

- **Persönliche Überzeugtheit vom Nutzen der Schülerrückmeldung.**
  Die Projektlehrer/innen sind überzeugt, dass Schüler-Feedback ein entscheidendes Instrument zur Entwicklung von Unterricht und Lernprozessen ist. Sie trauen sich und den Schüler/innen diese ungewöhnliche Form der Kommunikation auch zu.
  Hinzu kommt das Vertrauen in ihre und die Fähigkeiten der Schüler/innen, Schwierigkeiten gemeinsam bearbeiten zu können. Eine gewisse Enttäuschungsfestigkeit ist eine wichtige Voraussetzung dafür, nicht vermeidbare Enttäuschungen positiv zu wenden.
  Und schließlich sind die Projektlehrer/innen grundsätzlich bereit, die Rückmeldungen ernst zu nehmen und daraus mit den Feedback-Gebern Konsequenzen für die eigene und die gemeinsame Arbeit zu ziehen.
- **Stabilisierung durch systematische Zusammenarbeit mit Gleichgesinnten.**
  Mit dieser Selbstverpflichtung zur Arbeit mit Rückmeldungen sind die Projektlehrer/innen in kooperative Arbeitszusammenhänge integriert. Damit ist eine weitere Voraussetzung geschaffen, Erfolge und Schwierigkeiten in eine produktive Balance zu bringen. Denn jeder Einzelne ist eingebunden in eine Schulprojektgruppe, den Austausch mit anderen Schulprojektgruppen sowie die Beratung der wissenschaftlichen Begleitung.
  Der Austausch innerhalb der Schulprojektgruppen, während der Workshops und die Rückmeldungen der wissenschaftlichen Begleitung geben Anregungen und Rückhalt. Dabei werden Materialien ausgetauscht, Erfahrungen, Fehlschläge, Probleme und Erfolge ausgewertet und die Instrumente weiter entwickelt.

- **Vertrauen der Schüler in die Gesprächsbereitschaft der Lehrer und Vertrauen der Lehrer in die Fähigkeiten der Schüler.**
Eine dritte Voraussetzung ist eine stabile und für die Schüler/innen wahrnehmbare Bereitschaft der Lehrer/innen, (einige) ihre(r) Ziele, Tätigkeiten und Leistungen zur Diskussion zu stellen. Diese grundsätzliche Gesprächsbereitschaft muss auch auf Seiten der Schüler/innen zumindest ansatzweise vorhanden und für den Lehrer erkennbar sein.
Lehrer/innen, die ohne Abstriche der Auffassung sind, dass ihre Arbeit unabhängig von der Rückmeldung der Schüler/innen (und auch der Kolleg/innen) über alle Zweifel erhaben ist, beteiligen sich nicht freiwillig an einem solchen Projekt. Aber auch Schüler/innen mit einem schwachen Selbstbewusstsein und schlechten Vorerfahrungen sind kaum bereit, sich auf ein solches Gespräch einzulassen.
Eine Bereitschaft, seine Arbeit zur Diskussion zu stellen und gegenseitiges Zutrauen sind systematische Faktoren, die für das Gelingen oder Misslingen feedback-basierter Unterrichtsentwicklung eine wichtige Rolle spielen. Im Einzelnen heißt das:
  - Trauen Schüler/innen den Lehrer/innen zu, dass sie bei kritischen Äußerungen mit Schikanen oder schlechten Zensuren reagieren – oder glauben sie, dass sie Stellung nehmen und ihren Standpunkt selbstkritisch, aber auch durchaus fest vertreten?
  - Trauen Lehrer/innen den Schüler/innen zu, dass sie Rückmeldungen zu verletzenden und »sachlich unqualifizierten« Angriffen nutzen – oder glauben sie, dass Schüler/innen zu differenziertem Urteilen in der Lage sind?
  - Trauen Schüler/innen und Lehrer/innen einander prinzipielles Desinteresse an der Arbeit des anderen zu und daran, Unterrichts- und Lernsituationen wirksam verbessern zu wollen – oder unterstellen sie einander Interesse an beidem?

Was wissen wir über die Hintergründe dieser drei Faktoren, die bei der Bearbeitung der Krise hilfreich sind? Um dies zu klären, fragen wir

Was hilft bei der Entwicklung einer kooperativen Lernkultur?

Die *erste Variante* beschreibt das Muster einer *misstrauenden Erwartung,* wie wir sie von Lehrer/innen gehört haben, die sich explizit gegen eine Mitarbeit im Projekt ausgesprochen haben. Sie haben diese Entscheidung neben Zeitargumenten auch mit Einschätzungen begründet, die Schüler/innen die nötige Qualifikation für eine Beurteilung von Unterricht und Lernen absprechen.
 Aus Gesprächen mit Schüler/innen wissen wir, dass sie diesen Lehrer/innen gegenüber »heiße« Themen sowie kritische Rückmeldungen vermeiden, weil sie befürchten, dass solche Äußerungen auf sie zurück schlagen können – oder dass es »eh keinen Zweck« hat, mit Lehrer/innen zu sprechen, die ihnen nichts zutrauen.

Die *zweite Variante* beschreibt das Muster einer *vertrauenden Erwartung*. Bei Lehrer/innen mit einer solchen Grundhaltung lässt sich eine gewisse Energie und Zähigkeit beobachten, auch gegen Widerstände und bei Schwierigkeiten an der Erprobung von Schüler-Feedback festzuhalten.

Dieses Vertrauen in die eigenen und die Fähigkeiten der Schüler/innen ist verbunden mit weiteren, von den Projektlehrer/innen nicht immer explizit formulierten Erwartungsmustern:

- Die Lehrer/innen gehen zunächst einmal davon aus, dass Äußerungen und Handlungen gute Gründe haben, und dass es darauf an kommt, diese zu verstehen.
- Die Lehrer/innen sind daran interessiert, Äußerungen bzw. Handlungen zu entschlüsseln – auch wenn sie sich zunächst einmal problematisch artikulieren.
- Die Lehrer/innen gehen davon aus, dass einzelne Äußerungen und Handlungen nicht einfach »richtig« sind und dass sie in der Auseinandersetzung relativiert werden können.

Personen mit diesen Erwartungsmustern hören zu, denken nach und fragen nach, bis sich ein gemeinsames Verstehen der Äußerungen erkennen lässt. Sowohl die Lehrer/innen als auch die meisten Schüler/innen bestätigen,

- dass Schüler/innen, denen die Lehrer/innen zutrauen, Unterricht und Arbeitsleistungen differenziert und sachlich diskutieren und angemessen bewerten zu können, dies auch trotz der genannten Anlaufschwierigkeiten und Krisen tun,
- dass Schüler/innen, denen man mit Hilfe von Feedback-Methoden Gelegenheit gibt, einander und den Lehrer/innen Rückmeldungen zu geben, dies nach kurzer Zeit auf einem höheren Niveau und mit mehr Verständnis gegenüber ihren Mitdiskutanten tun.

Besonders energisch weist Strittmatter (2000) auf die Rolle von grundlegenden Erwartungen hin, die von ihm »Haltung« genannt werden: »Wenn die Haltung stimmt, wenn die Lehrpersonen [bzw. die Schüler/innen] ihren Feedback-Partner/innen gegenüber glaubwürdig kommunizieren, dass sie an Beurteilungen interessiert sind, wissen wollen und daraus was machen wollen, dann gelingen Evaluationsarrangements fast immer. Wir haben die Erfahrung gemacht, dass es unter dieser Voraussetzung erstaunlich viele evaluationstechnische Fehler erträgt und trotzdem sehr valide, aussagekräftige Befunde entstehen. Umgekehrt: Wenn die Haltung nicht stimmt, wenn Pflichtübungen, Disziplinierungsübungen oder Alibi-Untersuchungen zum Beweisen von Dingen, die man schon »weiß« absolviert werden, produzieren die evaluationstechnisch perfektesten Instrumente und Verfahren Artefakte, weil alle Beteiligen gute Gründe zum Schummeln haben.«

Dokumentation des Entwicklungsprozesses: Eine Bilanzierungs- und Reflexionshilfe

Das Interesse der Lehrer/innen richtet sich – darauf ist mehrfach verwiesen worden – auf die Entwicklung von Feedback als Methode, das als Element einer langfristigen Unterrichtsentwicklung zum Bestandteil des regulären Unterrichts wird.

Damit braucht feedback-basierte Unterrichtsentwicklung Instrumente, die bei einer Rekapitulation auch länger zurück liegender Ereignisse helfen können – etwa, um langfristige Fortschritte oder Fehlentwicklungen erkennen zu können.

Eine solche Prozessdokumentation, die die Entwicklungsarbeit schriftlich festhält, wird allerdings in allen Fällen nicht angelegt. Wir können in diesem Abschnitt deshalb nicht auf Dokumentationserfahrungen verweisen, wohl aber erfahrungsbezogen rekonstruieren, warum und wobei ein solches Instrument die Ansprüche an Unterrichtsentwicklung unterstützt hätte.

Die Dokumentation von Rückmeldungen wurde in allen Fällen bei der Vorbereitung der Feedback-Gespräche – also bei der Erhebung der Rückmeldungen genutzt. Hier waren es die jeweiligen Instrumente, die entweder eine kontinuierliche Eintragung (z.B. im Tagebuch) oder eine punktuelle Dokumentation der Aussagen z.B. auf der Zielscheibe erforderten.

Aber schon in den Auswertungsgesprächen wurde nicht mehr (öffentlich) mitgeschrieben bzw. dokumentiert. Dies war u.a. ein Grund für die Schwierigkeiten, die Aussagen eines Feedback-Gesprächs im Kopf zu behalten und trotz ihrer Unterschiedlichkeit einen roten Faden zu entdecken.

Hier ist zu erwarten, dass eine kontinuierliche Dokumentation nicht nur der Feedback-Gespräche, sondern auch der längerfristigen Entwicklungen die Arbeit unterstützen und systematisieren würde. Der Arbeitsaufwand ist allerdings nicht zu unterschätzen.

Um die Bedeutung von Dokumentationen als Übersichts- und Strukturierungshilfe zu plausibilisieren, skizzieren wir in der folgenden Grafik die Komplexität schulischer Erwartungen, Arbeitsbeziehungen und -praktiken (vgl. S. 171).

Ein solches Schema zeigt zweierlei: Es verweist auf die ohne Visualisierung nur schwer zu überblickende Vielfalt der Dinge, die im Feedback zur Sprache kommen können und es kann helfen, die Dokumentation zu systematisieren.

Einzelschüler/in Lerngruppe Einzellehrer/in Lehrergruppe Schulleitung Kollegium Schule	hat	Ziele, Interessen, Bedürfnisse Wahrnehmungen, Deutungen und Erwartung(shaltung)en Kriterien zur Bewertung der Qualität bzw. der Leistung Potenziale, Stärken, Fähigkeiten, Handlungsspielräume, Verantwortung, Grenzen, Schwächen, Defizite, (typische) Verhaltensweisen	von / an / in Bezug auf / für	Unterricht Lernprozess Lehrerrolle Schülerrolle Leitungsrolle Kollegium Umgangsform Kooperation Kommunikation Schule

Eine schematisierte Darstellung von Arbeitsbeziehungen, auf die sich Feedback beziehen kann.

Diese Beziehungen lassen sich unterscheiden

- *nach dem Grad ihrer Institutionalisierung:* Manche Erwartungen und Beziehungen sind durch Regelungen oder Vorschriften weitgehend festgelegt, andere sind noch recht variabel, weil sie gerade erprobt werden oder nur sporadisch vorkommen.
- *nach dem Grad ihrer Bewusstheit bzw. Reflexion:* Manche Erwartungen und Beziehungen werden auf Grund ihrer Selbstverständlichkeit kaum bedacht, andere sind Gegenstand intensiver Reflexion oder gar von heftigen Debatten.
- *nach dem Grad ihrer Passung:* Manche Verhaltensweisen sind eingespielt, manche Erwartungen werden erfüllt, manche Bewertungskriterien übereinstimmend verwendet, manche Ziele in gemeinsamer Anstrengung verfolgt – andere Wahrnehmungen Erwartungen und Verhaltensweisen sind widersprüchlich und »krachen« aufeinander, manche Ziele sind gegensätzlich oder unvereinbar.

Um diese Komplexität zu überschauen, zu strukturieren und bearbeitbar zu machen, haben sich Formen der Gesprächs- und Prozessdokumentation neben Methoden der Gesprächs- und Prozessmoderation als hilfreich erwiesen.

Denn in allen Fällen haben wir in der Entwicklungsarbeit immer wieder Prozesse methodischer Feinjustierung beobachtet. Die Beteiligten passen die Feedback-Arrangements über die Zeit durch gezielte Modifikationen an. Es entsteht dabei ein Bewusstsein von den Verwendungsregeln, Einsatzmöglichkeiten und -grenzen und dem praktischen Nutzen der Methoden entsteht.

Solche langfristigen und tendenziell unübersichtlichen Entwicklungen können durch Prozessdokumentation unterstützt werden, damit das Ziel vor Augen bleibt, die Erfolge erkennbar werden und die ungelösten Probleme nicht in Vergessenheit geraten.

Schüler/innen und Lehrer/innen hätten dann die jeweils thematisierten Verhältnisse vor Augen. Damit wären die Beziehungen und Praktiken leichter bearbeitbar – und man könnte auch leichter sehen, was nicht verändert wurde oder offensichtlich auch nicht verändert werden kann.

Die Stärke solcher Dokumentationen wäre also, ein Wissen bereit zu stellen, das die Reflexion der Handlungsweisen auf einer Metaebene ermöglicht.

Auch in diesem Abschnitt formulieren wir Empfehlungen, die nicht auf der Beobachtung von positiven Erfahrungen in diesem Projekt basieren, sondern auf der Rekonstruktion von Situationen, in denen Schwierigkeiten zu bewältigen sind, und Hilfen, die in anderen ähnlichen Situationen zur Klärung beigetragen haben.

Hauptaufgabe innerhalb der Feedback-Sitzungen ist, divergierende Erwartungen und Einschätzungen zu explizieren und anschließend miteinander zu vermitteln. Sie dienen also der Evaluation des ausgewählten Gegenstandes und der darauf basierenden Vereinbarung gemeinsamer Erwartungen und Aktivitäten. Dabei können Dokumentationen helfen.

Prototypisch ist das im Fall der Gewerbeschule zu Beginn des neuen Schuljahres gelungen: Dort wurden die – zuvor in Teamarbeit formulierten – Erwartungen von Schüler/innen und Lehrer/innen auf getrennten Plakaten dokumentiert und nebeneinander gehängt, mit dem Ziel, Divergenzen zu erkennen und in gemeinsame Vereinbarungen zu überführen.

Ziele bzw. Fragestellungen solcher Vermittlungsgespräche sollten vorweg benannt werden, damit sich die Gesprächsbeiträge daran orientieren können (»Das wollen wir am Ende dieses Gesprächs wissen, mit diesen Ergebnissen wollen wir am Schluss hinaus gehen«).

Wenn geklärt ist, was erreicht werden soll, dann sollte auch festgehalten werden, woran zu erkennen ist, dass das Ziel erreicht ist. Es sollte also auch eine Überprüfungsmethode bzw. ein Evaluationskriterium benannt werden.

Die Benennung von Vereinbarungshütern schafft eine Voraussetzung dafür, später schnell gemeinsam darüber befinden zu können, inwieweit gesteckte Ziele erreicht und Vereinbarungen eingehalten worden sind und wie nützlich die gewählte Vorgehensweise war.

Nicht gemeint ist mit diesen Verfahren das Schließen von Kompromissen: Kompromisse werden zwischen kämpfenden Parteien geschlossen, die ihre Interessen gegen die jeweils anderen durchzusetzen bestrebt sind. Ihre Struktur ist, dass jede Seite im Prinzip auf ihren Einschätzungen und Erwartungen beharrt, nur einige davon zurück stellt.

Die Vereinbarung gemeinsamer Konsequenzen dagegen fordert von den Beteiligten, ihre »mitgebrachten« Erwartungen und Einschätzungen zur Disposition zu stellen und neu mit anderen Einschätzungen und Erwartungen zu kombinieren. Der Ausweg aus den oben bezeichneten Schwierigkeiten freier Feedback-Gespräche ist damit umrissen.

Damit ist auch konkretisiert, dass diese Phase auf höherem Niveau zurück und voran führt zu der Anfangsphase, die in Abschnitt 1 beschrieben wurde: Die Lerngruppe berät erneut über Ziele, Vorgehensweise und Thema – nämlich des nächsten Entwicklungsschrittes.

Implementation von Feedback: Schwierigkeiten der Schulprojektgruppen

Die Rekonstruktion der vorletzten Phase soll abgerundet werden durch abschließende Ausführungen zur schulweiten Einführung von Feedback-Verfahren, die auf Erfahrungen mit diesem Projekt basieren und Erfahrungen aus einem anderen Entwicklungsprojekt hinzuziehen (vgl. Bastian/Rolff 2002).

In keiner der beteiligten Schulen ist es gelungen, die Vorstellung von einer schulweiten Einführung von Feedback umzusetzen. Feedback wächst nicht einfach durch; es stößt noch nicht einmal auf breites Interesse zum Beispiel in schulinternen Fortbildungen. Die Schulprojektgruppen sind nach unseren Erfahrungen mit einer Implementation überfordert.

Damit ganze Schulen sich auf solche Veränderungsprozesse einlassen, bedarf es eines deutlichen Anstoßes von außen. Schüler/innen entwickeln Feedback-Verfahren nicht aus sich heraus. Sie brauchen einen Anstoß, der die Erprobung von Feedback-Verfahren fordert, und zugleich Angebote, die ihre Kompetenzen zur Beobachtung und Rückmeldung unterstützen.

Zu vermuten ist, dass es – wie bei anderen Schulentwicklungsaufgaben – auch für die Implementation von Feedback sowohl der Entscheidung einer Mehrheit des Kollegiums bedarf als auch eines Fortbildungsangebots, das Methoden für eine Verbesserung der Unterrichtsarbeit und der Arbeitsstrukturen umfasst, die sofort umsetzbar sind.

Zu diesen Methoden gehören nach unseren Erfahrungen neben spezifischen Feedback-Instrumenten in erster Linie Methoden zur Moderation von Gesprächen, zum Management von Veränderungsprozessen (Planung, Evaluation etc.) und zur Dokumentation des Prozesses. Solche Methoden sind zunächst fachunabhängig zu erlernen und anzuwenden. So können fachliche Differenzen zu Gunsten einer fachübergreifenden Sache und einer gemeinsamen Sprache überwunden werden. Ob in einem zweiten Schritt die Entwicklung fachspezifischer Methoden hilfreich ist, kann erst in einem fortgeschrittenerem Stadium entschieden werden.

8. Auf dem Weg zur kooperativen Selbstorganisation der Schule. Eine Perspektive

Schüler-Feedback ist ein regelgeleitetes und systematisiertes Verfahren zur gemeinsamen Reflexion, Evaluation und Entwicklung von Unterrichten und Lernen, also der eigenen Praxis: Schüler/innen und Lehrer/innen kommen zu einem gemeinsamen und öffentlichen Nachdenken darüber, wie sie arbeiten, was sie arbeiten und wie sie sich auf einander beziehen.

Damit führt Feedback im Unterricht ein neues Aktivitätsmuster ein: Die begleitende und gemeinsame Erforschung und datengestützte Optimierung der Arbeit und der Arbeitsbeziehungen der beteiligten Personen. Grundmethoden dieses neuen Aktivitätsmusters sind Evaluation, Moderation und Dokumentation.

Obwohl Feedback-Arbeit am laufenden Unterrichtsgeschehen ansetzen muss, an den Lernprozessen mit ihren jeweils aktuellen Fortschritten und Blockaden, führen seine Ergebnisse erstaunlich schnell in grundlegende Dimensionen.

Das bedeutet: Feedback-basierte Schulentwicklung berührt und verändert auch institutionell geprägte Strukturen der Schule, deren Wirkungen bisher vernachlässigt und unterbewertet wurden, obwohl sie Gestalt und Erfolg unterrichtlicher Arbeit prägen: die Arbeitsbeziehungen und -praktiken der Schulmitglieder.

Wer mit systematischem Schüler-Feedback arbeitet, begreift Unterrichtsgestaltung als eine – wenngleich arbeitsteilig organisierte und mit unterschiedlichen Rollen versehene – Gemeinschaftsleistung von Lehrer/innen und Schüler/innen, als gemeinsame Arbeit an der gemeinsamen Sache, für deren Erfolg und Misslingen sie gemeinsam Verantwortung tragen, wenn auch nicht zu gleichen Teilen.

Veränderung von Arbeitsbeziehungen und -praktiken bedeutet aber auch: Feedback-basierte Unterrichtsentwicklung steht im Gegensatz zu wesentlichen Momenten der bisherigen Schulstruktur, in der die Arbeitsbeziehung nicht Gegenstand von Aushandlungsprozessen ist.

Deshalb erfährt feedback-basierte Unterrichtsentwicklung Widerstand in Gestalt offener Ablehnung, aber auch durch eine Vielzahl eingeschliffener Routinen sowohl der Lehrer/innen als auch der Schüler/innen; denn nicht zuletzt finden sich diese dem Dialog entgegenstehenden Routinen auch im Verhalten der Beteiligten selbst.

Wie weit Schülerrückmeldung von der alltäglichen Lehr-Lern-Kultur entfernt ist, wird vor allem im Umgang mit Fehlern deutlich. Das Eingeständnis von Verständnisschwierigkeiten, Lernproblemen und besonders das Eingeständnis von Nichtwissen ist erfahrungsgemäß nachteilig – für Lehrer/innen und Schüler/innen.

Deshalb werden Schwächen und Fehler verborgen, um statt dessen Können zu demonstrieren. Damit ist die Grundlage für einen verkrampften, als belastend erlebten Umgang mit Leistungsstandards gelegt. Gleichzeitig ist auch der Weg zu einer intrinsisch verstandenen Selbstbeurteilung verbaut, zur Entwicklung des Vermögens also, an das eigene Lernen Gütemaßstäbe anzulegen.

In der Feedback-Arbeit werden zumindest perspektivisch in der Aushandlung von Erwartungen und Anforderungen solche Standards thematisiert und alle Beteiligten in die Verantwortung für das Gelingen von Lernprozesse einbezogen.

Von Bedeutung erscheint uns vor allem für die Schüler/innen, dass sich durch die Einführung von Rückmeldungen Lerngemeinschaften bilden können, in denen sie mit Hilfe von Feedback mit- und voneinander lernen und in eigenen Worten über ihr Lernen verständigen – über das sprechen, was sie verstanden und was sie nicht verstanden haben.

Aber auch für die Praxisgemeinschaften von Lehrer/innen und Lehrern ist Feedback von Bedeutung. Denn die für wechselseitige Beratung und Unterstützung so notwendigen Teamstrukturen fehlen oft, und wenn es sie gibt, dann sind sie noch relativ neu.

Entlastend wirkt die über Feedback erreichbare Orientierung über Aufgaben und Erwartungen aber auch über Ziele und Standards. Befriedigend ist die Erfahrung, in die eigenen Verhältnisse eingreifen und sie neu regeln zu können sowie unveränderbare Dinge bewusster als Rahmenbedingungen des eigenen Handelns zu akzeptieren.

Die Ausrichtung einer Schule, die eine konsequente Integration von Schüler-Feedback und auch von feedback-basierter kollegialer Beratung der Lehrer/innen versucht, lässt sich wie folgt umschreiben:

- Schule wird reflexiv: Schüler/innen und Lehrer/innen reflektieren untereinander und miteinander Lernprozesse, ihre Entwicklungen und Bedingungen.
- Schule wird kooperativ: Neue Kooperationsstrukturen werden geschaffen, um über die Resonanz und Gestaltung des Unterrichts ins Gespräch zu kommen.
- Schule wird fehlerfreundlich: Hier geht es nicht mehr um die Vermeidung von Umwegen und Fehlern, sondern um eine Befreiung von Denkwegen.
- Schule wird verständig: Die Beteiligten entwickeln eine gemeinsame Sprache, auch für die Krisen und Widersprüche eines Lernens, das mehr ist als das Addieren von Stoff.

Mit systematischer Rückmeldung wird also auf die Stärke von Schule im Verhältnis zum Lernen außerhalb der Schule rekurriert: Nämlich Lernen systematisch, langfristig und explizit, d.h. reflexiv auf sich selbstbezogen anzulegen. Dabei ist die Auseinandersetzung mit Ansprüchen an die Schule gerade nicht aufgelöst. Was Rückmeldung stiften kann, ist Orientierung und Verbindlichkeit in der Sache und in der Interaktion.

Literaturverzeichnis

Ammonn, A./Wendt, H.: Feedback-Kultur braucht Zeit. In: PÄDAGOGIK, 53. Jg., 2001, Heft 5: Schülerrückmeldung über Unterricht, S. 34–35.
Arnold, E. u.a.: Schulentwicklung und Wandel der pädagogischen Arbeit. Hamburg 2000.
Bastian, J. (Hrsg.): Pädagogische Schulentwicklung, Schulprogramm und Evaluation. Hamburg 1998.
Bastian, J./Combe, A: Fallorientierte Schulentwicklungsforschung. In: Tillmann, K.-J./Vollstädt, W. (Hrsg.): Politikberatung durch Bildungsforschung. Opladen 2001.
Bastian, J./Rolff, H.-G.: Abschlussevaluation des Projekts »Schule & Co.«. Gütersloh 2002 (Manuskript Bertelsmann-Stiftung unter www.schule-und-co.de).
Bastian, J.: Schülerinnen und Schüler als Lehrende. Oder: Lernen durch Lehren. In: PÄDAGOGIK, 49. Jg., 1997, Heft 11: Schüler als Lehrende, S. 11ff.
Bastian, J./Combe, A./Langer, R.: SchülerInnen-Feedback als Beitrag zur Demokratisierung der Schulentwicklung. Methodenreader. Unveröffentlicht. Hamburg 2000.
Baukloh-Herzig, S.: »Was ich unbedingt noch sagen möchte ...«. In: Hamburg Macht Schule, 12. Jg., 2000, Heft 3: Unterricht aus Schülersicht, S. 14–15.
Bromme, R.: Der Lehrer als Experte. Bern/Göttingen/Toronto 1992.
Buhren, C.G.: Lehrerbeurteilung – und was Schülerinnen und Schüler dazu beitragen können. In: Journal für Schulentwicklung, 1999, Heft 1, S. 29–36.
Buhren, C.G.: Lehrer und Schüler entwickeln einen Fragebogen. In: PÄDAGOGIK, 53. Jg., 2001, Heft 11: Praxishilfen Evaluation, S. 28–30.
Burkard, C.: Evaluation in der Fortbildungsmaßnahme »Schulentwicklung und Schulaufsicht«. In: Landesinstitut für Schule und Weiterbildung NRW (Hrsg.): Evaluation und Schulentwicklung. Bönen 1995, S. 22–65.
Burkard, C./Eikenbusch, G.: Praxishandbuch Evaluation in der Schule. Berlin 2000.
Deutsches PISA-Konsortium (Hrsg.): PISA 2000. Basiskompetenzen von Schülerinnen und Schülern im internationalen Vergleich. Opladen 2001.
Eikenbusch, G.: Der kleine Methodenkoffer. In: Bastian, J. (Hrsg.): Pädagogische Schulentwicklung, Schulprogramm und Evaluation. Hamburg 1998.
Eikenbusch, G.: Erfahrungen mit Schülerrückmeldung in der Oberstufe. In: PÄDAGOGIK, Jg. 53, 2001, Heft 5: Schülerrückmeldung über Unterricht, S. 18–22.
Fend, H.: Schulklima: Soziale Einflussprozesse in der Schule. Weinheim und Basel 1977.
Fritz, B.-U./Vilaumi, I.: Das Gespräch über Unterricht entwickeln. Feedback als Instrument der Unterrichtsentwicklung. In: PÄDAGOGIK, 54. Jg., 2002, Heft 3: Praxishilfen Unterrichtsentwicklung, S. 26–30.
Frey, K.: Die Projektmethode. Weinheim und Basel 1982.
Graf, B.: Verbesserungen des Unterrichts gemeinsam planen und umsetzen. In: PÄDAGOGIK, 53. Jg., 2001, Heft 5: Schülerrückmeldung über Unterricht, S. 10–13.
Grunder, H.-U./Bohl, T./Groszat, K.: Neue Lernformen – neue Beurteilungsformen? In: PÄDAGOGIK, 53. Jg., 2001, Heft 11: Praxishilfen Evaluation, S. 45–48.
Gudjons, Herbert (Hrsg.): Die Moderationsmethode in Schule und Unterricht. Bergmann + Helbig, Hamburg 1998.

Hamburg Macht Schule: Unterricht aus Schülersicht. Hamburg macht Schule, 12. Jg., 2000, Heft 3 (darin die Beiträge der Schülerschule Schenefeld und von M. Sarrazin).
Hargreaves, A. u.a.: International Handbook of Educational Change. Dordrecht 1998.
Hermann, J./Höfer, C.: Evaluation in der Schule – Unterrichtsevaluation. Gütersloh 1999.
Herrmann, J.: Unterrichtentwicklung im Projekt Schule & Co. Interne Evaluation. Manuskript Bertelsmann-Stiftung 2001.
Kalthoff, H.: Wohlerzogenheit. Eine Ethnographie deutscher Internatsschulen. Frankfurt und New York 1997.
Kanders, M.: Das Bild der Schule aus der Sicht der Schüler und Lehrer II. Dortmund 2000.
Kiesbye, I./Mengert M.: Mitbestimmung als Unterrichtsprinzip am Beispiel der Schülerschule Schenefeld. In: Hamburg Macht Schule, 12. Jg., 2000, Heft 3: Unterricht aus Schülersicht. S. 20.
Klafki, W.: Neue Studien zur Bildungstheorie und Didaktik. Weinheim und Basel 1985.
Klebert, Karin/Schrader, Einhard/Straub, Walter G.: ModerationsMethode. Windmühle, Hamburg 1991.
Klingberg, L.: Lehrende und Lernende im Unterricht. Berlin 1990.
Kolbe, F.-U.: Handlungsstruktur und Reflexivität. Heidelberg, Habilitationsschrift 1998.
Langer, R.: Interviews durchführen und auswerten. In: PÄDAGOGIK, 53. Jg., 2001, Heft 11: Praxishilfen Evaluation, S. 24–27.
Lernende Schule (1999), H. 5: Gut sein. Besser werden.
Leuders, T.: Evaluation im Alltag des Mathematikunterrichts. In: PÄDAGOGIK, 53. Jg., 2001, Heft 11: Praxishilfen Evaluation, S. 18–22.
Lüdemann, A.: Schülererfahrungen mit ritualisierter Rückmeldung. Eine Fallstudie zur Unterrichtsentwicklung an einer Hamburger Gesamtschule. Wissenschaftliche Hausarbeit im Fachbereich Erziehungswissenschaft der Universität Hamburg. Manuskript 2002.
Mauthe, A./Pfeiffer, H.: Schülerinnen und Schüler gestalten mit – Entwicklungslinien schulischer Partizipation und Vorstellung eines Modellversuchs. In: Rolff, H.-G. u.a. (Hrsg.): Jahrbuch der Schulentwicklung, Bd. 9. Weinheim und München 1996, S. 221–260.
McHoul, H.W.: The Organisation of Repair in Classroom Talk. In: Language in Society 19, 1990, S. 349–377.
McHoul, H.W.: The Organisation of Turns at Formal Talk in the Classroom. In: Language in Society 7, 1978, S. 182–213.
Meyer, M.A./Schmidt, R. (Hrsg.): Schülermitbeteiligung im Fachunterricht. Opladen 2000.
Mittag, M.: Schülerrückmeldung über Unterricht. Eine vergleichende Analyse von Lehrerkonzept und Schülersicht. Wissenschaftliche Hausarbeit im Fachbereich Erziehungswissenschaft der Universität Hamburg. Manuskript 2002.
Müller, A.: Erziehungsziel: Selbstbeobachtung und Selbstbewertung. In: PÄDAGOGIK, Heft 9/2004, S. 25–29.
Nádas, E./Nietzschmann, R.: Erfahrungen mit Lerntagebüchern. In: PÄDAGOGIK, 53. Jg., 2001, Heft 5: Schülerrückmeldung über Unterricht, S. 25–28.
PÄDAGOGIK: Schülerrückmeldung über Unterricht. 53. Jg., 2001a, Heft 5.
PÄDAGOGIK: Praxishilfen Evaluation. 53 Jg., 2001b, Heft 11.
PÄDAGOGIK: Praxishilfen Unterrichtsentwicklung, 54 Jg., 2002, Heft 3.
PÄDAGOGIK: Diagnostische Kompetenz, 55 Jg., 2003, Heft 4.
Pädagogische Führung: Unterrichtsqualität und Unterrichtsentwicklung 2/2000. (Darin besonders die Beiträge von Bessoth und Blenck).
Sarrazin, M.: Schüler gestalten Unterricht – Präsentationsarbeiten. In: Hamburg Macht Schule, 12. Jg. 2000, Heft 3: Unterricht aus Schülersicht, S. 18.
Schneider, G./North, B./Koch, L.: Europäisches Sprachenportfolio. Bern 2001.
Schratz, M.: Offene Methoden. Bundesministerium für Unterricht und kulturelle Angelegenheiten (BMUK), Wien 1999. Verfügbar über: http://www.qis.at/pdf/offenemethoden.pdf.
Schratz, M./Steiner-Löffler, S.: Die Lernende Schule. Weinheim 1998.

Schratz, M./Iby, M./Radnitzky, E.: Qualitätsentwicklung. Verfahren, Methoden, Instrumente. Weinheim 2000.

Schrempf, R.M.: Rubrics. Ein Instrument zur Qualitätsentwicklung und Qualitätssicherung in Unterricht und Schule. In: PÄDAGOGIK, Heft 9/2002, S. 40–43.

Schulz, W.: Unterrichtsplanung. München 1980.

Schulz, W.: Selbstständigkeit – Selbstbestimmung – Selbstverantwortung: Lernziele und Lehrziele in Schulen der Demokratie. In: PÄDAGOGIK, 42. Jg., 1990, Heft 6, S. 34–40.

Strittmatter, A.: Werkzeuge für das SchülerInnen-Feedback. Sursee. Unveröffentlicht 1999.

Strittmatter, A.: Worauf bei Selbstevaluation zu achten ist. Ein Forschungsbericht. Sursee. Unveröffentlicht 2000.

Strittmatter, A.: Langzeiterfahrungen mit SchülerInnenfeedback. In: PÄDAGOGIK, 53. Jg., 2001, Heft 5: Schülerrückmeldung über Unterricht, S. 36–39.

Ziegler, A./Herrmann, J.: Lernen durch Selbstbeobachtung. In: PÄDAGOGIK, 53. Jg., 2001, Heft 5: Schülerrückmeldung über Unterricht, S. 14–17.

Basis-Bibliothek Methoden

Günther Gugel
1000 neue Methoden
Praxismaterial für einen kreativen und aktivierenden Unterricht.
Beltz Pädagogik.
Neu ausgestattete Sonderausgabe 2007.
224 Seiten. Gebunden.
ISBN 978-3-407-25466-5

Eine Methodensammlung, die es in sich hat: 1000 neue Methoden, die Schülerinnen und Schüler zu einer handlungsorientierten Auseinandersetzung mit Themen und Problemen motivieren und befähigen. Alle Methoden werden übersichtlich und großflächig vorgestellt: mit Arbeitsmaterialien, Kopiervorlagen und Erfahrungsberichten. Vielfältige Praxisbeispiele geben Einblick in die Möglichkeiten des Einsatzes im Unterricht: von bildorientierten Methoden über Rollenspiele und Theater bis zu projektorientierten Methoden und den Umgang mit neuen Medien.

Karl Frey
Die Projektmethode
»Der Weg zum bildenden Tun«
Beltz Pädagogik.
Neu ausgestattete Sonderausgabe 2007.
237 Seiten. Gebunden.
ISBN 978-3-407-25467-2

Die Projektmethode: erprobt vom Kindergarten bis zum Gymnasium, in den meisten Lehrplänen vorgesehen und dennoch nicht leicht zu verwirklichen. Dieser Band zeigt, wie's geht. Die grundlegende Einführung in die Projektmethode. Der Schwerpunkt liegt dabei auf der täglichen Praxis: Karl Frey zeigt anhand ausführlicher Ablaufbeispiele, wie sich Projekte planen und durchführen lassen.

Beltz Verlag · Weinheim und Basel · Weitere Infos: www.beltz.de

Basis-Bibliothek Methoden

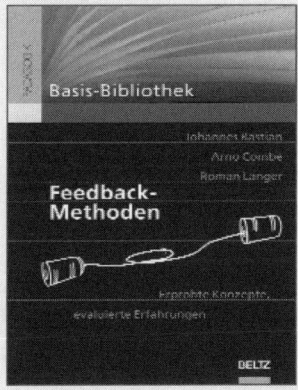

Johannes Bastian / Arno Combe /
Roman Langer
Feedback-Methoden
Erprobte Konzepte, evaluierte Erfahrungen
Beltz Pädagogik.
Neu ausgestattete Sonderausgabe 2007.
189 Seiten. Gebunden.
ISBN 978-3-407-25468-9

Feedback-Methoden helfen bei einem regelmäßigen Austausch zwischen Lehrer/innen und Schüler/innen über den Unterricht. Das Buch bietet dafür die 30 wichtigsten Methoden und Beispiele für die Praxis. So erfahren die Beteiligten, was sie zur Verbesserung ihrer Lernprozesse tun können. »Feedback-Methoden« stellt die Voraussetzungen für die Einführung von Schülerrückmeldung im Unterricht vor, zeigt mögliche Schwierigkeiten und erläutert in einem Acht-Phasen-Modell, wie sich Schüler-Feedback gemeinsam entwickeln lässt.

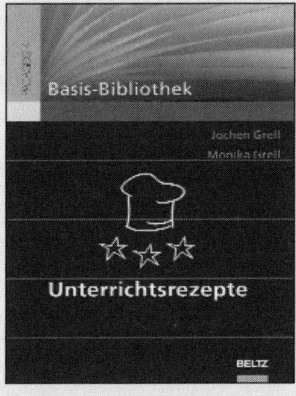

Jochen Grell / Monika Grell
Unterrichtsrezepte
Beltz Pädagogik.
Neu ausgestattete Sonderausgabe 2007.
330 Seiten. Gebunden.
ISBN 978-3-407-25469-6

Die Theorie aus dem Seminar und den Alltag in der Schule – wie bekommt man sie zusammen? Die »Unterrichtsrezepte« helfen, das eigene Verhalten praxisnah zu reflektieren, anzupassen und das Repertoire zu erweitern. Die Autoren nennen ausdrücklich Dos und Don'ts – denn Unterrichten ist immer auch Handwerk. Seit vielen Jahren ein Standardwerk in der Lehrerausbildung. Auch für alte Hasen mit Gewinn zu lesen.

Beltz Verlag · Weinheim und Basel · Weitere Infos: www.beltz.de